Bernd Deschauer

Genusstouren

Bamberg und Bamberger Land

Heinrichs-Verlag gGmbH
Bamberg

Bernd Deschauer

Genusstouren

Bamberg und Bamberger Land

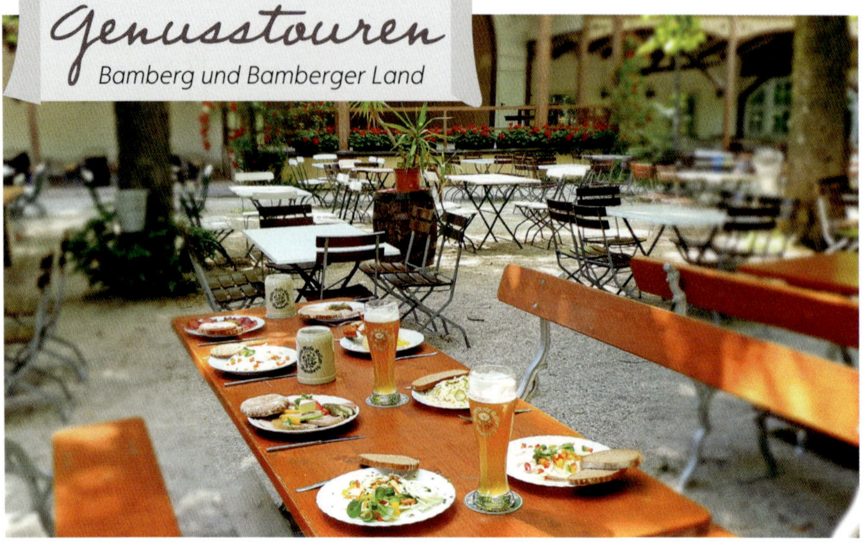

Vorwort des Autors 4

Allgemeine Hinweise, Über den Autor, Legende 5

Tour 1 – Zu den Kellern am Stephansberg 12

Extra – Fränkisches Brauereimuseum 16

Tour 2 – Zu den schönsten Ausblicken auf die Welterbestadt 18

Tour 3 – Natur in der Stadt 21

Extra – Bamberger Gärtner- und Häckermuseum 24

Tour 4 – Schöpfungsweg 26

Tour 5 – Durch den Michelsberger Wald in die Innenstadt 30

Tour 6 – Gärtnerstadt und Wunderburg 33

Extra – Bioland Gärtnerei Sebastian Niedermaier 36

Tour 7 – Von Inselspitze zu Inselspitze 38

Tour 8 – Auf sonnigen Wegen nach Weipelsdorf 41

Tour 9 – Durch den Steigerwald nach Weiher 43

Tour 10 – Um Ebelsbach 46

Tour 11 – Zeiler Weinwanderung 49

Tour 12 – Auf den Kreuzberg 52

Tour 13 – Zum Mönchsweiher 55

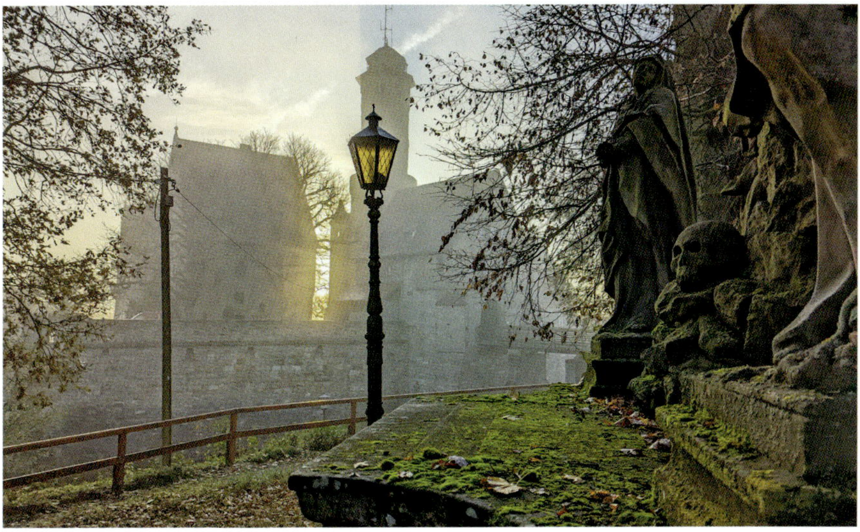

Tour 14 – Aus dem Tal hoch zur Giechburg 57
Tour 15 – Entlang des Mains nach Baunach 61
Tour 16 – Durch das Ellertal 64
Tour 17 – Durch den Hauptsmoorwald nach Strullendorf 67
Extra – Brauerei Griess in Geisfeld 70
Tour 18 – Durch das Regnitztal 72
Tour 19 – Von Frankendorf auf die Friesener Warte 75
Tour 20 – Durch das Trockental nach Huppendorf 79
Extra – Naturlandhof Weiß – Ökolandbau aus Überzeugung 82
Tour 21 – Durchs Aurachtal 84
Tour 22 – In die Haßberge 88
Tour 23 – Durch die Fränkische Toskana 92
Tour 24 – Dreiflüsse Tour – Baunach, Itz und Main 96
Tour 25 – Main-Wein-Radtour 101
Tour 26 – Hallerndorfer Kreuzbergrunde 106
Tour 27 – 2 Tage durch die Fränkische Schweiz 110
Gastro-Teil 116
Impressum 136

Vorwort

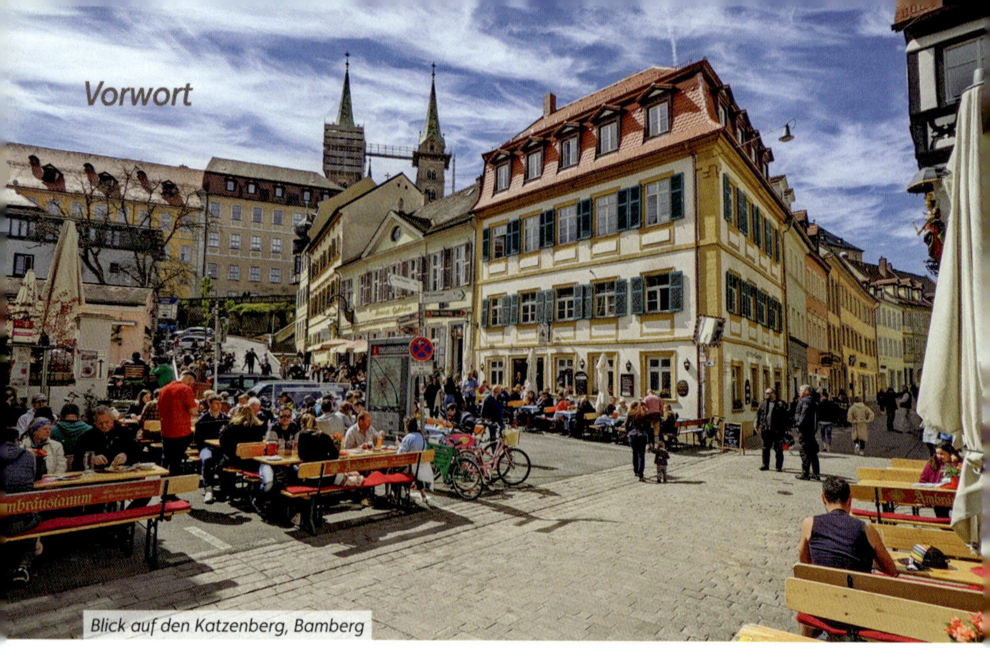
Blick auf den Katzenberg, Bamberg

„Genuss ist eine positive Sinnesempfindung, die mit körperlichem und/oder geistigem Wohlbehagen verbunden ist. Beim Genießen wird mindestens ein Sinnesorgan erregt.“, heißt es bei Wikipedia. Für viele bedeutet Genuss gutes Essen und Trinken oder das Lesen eines guten Buches oder Hören von Musik.

Die Genusstouren in diesem Buch verbinden den leiblichen Genuss mit schönen Wanderungen und Radtouren, bei denen das Wohlfühlen im Vordergrund steht. Die Touren sind so angelegt, dass Zeit ist, eine ausgiebige Rast auf einer Bank einzulegen und den Blick schweifen zu lassen oder ein gutes Buch in die Hand zu nehmen. Der Fokus liegt dabei auf Bamberg und dem Bamberger Land, um die Anfahrtswege zu den Ausgangspunkten kurz zu halten. Dabei war mir wichtig, dass diese mit öffentlichen Verkehrsmitteln erreichbar sind, um möglichst auf das Auto verzichten zu können. In der näheren Umgebung sind einige Ziele auch mit dem Rad gut zu erreichen.

Die Wanderungen und Radtouren zeigen die Schönheit der Region und bieten viele Auszeiten: von kleinen Auszeiten bei einer Feierabendrunde auf den Keller oder zur Heckenwirtschaft bis hin zu längeren Auszeiten bei einer zweitägigen Tour mit Übernachtung, die nahezu direkt vor der Haustüre startet.

Eine Einkehr mit gutem Essen und einem fränkischen Kellerbier ist für viele der Höhepunkt einer Wanderung oder Radtour. Im Buch sind viele Keller und Gasthäuser entlang der Routen enthalten. Häufig finden sich dazu kurze Beschreibungen zum Essensangebot, Übernachtungsmöglichkeiten oder Besonderheiten. Auf Öffnungszeiten wurde bewusst verzichtet, da sich diese seit Corona häufig ändern.

Ich wünsche Euch nun viel Freude bei den Genusstouren im Bamberger Land! Macht Euch eine schöne Zeit und entflieht für einen Moment der Alltagshektik und spürt die Ruhe draußen in der Natur.

Euer

Bernd Deschauer

Allgemeine Hinweise

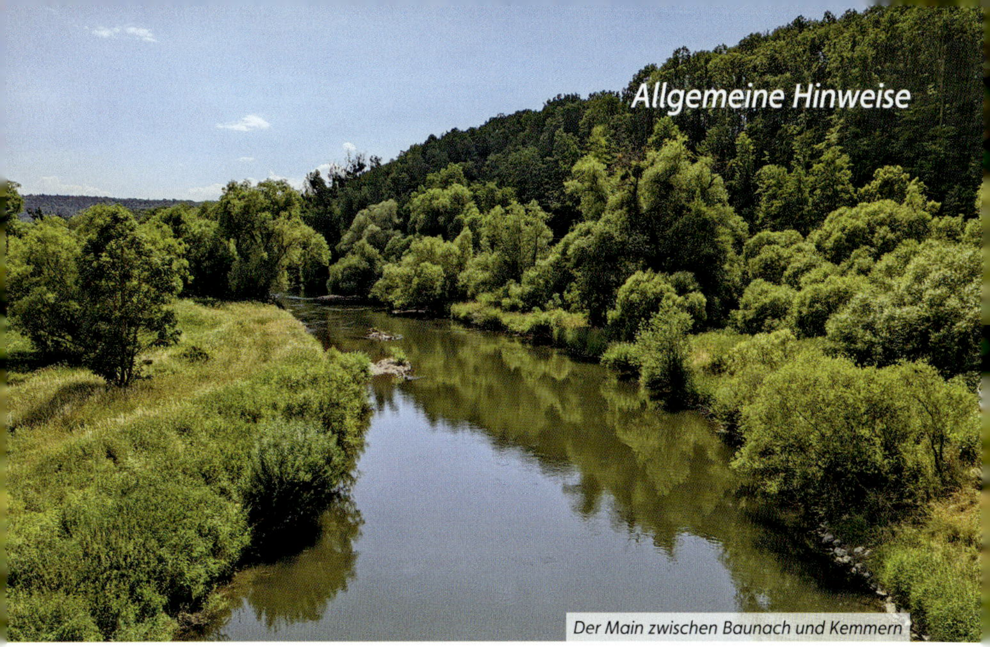

Der Main zwischen Baunach und Kemmern

Liebe Wander- und Radfreunde, bevor es nun losgeht, möchte ich Euch noch ein paar allgemeine Hinweise zur Nutzung des Buches und den verwendeten Zeichen geben.

Mit dem Buch werden alle angesprochen, die eine schöne und entspannte Zeit in der Natur verbringen wollen. Bei der Tourenauswahl wurde darauf geachtet, dass sowohl kürzere Touren enthalten sind, die als Feierabendrunde oder mit der Familie gegangen werden können, als auch längere Tages- oder Mehrtagestouren. Je nach Alter und Lust der Kinder sind auch diese Touren für Familien geeignet – vielleicht etwas verkürzt oder mit einer zusätzlichen Pause oder Übernachtung.

Gemeinsam Ausflüge machen

Gemeinsames Wandern und Zeit mit Freunden verbringen ist ein wahrer Genuss, der häufig zu kurz kommt. Nehmt eine Wanderung aus dem Buch zum Anlass und geht gemeinsam raus in die Natur, kehrt auf einem Keller ein und lacht gemeinsam. Es tut so gut!

Schwierigkeitsgrad der Tour

In diesem Buch kommen Touren in drei Schwierigkeitsstufen vor, wobei schwere Wanderungen hauptsächlich durch die Streckenlänge charakterisiert werden. Bei Radtouren gelten die Einteilungen analog.

***Blau* – leichte Tour**

Bei einer leichten Tour sind die Distanzen eher kurz, die Wege sehr gut ausgebaut, es gibt nur mäßige Steigungen und die Wege sind gut beschildert.

***Rot* – mittlere Tour**

Bei mittelschweren Touren sind die Wege etwas länger, teilweise anspruchsvoller und auch einige anspruchsvollere Steigungen sind im Verlauf enthalten. Bei Nässe kann es bei diesen Touren etwas rutschig werden.

***Schwarz* – schwere Tour**

Schwere Touren sind in diesem Buch die Ausnahme! Eine schwere Wanderung ist über 15 km lang und es sind viele Höhenmeter zu überwinden. Die Wege sind oft schmal.

Allgemeine Hinweise

Wege und Beschaffenheit

Forstweg

Mit einem Forstweg ist ein Weg gemeint, der meist aus zwei breiteren Reifenspuren besteht und Traktoren als Fahrweg dient. Auf diesen Wegen lässt es sich leicht wandern oder auch Radfahren, allerdings sind die Wege nach Regenschauern häufig matschig.

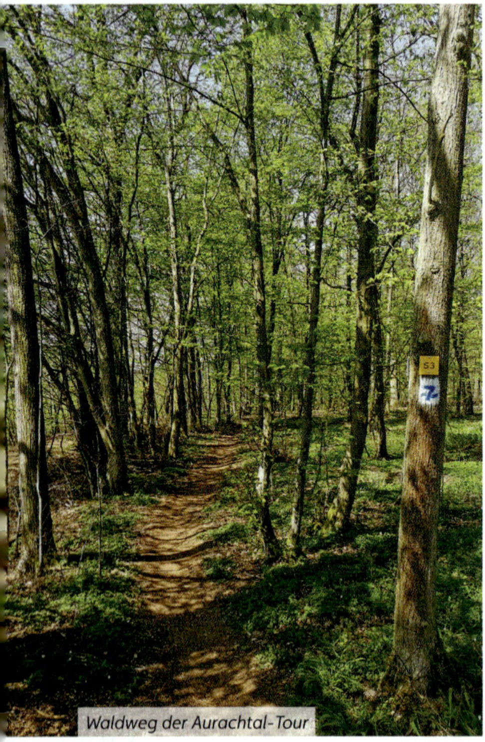

Waldweg der Aurachtal-Tour

Waldweg

Schmalere Wege, die auch Wurzeln enthalten können und meist in einem Auf und Ab durch die Wälder führen. Zum Wandern sind die Wege bestens geeignet und bieten viel Abwechslung. Mit dem Rad sind die Wege anspruchsvoller und lassen sich besser mit einem Gravel- oder Mountainbike fahren.

Kies- und Schotterwege

Meist breitere Wege, auf denen es sich gut wandern oder Radfahren lässt.

Wiesenwege

Meist schmale und ausgetretene Pfade, die vor allem nach Regen rutschig und längere Zeit feucht sein können, mit dem Rad nicht zu empfehlen.

Teer- und Pflasterwege

Diese Wege sind ideal für Radtouren, kommen bei Wanderungen kaum vor bzw. sind nur kürzere Abschnitte.

Je nach Wetter bzw. nach Regendauer in den Vortagen kann sich die Qualität und Beschaffenheit der Wege verändern, so dass aus einem eigentlich gut zu begehenden bzw. befahrenden Weg ein anstrengender Weg wird.

Rundweg | einfacher Weg – Dauer der Tour

Im Buch sind sowohl Rundwege als auch Touren mit unterschiedlichem Start- und Ziel enthalten. Dabei wurde aber darauf geachtet, dass die Orte mit öffentlichen Verkehrsmitteln gut erreicht werden können. Bei Radtouren wurde speziell auf die Erreichbarkeit mit dem Zug geachtet, um Fahrräder transportieren zu können.

Die Zeitangaben bei den einzelnen Touren beziehen sich auf die reine Geh- bzw. Fahrzeit und enthalten keine Pausen für eine Brotzeit. Bei Rundtouren wird die Gesamtdauer angegeben, bei einfachen Wegen, nur die Zeit für eine Wegstrecke.

Die tatsächlich benötigte Zeit mit Pausen liegt wesentlich höher und sollte ausreichend geplant werden, so dass der Genuss nicht leidet und gegen Ende keine Hektik aufkommt.

Bei den Radtouren bezieht sich die Dauer auf die Nutzung eines herkömmlichen Fahrrades. Mit einem E-Bike ist die Fahrzeit evtl. kürzer bzw. kann auf eine weitere Übernachtung verzichtet werden. Zu den Geh- und Fahrzeiten sollte immer ausreichend Zeit für Pausen eingeplant werden. Zudem wird für die Anreise und Heimfahrt auch Zeit benötigt, die berücksichtigt werden muss.

Ladestationen für E-Bikes

Leider ist das Netz öffentlicher Ladestationen für E-Bikes noch sehr überschaubar. Entlang der Touren bieten nur einige Keller und Gasthäuser Lademöglichkeiten an. Meist ist dazu ein eigenes Ladekabel nötig. Sollte der Akku leer werden, im Zweifelsfall in einer Wirtschaft fragen und häufig darf während des Essens das Rad geladen werden.

Für welches Wetter und welche Jahreszeit sind die Touren geeignet

Bei den Angaben zum Wetter habe ich versucht, eine realistische Einschätzung zu geben, für welches Wetter eine Tour geeignet ist. Allerdings hängt es sehr von den eigenen Vorlieben ab, wann eine Tour gemacht wird. Den Einen stört etwas Regen nicht, die Andere mag es überhaupt nicht. Einige Touren sind auch für den Winter geeignet, da sie sonnig und nicht zu lange sind.

Aber auch hier gilt, selbst abwägen, ob man bei winterlichen Temperaturen wandern will, bzw. wie lange man draußen sein will.

Bei regnerischem Wetter sollte zudem beachtet werden, dass einige Keller nicht öffnen und als Anlaufstelle ausfallen.

In den Übergangsphasen sollte beachtet werden, dass es in Bamberg bereits frühlingshaft warm sein kann, dagegen die Temperaturen in schattigen Wäldern um ein paar Grad niedriger sein können. Das Gleiche gilt natürlich auch für den Herbst.

Kleidung & Ausrüstung

Die Kleidung sollte den Wetterverhältnissen entsprechend gewählt werden. Für Wanderungen und Radtouren sollte die Kleidung bequem sein und gegen Wind, Regen oder Schnee schützen. Ideal sind mehrere Lagen, die je nach Wetterlage an- und ausgezogen werden können. Funktionskleidung hat den Vorteil, dass sie schnell trocknet und die Feuchtigkeit nach außen transportiert. Aber es geht auch gut ohne! Eine Kopfbedeckung und ausreichender Sonnenschutz sollte immer dabei sein!

Damit die Touren als Familie zu einem Erlebnis werden und die Kinder viel in der Natur machen können, sollten einige Dinge eingepackt werden: Taschenmesser, Taschenlampe, Schnur – damit lassen sich tolle Dinge basteln. Zudem darf Verbandszeug nicht fehlen, aber

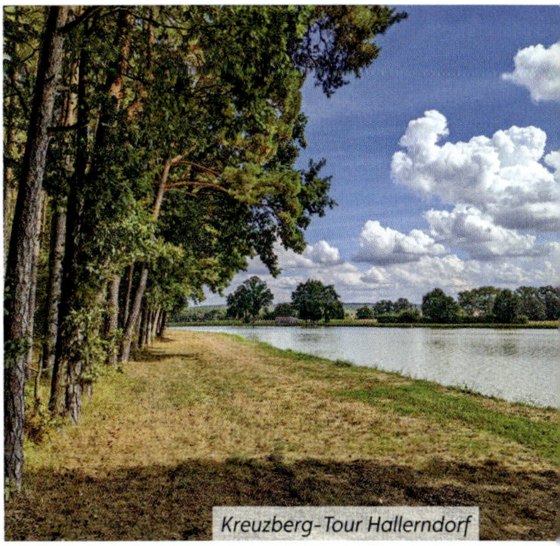

Kreuzberg-Tour Hallerndorf

auch eine Arnikacreme gegen Prellungen und ein Mittel gegen Insektenstiche sollte im Rucksack dabei sein.

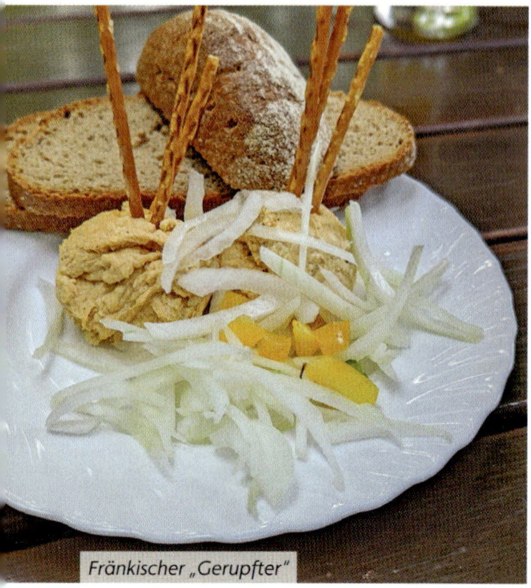

Fränkischer „Gerupfter"

Verpflegung

Ein hungriger Bauch wandert nicht gern... Dies gilt sowohl für Kinder als auch für Erwachsene. Packt daher ausreichend Proviant für den Ausflug ein, lieber etwas mehr, als zu wenig – denn die Heimfahrt kommt auch und dann kommt auch der Hunger wieder. Empfehlenswert ist klein geschnittenes Obst, das gut in die Hand genommen werden kann und belegte Brote dürfen bei einer Brotzeit natürlich nicht fehlen. Auch sollte genug zu trinken dabei sein - auch hier gilt, lieber etwas mehr. An kühleren Tagen auch eine Thermoskanne mit heißem Tee einpacken.

Familienfreundlichkeit

Die Angabe *familienfreundliche Tour* stellt einen Richtwert dar, der sich aufgrund der Weglänge und Beschaffenheit ergibt, häufig sind besondere Spielmöglichkeiten am Wegesrand. Die Einschätzung, welche Tour für Kinder geeignet ist, müssen Eltern individuell treffen. Sie wissen, wie weit die Kinder laufen oder radeln können und auf welche Touren sie Lust haben.

Anfahrt und Naviadresse / öffentliche Verkehrsmittel

Die Anfahrtsbeschreibung soll eine Orientierungshilfe geben, bei der der Ausgangspunkt immer eine Autobahn bzw. eine Bundesstraße ist. Bei Touren innerhalb Bambergs dient der Bahnhof als Ausgangspunkt. Im Buch ist die Anfahrt immer nur aus einer Richtung beschrieben. Natürlich gibt es auch viele andere Wege, die zum Ausgangspunkt der Touren führen.

Bei Zielen, die in annehmbaren Zeiten und ohne häufiges Umsteigen mit öffentlichen Verkehrsmitteln erreichbar sind, ist dies angegeben. Bei den Radtouren ist die Anfahrt mit Bussen nicht

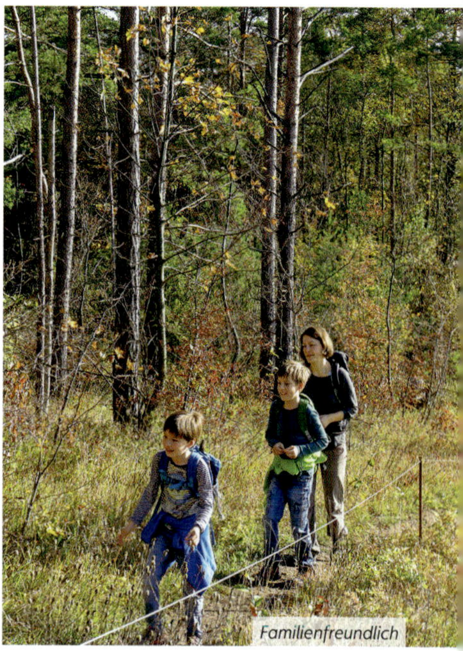

Familienfreundlich

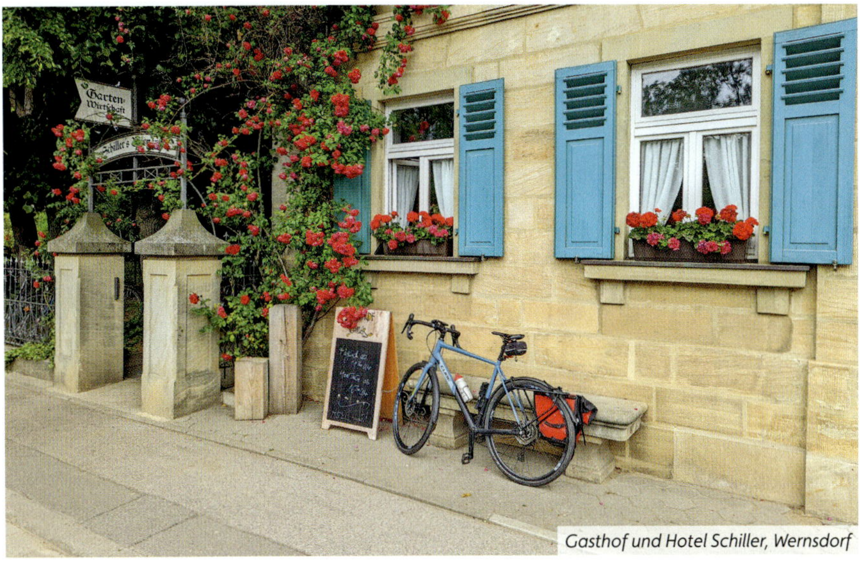

Gasthof und Hotel Schiller, Wernsdorf

berücksichtigt worden, da Räder in der Regel nicht transportiert werden können. Dies ist nur bei einigen Freizeitlinien des VGN möglich, die einen Fahrradanhänger mitführen.
Die Adresse des Ausgangspunktes der Tour bzw. die nächstgelegene Straße ist in der Beschreibung als Naviadresse angegeben.

Einkehr und Übernachtungsmöglichkeiten

Entlang der Touren finden sich immer wieder schöne Plätze, um eine Pause mit Brotzeit zu machen. Zudem laden Gasthäuser, Keller, Heckenwirtschaften oder Cafés zu einer Einkehr ein. Bei den Touren sind jeweils kurze Notizen dazu enthalten, die im Kapitel Einkehren näher beschrieben sind. Je nach Wochentag oder Jahreszeit ändern sich die Öffnungszeiten, bitte diese im Vorfeld der Tour überprüfen!
Bei den Touren sind neben Tipps zum Essen auch Übernachtungsmöglichkeiten aufgeführt, die für die Mehrtagestouren hilfreich sind. Dabei habe ich mich auf eine kleine, empfehlenswerte Auswahl beschränkt. Darüber hinaus gibt es natürlich viel mehr Möglichkeiten, die über die entsprechenden Tourismus- oder Buchungsportale gefunden werden können.

Tourbeschreibungen, Wander- und Radkarten

Die Beschreibungen der Touren sind so ausführlich, dass diese ohne weitere Hilfen gegangen bzw. gefahren werden können. Meist sind die Touren ausgeschildert.
Bei Wanderungen und Radtouren sollte trotzdem immer eine Wander- bzw. Radkarte mitgeführt werden! Es gibt zwar viele Möglichkeiten, die gpx-Daten der Touren auf einem Smartphone oder gps-Gerät darzustellen, aber nicht immer reicht die Akkuleistung bzw. die Datenverbindung klappt. Bei der Kartendarstellung sollte darauf geachtet werden, dass der Maßstab max. 1:50.000 ist.

Über den Autor

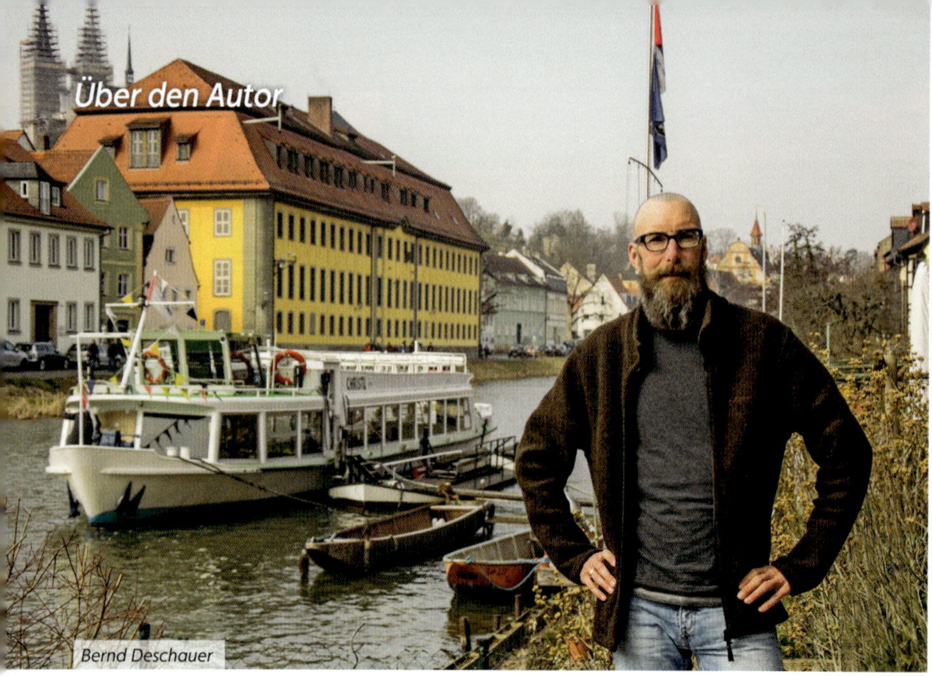

Bernd Deschauer

Der Familienvater Bernd Deschauer liebt es, in der Natur zu sein und verbringt jede freie Minute draußen. Sei es beim Wandern mit der Familie, oder beim Laufen bzw. Rennradfahren. Seit der Geburt der beiden Söhne Leopold (2010) und Lorenz (2012) haben sich die Outdoor-Aktivitäten verändert und damit auch die Auswahl der Touren.

Anfangs standen Ausflüge mit Kinderwagen und Fahrradanhänger im Vordergrund.
Inzwischen wurde der Chariot-Fahrradanhänger, der noch lange Zeit für Läufe in der Mittagszeit oder Wanderungen genutzt wurde, verkauft und gegen einen Lastenanhänger getauscht. So sind inzwischen auch Mehrtages-Radtouren mit den Kindern möglich.

Seit 2011 betreibt Bernd Deschauer das Portal wanderzwerg.eu, auf dem Ausflugstipps für Familien aus vielen verschiedenen Regionen präsentiert werden. Zudem hat er mehrere Bücher geschrieben:

- *Kinderwagen- und Tragetouren Fränkische Schweiz | Bamberg mit kinderwagentauglichen Touren in Oberfranken, das 2013 im Wandaverlag veröffentlicht wurde und inzwischen in der 3. Auflage vorliegt.*
- *Familientouren in Ober- und Unterfranken mit Wander- und Ausflugszielen von der Mainschleife bis ins Fichtelgebirge erschien 2018 und ist inzwischen in der 2. Auflage erhältlich.*
- *Laufen macht glücklich erschien 2020 und bietet Läufer*innen Laufstrecken in und um Bamberg, viele Lauftipps und beschreibt Wettbewerbe in Franken.*

Im Hauptberuf ist Bernd Deschauer an der Universität Bamberg in der Kommunikation, speziell im Studiengangsmarketing tätig.
Mehr zu seinen Projekten im Web unter:
www.wanderzwerg.eu
www.facebook.com/wanderzwerg
www.instagram.com/wanderzwerg.eu
www.running-bernd.de
www.facebook.com/running.bernd
www.instagram.com/running.bernd

Bei jeder Tour sind die wichtigsten Daten mit den Symbolen (siehe rechter Kasten) kurz beschrieben.

Die Wanderungen sind in einem hellgrünen Kasten und mit grünen Symbolen dargestellt.

Ausschließlich fürs Fahrrad geplante Touren und fürs Fahrrad geeignete Wander-Routen haben blaue Symbole und den passenden hellblauen Hintergrund dazu bekommen.

Wanderungen, die auch fürs Radeln geeignet sind, enthalten zusätzlich das Rad-Symbol

GPX-Tracks

Die Tour auf dem Handy oder einem GPS-Gerät mitnehmen? Kein Problem! Die gpx-Tracks der im Buch enthaltenen Wanderungen und Radtouren können zur privaten Verwendung geladen werden: www.wanderzwerg.eu/wanderbuch
Passwort: GT_23-b-7!

Kurzbeschreibung der Genusstour; die Farbe gibt die Schwierigkeit der Tour an (blau=leicht, rot=mittel, schwarz=schwer)

Ort der Genusstour

Startpunkt der Genusstour

Weglänge in Kilometer

Höhenmeter (Hm)

Benötigte Zeit (einfach bzw. Rundweg) – ohne Brotzeit

Für welches Wetter geeignet?

Wieviel der Wegstrecke liegt im Schatten?

Familienfreundlich?
Ist die Tour geeignet für Kinder, Kinderwagen und Laufrad / Kinderfahrrad?

Steigungen (keine, mehrere, viele), Wegbeschaffenheit (Schotter, Kiesweg, Waldweg, Teer...)

Besondere Rastmöglichkeiten entlang des Weges (keine Wirtschaft)

ÖPNV

Parkmöglichkeit

Sonstige Info, Besonderes am Wegesrand

-> Beschreibung ab Seite 116

Persönliches Highlight des Autors / Gastroempfehlung

1 Zu den Kellern am Stephansberg

Die Wanderung führt an den Highlights der Bamberger Keller und Gaststätten vorbei. Jede einzelne wäre eine Einkehr wert, aber etwas Durst sollte bis zum Schluss aufgehoben werden.

	Bamberg		*ZOB, Promenade*
	5 km		*60 Hm*
	1,5 Std.		*Trockenes Wetter*
	1/4 Schatten		*Ja*

Einige Steigungen, teils auf ausgetretenen Treppen, Teer, Kopfsteinpflaster

Am Gabelmoo, wo man dem Schlendern der Menschen in der Fußgängerzone zusehen kann

Bahnhof Bamberg (ICE, RE, S)
Bus Nr. 901, 902, 907 bis HS ZOB

Tiefgarage Geyerswörth, Geyerwörthstr. 5a

Infos zur Sternwarte: www.foerderverein-sternwarte-bamberg.de

Spezi-Keller, Wilde Rose Keller, Domterrassen, diverse Gaststätten in der Sandstraße, am Pfahlplätzchen und ums Alte Rathaus, Störenkeller und Galerie am Stephansberg

–> Beschreibung ab Seite 116

Für mich eine besondere Tour, bei der viele Einkehrmöglichkeiten am Weg liegen: Der Spezi-Keller mit dem einzigartigen Blick über Bamberg, das Café am Dom mit der leckeren Pralinentorte oder natürlich das Schlenkerla, wo das bekannte Rauchbier auf der Straße getrunken wird.

Vom Ausgangspunkt in die *Franz-Ludwig-Straße* gehen und weiter nach links zum *Grünen Markt*. Dort wird die *Martinskirche* und der *Gabelmann* passiert, bevor die *Lange Straße* gequert wird.
Es geht an Cafés vorbei und über die *Obere Rathausbrücke* in die *Karolinenstraße*.
An der Lugbank links halten und am *Pfahlplätzchen* links zur Ampel gehen, gegenüber der *Judenstraße* folgen. An der Hauswand über dem Bolero erkennt man noch den Eisbär der ehemaligen Brauerei und Gaststätte Polarbär, die sich dort befand.
An der Gabelung liegt das sog. Samshaus, in dem Hr. Taschenbier in den Sams-Filmen wohnte. Hier rechts bergauf gehen und der Straße folgen. Es

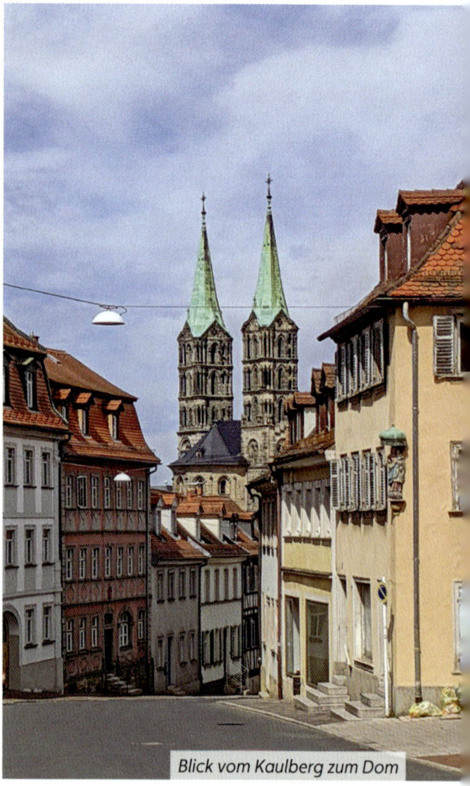

Blick vom Kaulberg zum Dom

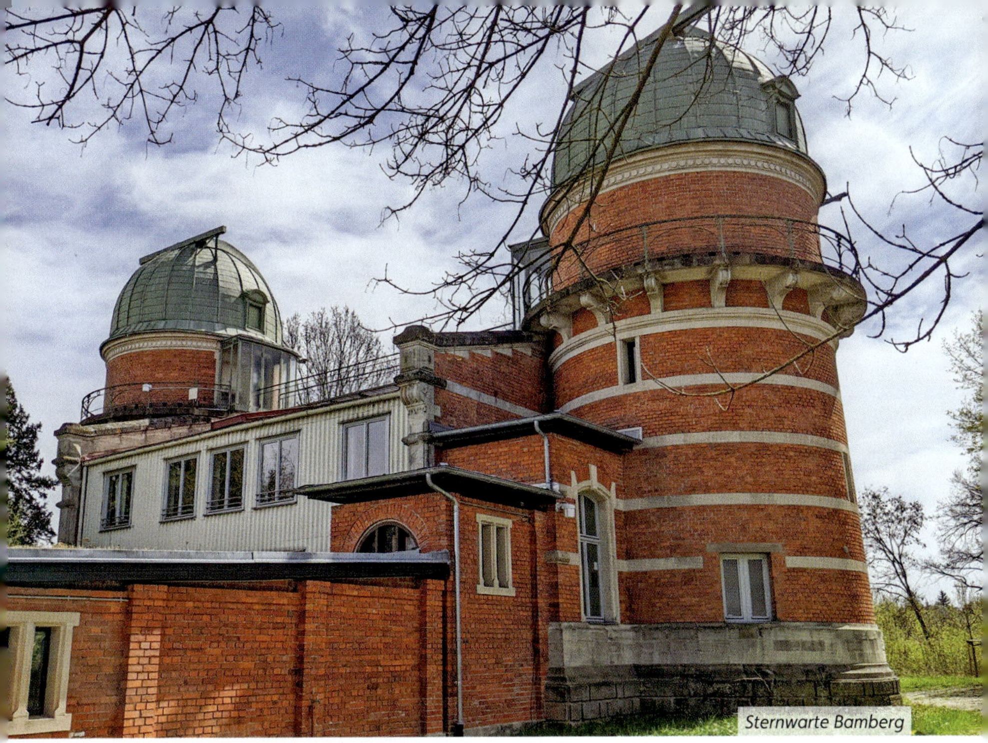
Sternwarte Bamberg

geht an der Gallerie am *Stephansberg* und am Störenkeller vorbei. An der nächsten Abzweigung links in die *Sternwartstraße* biegen und weiter Richtung Spezikeller. Links zweigt der *Milchweg* ab, auf dem die Wanderung weiter verläuft. Wer möchte, kann hier bereits einen Abstecher zum Spezi-Keller machen. Nun wird der Weg schmal und über Treppen geht es erst bergab und anschließend wieder bergauf.

Bis zur Straße *Am Friedensbrunnen* auf dem *Milchweg* bleiben und hier rechts halten und anschließend wieder rechts, um in die *Schellenbergerstraße* zu gelangen. Am Ende der Straße geht es rechts weiter und der Wilde Rose Keller wird erreicht, auf dem regelmäßig Veranstaltungen stattfinden. Nun wird es etwas steiler, es geht wieder

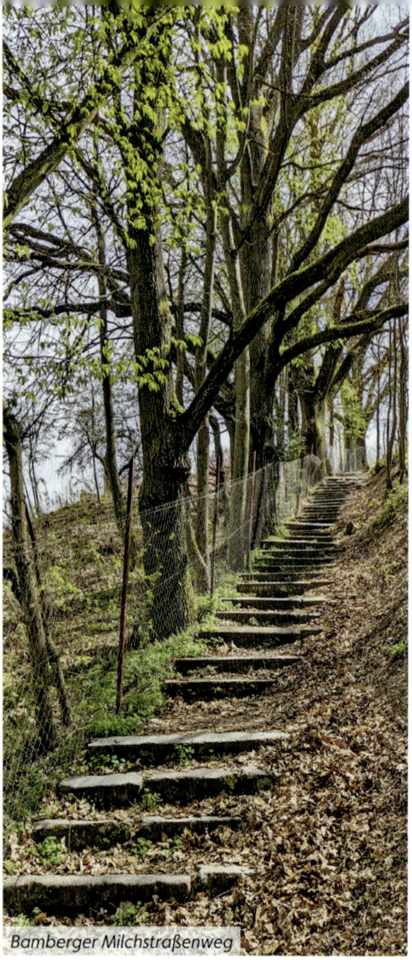

Bamberger Milchstraßenweg

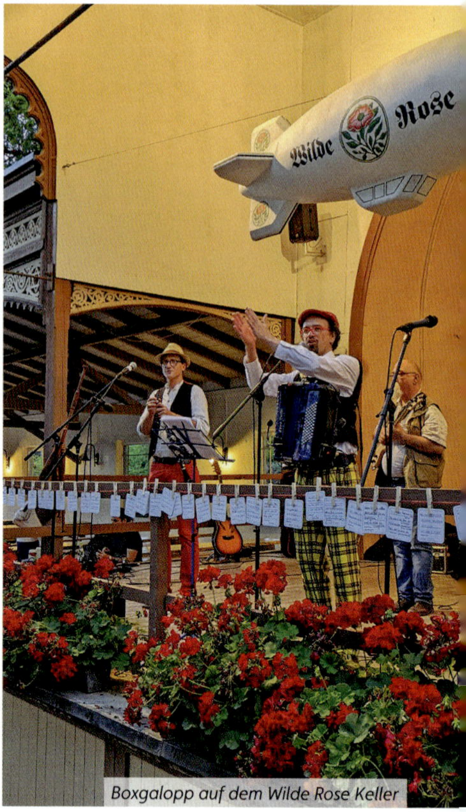

Boxgalopp auf dem Wilde Rose Keller

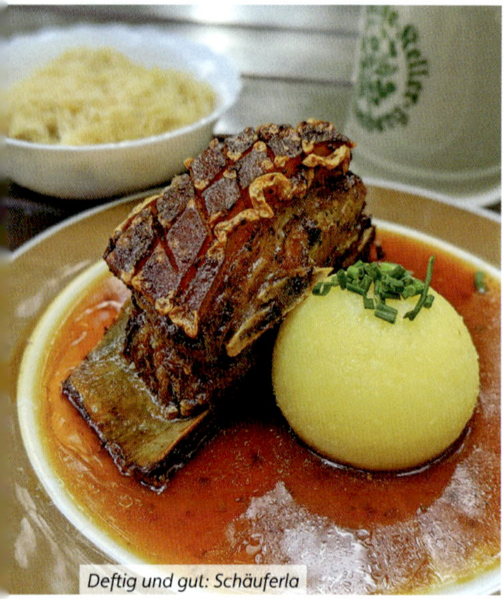

Deftig und gut: Schäuferla

Richtung Innenstadt und auf Höhe der Hs-Nr. 38 links in die *Untere Seelgasse* biegen, die in die *Obere Seelgasse* und anschließend die *Kroatengasse* übergeht.

Am *Kaulberg* rechts bergab zum *Karmelitenplatz* gehen. Hier links halten und der Straße bis zur *Matern* folgen. An diesem kleinen Platz rechts den Rad- und Fußgängerweg wählen und folgen.

Es bietet sich ein schöner Blick auf den Dom und über den *Hinteren Bach* geht es ein letztes Mal bergauf zum *Domplatz*. Nahe dem Trinkwasserbrunnen und dem Modell des Domplatzes über die Treppenstufen in die *Sandstraße* gehen, wo sich viele Einkehrmöglichkeiten wie das Schlenkerla befinden.

Über die *Untere Brücke* zum *Obstmarkt* gehen, links halten und am *Gabelmann* rechts die *Keßlergasse* wählen, um zum Ausgangspunkt am *ZOB* zu gelangen.

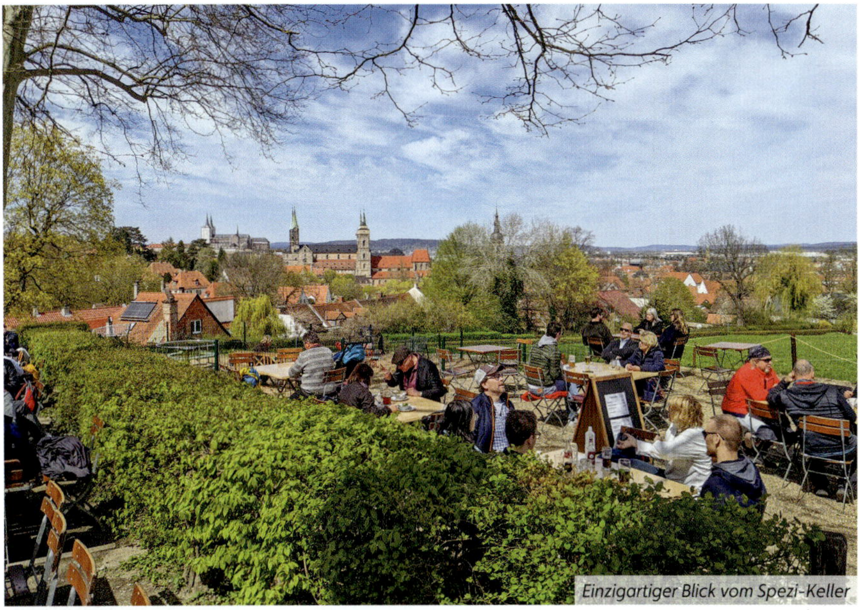

Einzigartiger Blick vom Spezi-Keller

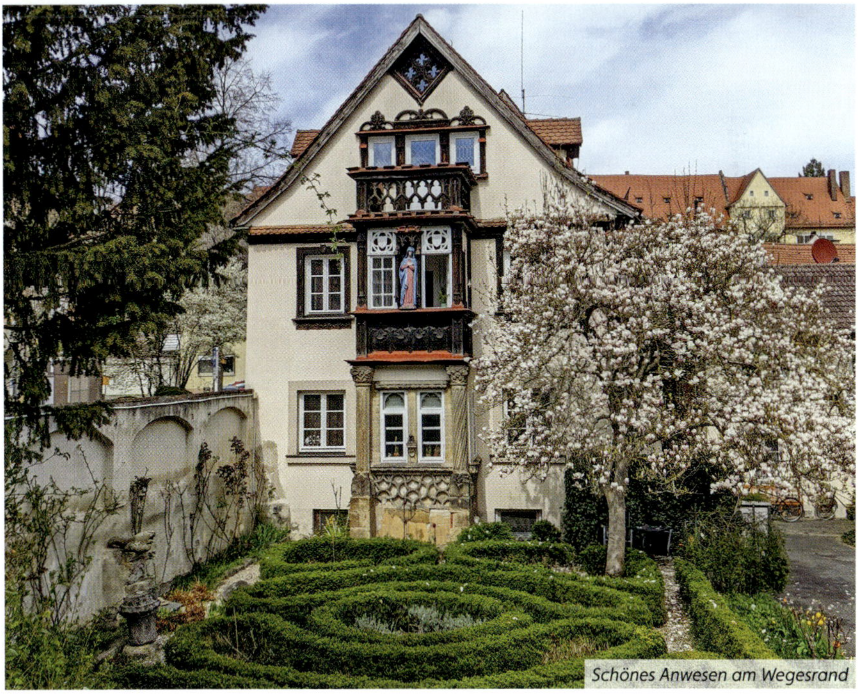

Schönes Anwesen am Wegesrand

Fränkisches Brauereimuseum

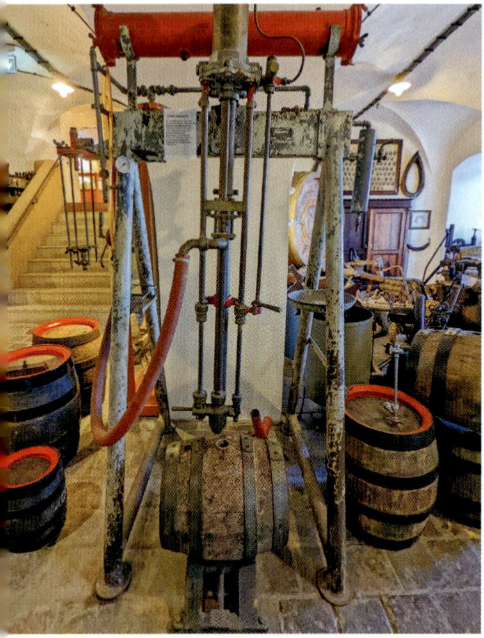

Bamberg ist die wahre Hauptstadt des Bieres, beherbergt sie doch über 10 Brauereien im Stadtgebiet und eine Mälzerei. Zumeist sind es kleine Betriebe, die auf eine lange Familientradition blicken oder als kleine Gasthausbrauereien in den letzten Jahren entstanden sind. In den Hochzeiten beheimatete Bamberg über 70 Brauereien, von denen viele aufgaben oder mit anderen Betrieben zusammengeführt wurden.

Die Geschichte des Bieres lässt sich besonders anschaulich auf fünf Ebenen im Fränkischen Brauereimuseum am Michelsberg erleben, an dessen Wand der Schriftzug Brauerei Michelsberg prangt. Mit dem Gewölbe versetzt das Gebäude bereits die Besucher*innen in Staunen.

Den Einstieg macht eine Sudanlage direkt nach der Kasse, bevor es durch ein

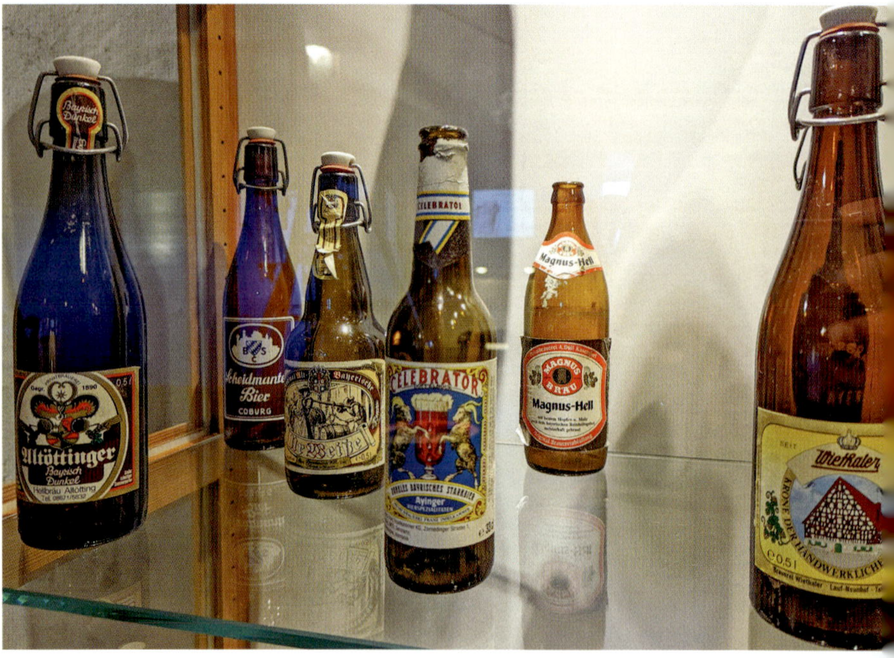

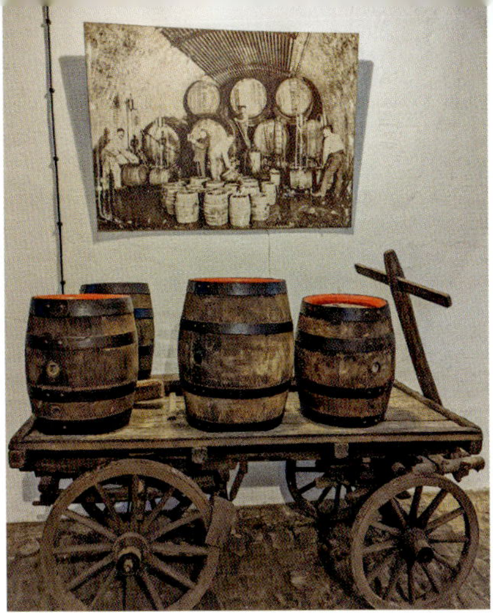

Treppenhaus mit alten Emailschildern ein Stockwerk tiefer geht und die Bierkultur im Mittelpunkt steht. Die Fass- und Flaschenabfüllung werden auf der nächsten Ebene präsentiert und erklärt. Dazu lassen sich alte Abfüllanlagen bewundern. Auf den letzten Ebenen stehen die Rohstoffe der Bierherstellung, die Gärung und Lagerung des Bieres im Vordergrund.

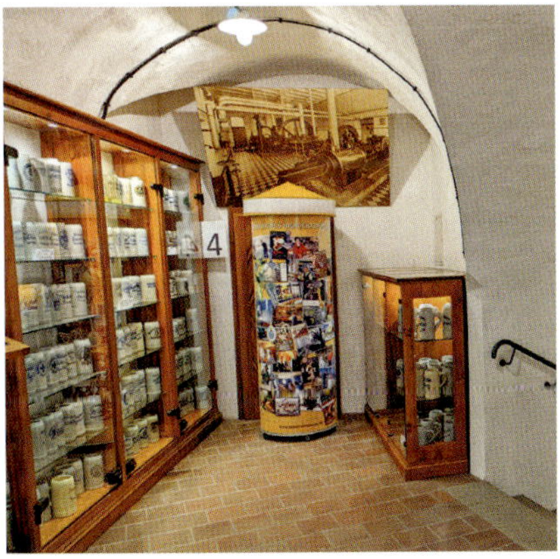

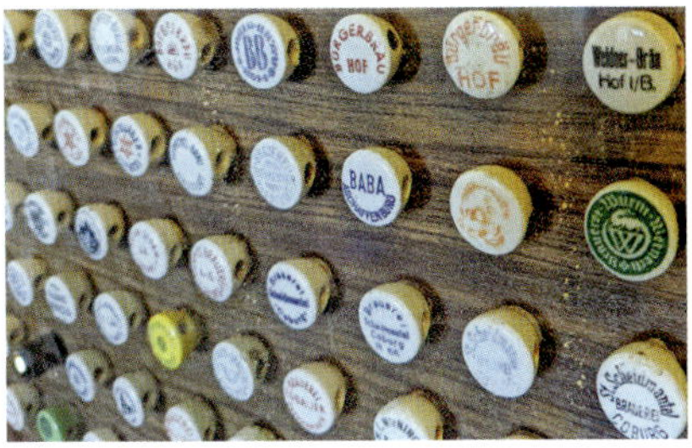

Das Museum bietet neben Führungen durch die Ausstellung auch eine Tour durch Bamberg mit dem Schwerpunkt Bier an.
Touren im Buch, die am Fränkischen Brauereimuseum vorbei führen:

- *Tour 2 – Altenburg und Villa Remeis*
- *Tour 3 – Natur in der Stadt*

Kontakt
Michelsberg 10f, 96049 Bamberg
Tel.: 0951-53016
www.brauereimuseum.de

Öffnungszeiten
April – Oktober
Mi.-Fr.: 13 – 17 Uhr
Sa.-So., Feiertag: 11 – 17 Uhr

Besonders eindrucksvoll sind die alten Maschinen, die in Brauereien zum Einsatz kamen. Dazu verschiedene Vitrinen mit alten Bierflaschen, Korken oder Bildern.

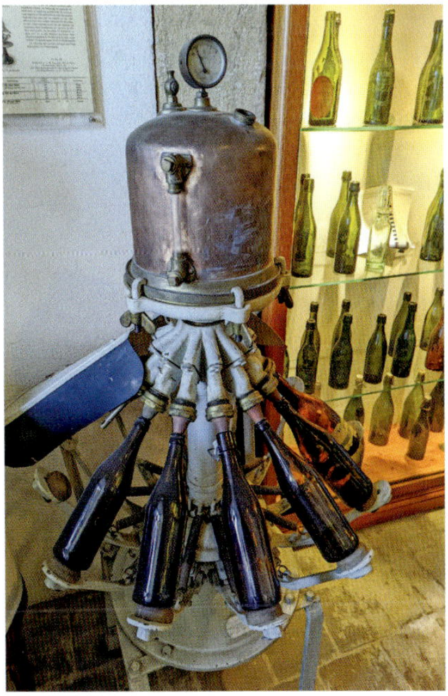

2 Zu den schönsten Ausblicken auf die Welterbestadt

Bei dieser Wanderung geht es hoch hinaus! Dafür wird man mit schönen Blicken auf Bamberg und vielen Einkehrmöglichkeiten belohnt.

Bamberg	*ZOB, Promenade*
7,5 km	*160 Hm*
2 Std.	*Trockenes Wetter*
1/2 Schatten	*Ja*

Einige Steigungen, Treppenstufen zur Altenburg; Teer, Kopfsteinpflaster, Wanderwege

Bänke auf dem Weg zur Altenburg mit einem einzigartigen Blick über Bamberg; Bänke um die Villa Remeis; Klostergarten Michelsberg

Bahnhof Bamberg (ICE, RE, S)
Bus Nr. 901, 902, 907 bis HS ZOB

Tiefgarage Geyerswörth, Geyerswörthstr. 5a

Fränkisches Brauereimuseum
Michelsberg 10f, 96049 Bamberg
Tel.: 0951-53016
www.brauereimuseum.de

Restaurant u. Biergarten Altenburg, Villa Remeis, Einhornskeller, Café Restaurant Michaelsberg, div. Gaststätten am Alten Rathaus in der Sandstraße oder der Austraße
–> Beschreibung ab Seite 116

Bei dieser Tour gefallen mir die Ausblicke von der Wiese unterhalb der Altenburg und von der Villa Remeis besonders gut.
Dort solltet ihr unbedingt ein Stück Kuchen essen. Einfach lecker! Beim Laufen bleibe ich an beiden Stellen oft stehen und genieße den Blick auf Bamberg.

Die Tour führt durch die Bamberger Altstadt, so dass es vom Ausgangspunkt am *ZOB* rechts in die *Franz-Ludwig-Straße* geht und anschließend links in die *Keßlerstraße*. Am Ende der Straße befindet sich der *Gabelmann* mit dem Brunnen, wo die *Lange Straße* gequert wird.
An der *Oberen Brücke* geht es durch das Alte Rathaus und gerade weiter zum *Domplatz*. Links vom Dom befindet sich das Diözesanmuseum, an der die Wanderung entlangführt. In einer Kurve bergab gehen und gerade in die Gasse weiter, bevor rechts der *Domgrund* abzweigt, über den die *Matern* erreicht wird. Dort zweigt in der Kurve die *Ziegelgasse* ab und macht eine Rechtskurve. Kurz vor der anschließenden Linkskurve links in einen schmalen Pfad biegen. Über ein paar Treppenstufen geht es an Gärten entlang mit Blick auf die Jakobskirche und die umliegenden Dächer. Nach dem Kaiser-Heinrich-Gymnasium führt der Pfad in ein kleines Waldstück und endet am Abzweig des Fußweges zur Altenburg. Nun folgt der erste grö-

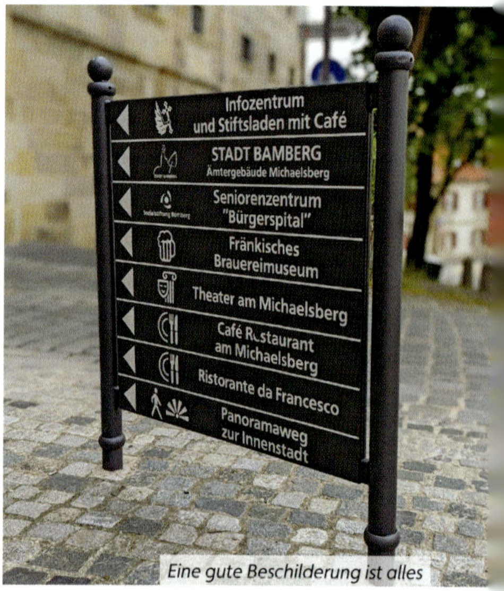

Eine gute Beschilderung ist alles

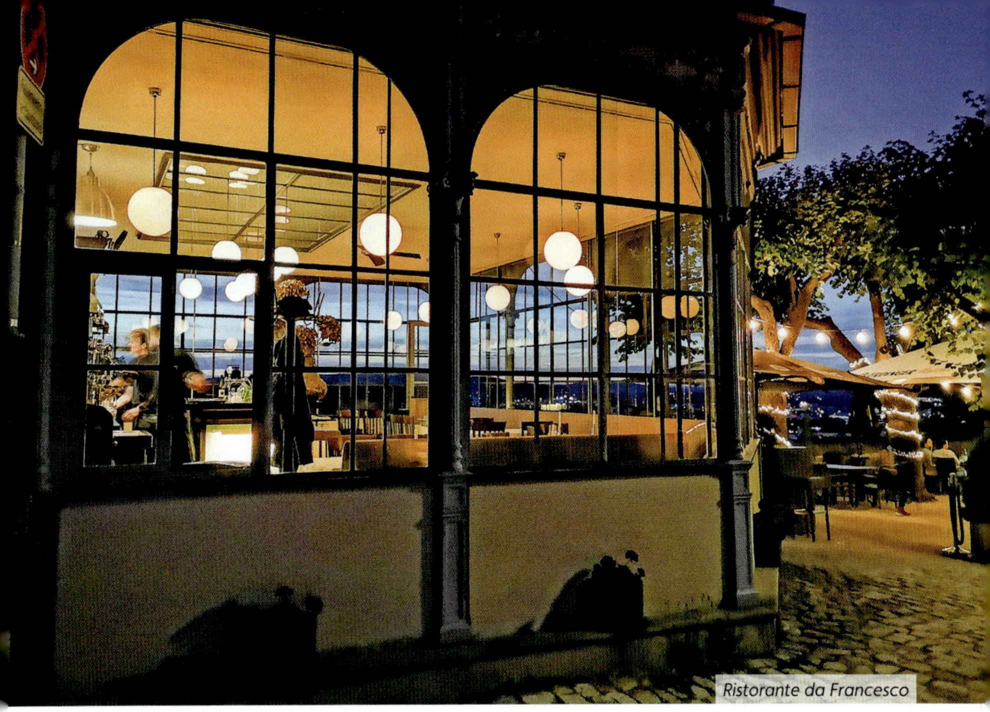

Ristorante da Francesco

ßere Anstieg hoch zur Burg, aber auf halber Höhe sind zwei Bänke, die sich sehr schön für eine Rast eignen. Es ist ein wahrer Genuss, hier den Blick über Bamberg schweifen zu lassen! Zu jeder Jahreszeit ist er anders, mal blüht es gelb, mal sind die Felder braun. Es geht weiter bergauf bis zum nächsten kleinen Waldstück. Hier kann es bei Nässe etwas rutschig sein, daher ist etwas Vorsicht geboten. Der Pfad mündet in die *Altenburger Straße*, führt am Parkplatz vorbei, wo es über Treppenstufen weitergeht. Oben an der Altenburg angekommen lässt sich in der Burg eine ausgedehnte Pause einlegen. Sei es bei einem Kaffee im Biergarten oder bei einem Ausblick vom 33 Meter hohen Turm.

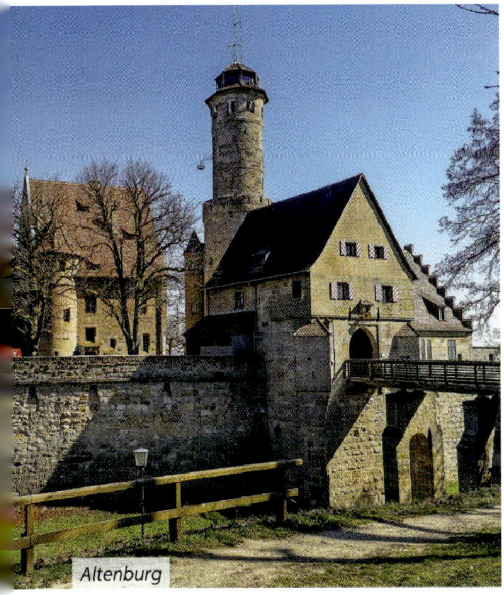

Altenburg

Links vom oberen Parkplatz zweigt der Weg ab, über den die Wanderung nun Richtung Villa Remeis führt. Mit einigen Kurven geht es wieder bergab, in der Senke zweigen Wege ab, wo es geradeaus bis zur Straße weitergeht. Am Pavillon führt ein schmaler Pfad bergauf bis zum Rothof mit einer großen, freistehenden Buche, an der eine Bank steht. Nach rechts führt der Weg zum Michelsberger Wald, wo die Wanderung nach rechts geht. Über die *Sankt-Getreu-Straße* bergab gehen bis rechts die Einfahrt zur Villa Remeis abzweigt. Hier wartet ein weiteres Highlight der Wanderung. Ein sozial betriebenes Café, Wiesen mit al-

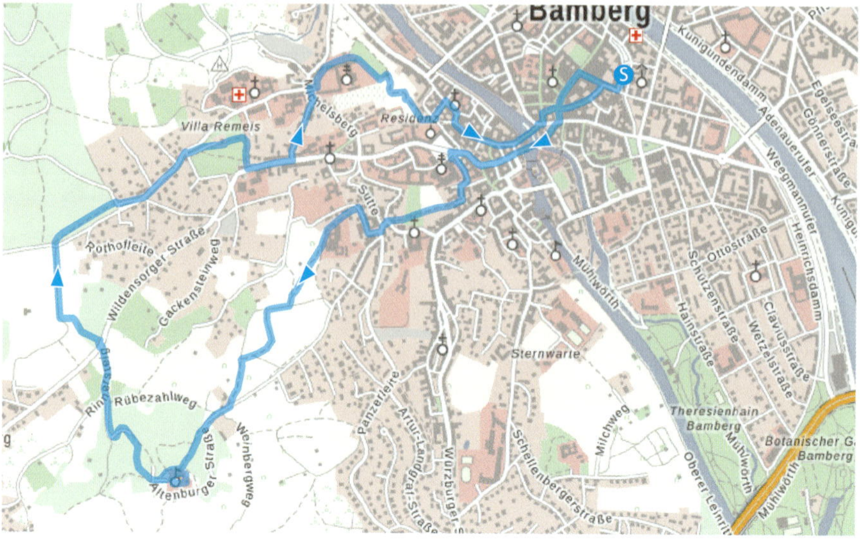

ten Obstbäumen und einer der schönsten Ausblicke auf die Welterbestadt.

Nun geht es weiter bergab und an der Gabelung rechts zum *Jakobsberg*. Am Einhornskeller links in die *Storchsgasse* zum *Michelsberg* gehen. Im Innenhof liegt auf der linken Seite das Fränkische Brauereimuseum, das besucht werden kann. Links vom Kloster weiter in den Klostergarten gehen. Am Kreuz führt eine Treppe nach unten und über den Weg nach rechts wird die *Aufseßstraße* erreicht. Bis zum *Elisabethenplatz* noch bergab gehen und dort rechts in die *Sandstraße* biegen.

Bis zur *Unteren Brücke* immer weiter gerade und anschließend die *Lange Straße* wieder queren. Über die *Austraße* und *Grünen Markt* wird der Ausgangspunkt wieder erreicht.

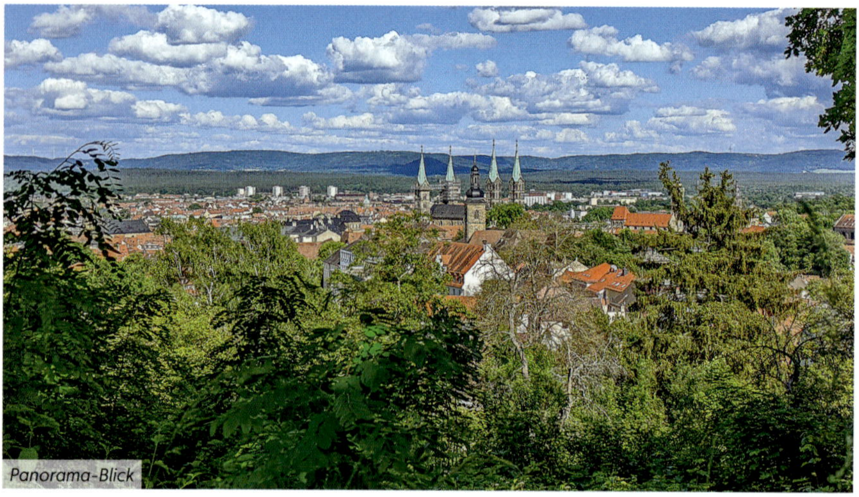
Panorama-Blick

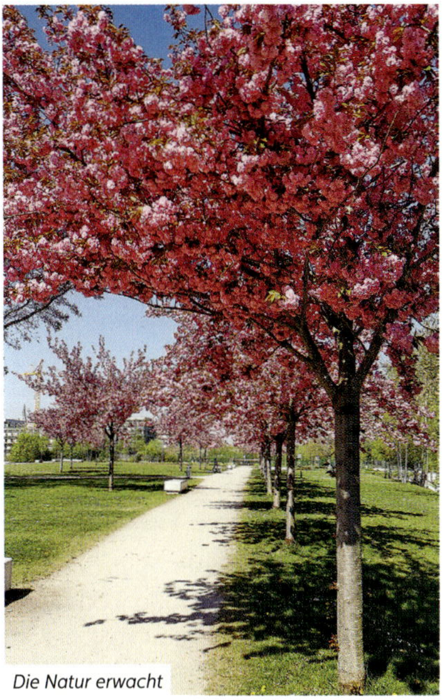

Die Natur erwacht

Bei dieser Tour zeigt sich, wie schnell man in Bamberg von der Stadt im Grünen ist und wunderbare Natur erleben kann.

	Bamberg		*ZOB, Promenade*
	8,5 km		*60 Hm*
	2 1/4 Std.		*Trockenes Wetter*
	1/4 Schatten		*Ja*

Einige Steigungen, Treppenstufen zum Klostergarten St. Michael
Teer, Kopfsteinpflaster, Schotterwege

Rosengarten mit Blick über Bamberg
Klostergarten Michelsberg
ERBA-Park

Bahnhof Bamberg (ICE, RE, S-Bahn)
Bus Nr. 901, 902, 907 bis HS ZOB

Tiefgarage Geyerswörth, Geyerwörthstr. 5a

Welterbezentrum www.welterbe.bamberg.de
Fränkisches Brauereimuseum (Apr. – Okt.) www.brauereimuseum.de

Café im Rosengarten, Lemon Tree, Henrii am Welterbezentrum, Hofbräu, div. Gaststätten am Kloster Michaelsberg, in der Sandstraße oder am Alten Rathaus

–> Beschreibung ab Seite 116

Entlang der Tour lohnt ein Stopp am Welterbezentrum mit der gut aufbereiteten Ausstellung, um Wissenswertes über die Geschichte Bambergs und des Welterbes zu erfahren.

Die Tour startet an der *Promenade* mit dem Zentralen Omnibusbahnhof und führt gerade am Rathaus vorbei.
Der Straße bis zum Café Rondo folgen, wo sich die Bamberger*innen auf einen schnellen Espresso und ein kurzes Gespräch treffen. Gegenüber geht es

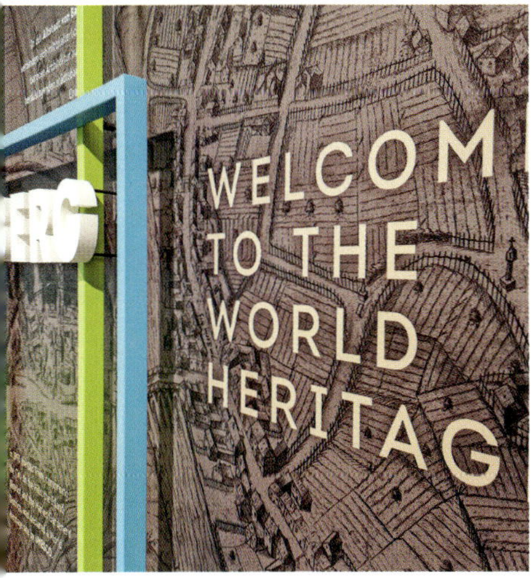

am Hotel National vorbei, in der Wiese sitzen die Roten Männer zu einem Meeting, bevor es am Café Luitpold, einer Bamberger Institution rechts am Spielplatz entlang geht. Über den *Zinkenwörth* führt die Wanderung zum ETA-Hoffmann-Theater am schönen *Schillerplatz*.

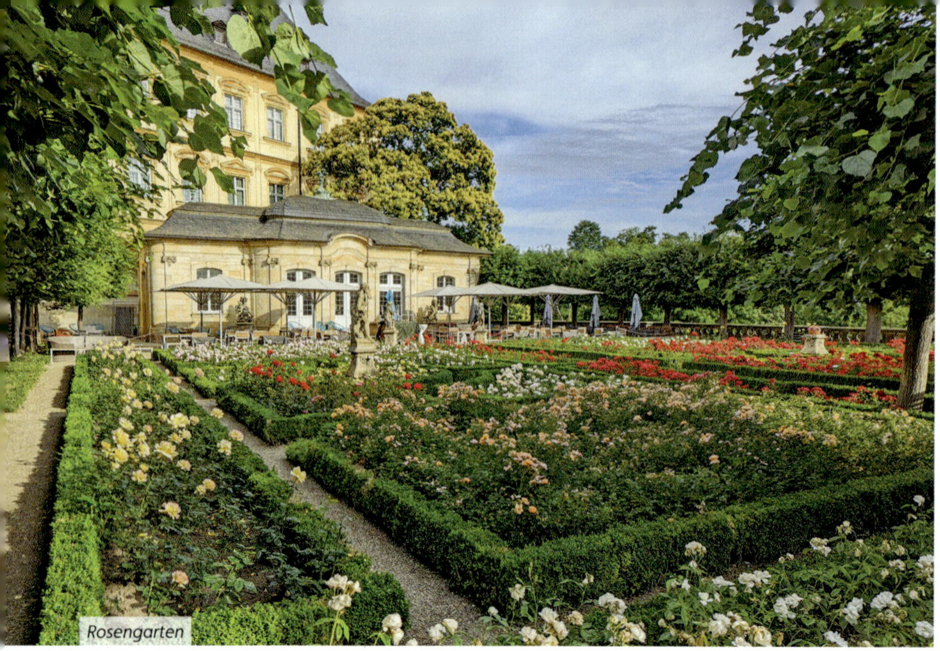

Rosengarten

Der Straße weiter folgend geht es durch eine kleine Altstadtgasse bis zur nächsten Abzweigung links. Hier zweimal links und an der kleinen Brücke den Alten Kanal überqueren. Die Wanderung verläuft links zwischen Schloss und Rosengarten Geyerswörth entlang und quert die Straße zur Skulptur Langsamer Traum. Weiter geht es am Welterbezentrum vorbei, über die Brücken und anschließend rechts bis zum Hofbräu. Durch die *Karolinenstraße* hoch zum *Domplatz* gehen, wo ein Abstecher zum Rosengarten mit einem schönen Café lohnt. Linkerhand führt die Tour durch die *Alte Hofhaltung* und *Domstraße* zum Torschuster bergauf, bevor es rechts wieder bergab bis zur Abzweigung der *Aufseßstraße* geht. Hier rechts halten, vorbei am Aufseesianum und bis zur Tür

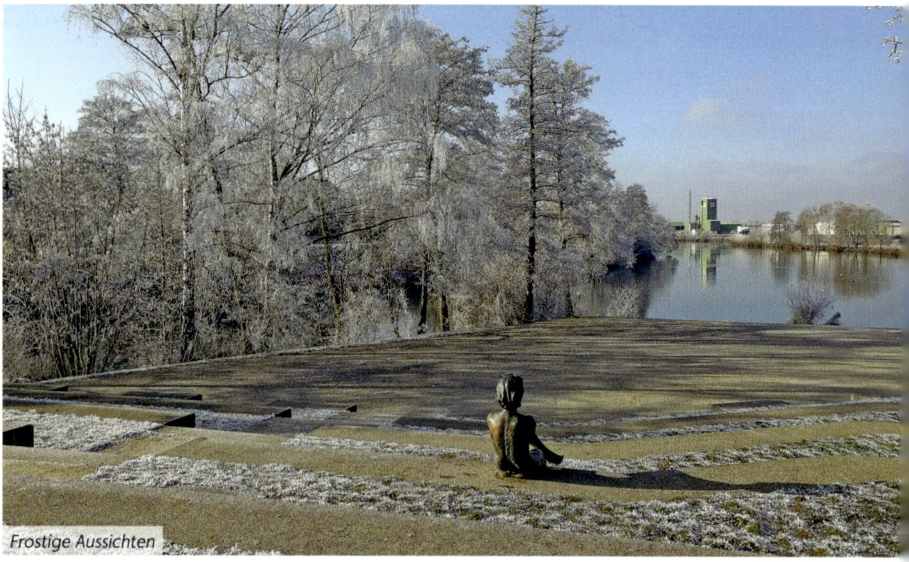

Frostige Aussichten

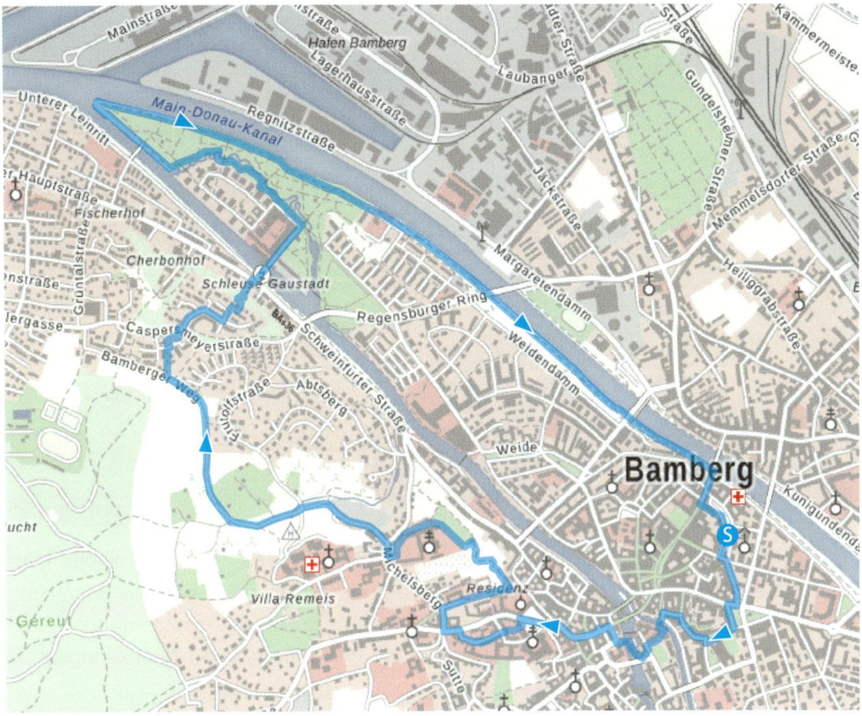

auf der linken Seite gehen. Dort zweigt der *Erthalweg* ab, über den es in den Klostergarten Michelsberg geht. An der Treppe hoch zum Kreuz und weiter geht es um das Kloster bis zur Ausfahrt aus dem Klosterhof.

Erst rechts halten und anschließend sofort links in den *Ottobrunnen* biegen, der an der Absperrung in den *Bamberger Weg* übergeht. Mit nur wenigen Schritten wird hier die Stadt verlassen und die Wanderung führt durch Wiesen und an Wäldern vorbei. Dem Weg über den Hügel bis zum Spielplatz auf der rechten Seite folgen.

Danach rechts abbiegen und durch den *Cherbonhof* zur Straße gehen und auf der anderen Straßenseite weiter der *Titusstraße* folgen. Nach der Rechtskurve links gehen und die Treppe zwischen Häusern bergab wählen. Diese führt zur *Gaustadter Hauptstraße* auf Höhe der Zufahrt zur ERBA-Insel.

Nach den Hügeln bleibt es flach. Über die Brücke bis zum Spielplatz gehen und an der Absperrung den linken Weg noch vor Überqueren des Fischpass wählen. Dieser führt zwischen den Häusern und Wasser entlang bis zur Brücke. Hier gerade weiter zum Wasser, das über Steine überquert werden kann. Es geht wieder hoch und anschließend links halten und bis an die Regnitz gehen. Dem Weg bis zur Insel-Spitze folgen, wo nochmals eine Rast eingelegt werden und den Schiffen zugesehen werden kann. Entlang des Main-Donau-Kanals geht es wieder in die Stadt bis zur *Kettenbrücke*. An dieser das Ufer verlassen, rechts halten und anschließend links zur *Promenade* gehen, um den Ausgangspunkt zu erreichen.

Bamberger Gärtner- und Häckermuseum

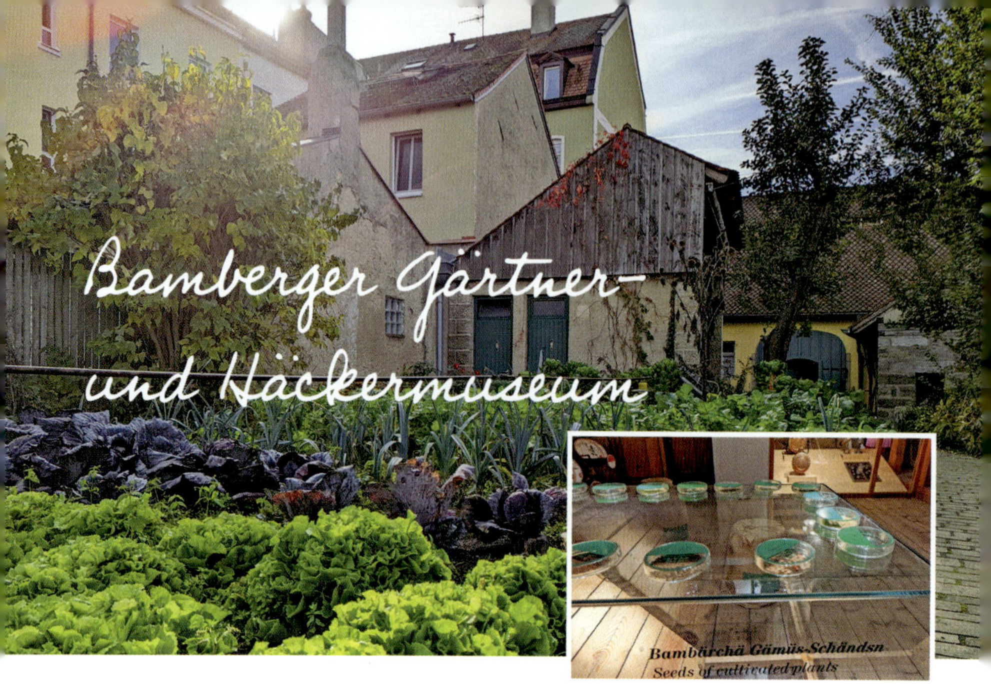

Der urbane Gartenbau blickt in Bamberg auf eine lange Tradition zurück, die bis ins 14. Jahrhundert reicht.

Bei der Verleihung des Welterbestatus 1993 trug die Gärtnerstadt einen wesentlichen Teil bei. Noch heute zeichnen die weiten Anbauflächen einen Kontrast zum dicht bebauten Stadtgebiet der Innenstadt.

Im Gärtner- und Häckermuseum können die Besucher*innen das Leben einer Gärtnerfamilie um das Jahr 1900 erleben und bekommen Einblicke in kulturhistorische Zusammenhänge, wie der Fronleichnamsprozession oder dem Zunftwesen.

Die einzelnen Zimmer des Gebäudes sind originalgetreu eingerichtet und durch die Hörstationen lässt sich in die Zeit und das Leben der Gärtnerfamilie eintauchen.

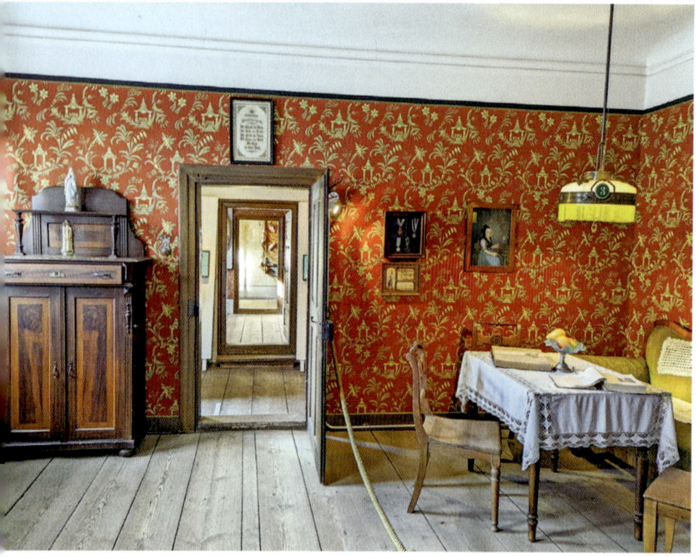

Der Garten des Museums wird genutzt und es werden Gemüse, Obst und Kräuter angebaut. Neben der Bamberger Zwiebel kommt dem Süßholz eine besondere Bedeutung zu. Dem Museumsgarten ist der Bamberger

Führungen durch das Museum sind während der Öffnungszeiten möglich, durch den Sortengarten nach Verinbarung. Der Besuch ist im Eintrittspreis des Museums enthalten.

Touren im Buch, die am Gärtner- und Häckermuseum vorbei führen:

- *Tour 5 – Gärtnerstadt und Wunderburg*

Kontakt
Mittelstr. 34
96052 Bamberg
Tel.: 0951/201618
www.ghm-bamberg.de
www.bamberger-sortengarten.de

Öffnungszeiten
Ende April – Anfang November
Di. – So. 11 – 17 Uhr

Sortengarten angegliedert. In diesem werden besondere Bamberger Haussorten gepflegt und erhalten. Ziel ist, das Wissen um die lokalen Pflanzen weiterzugeben und samenfestes Saatgut zu gewinnen, um die biologische Vielfalt zu erhalten.

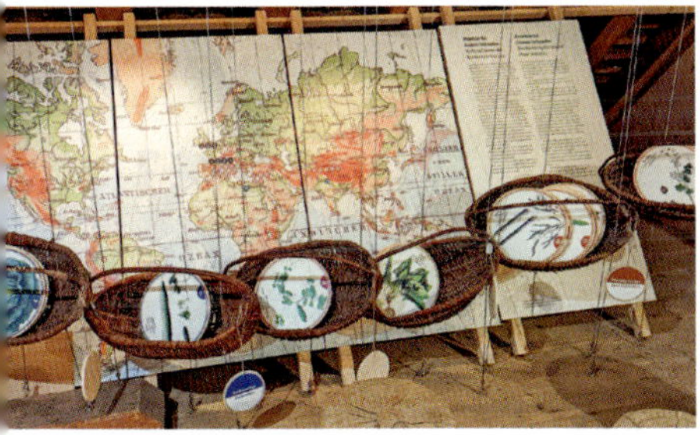

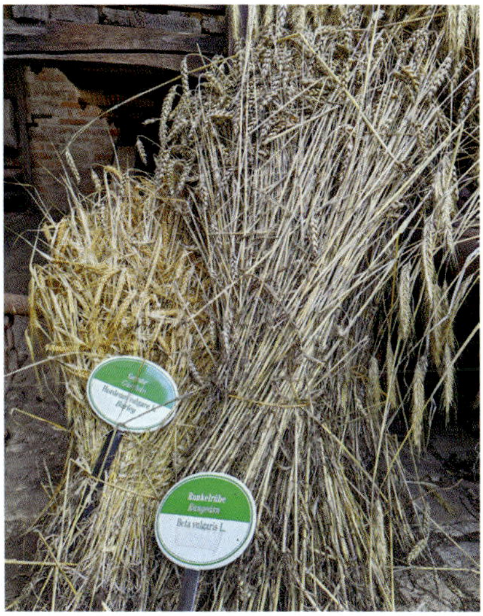

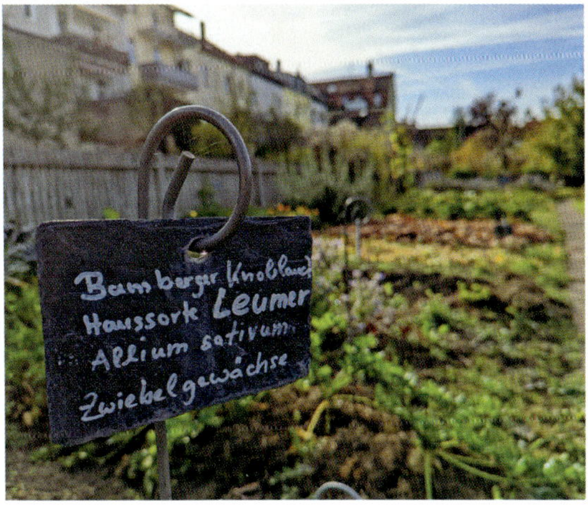

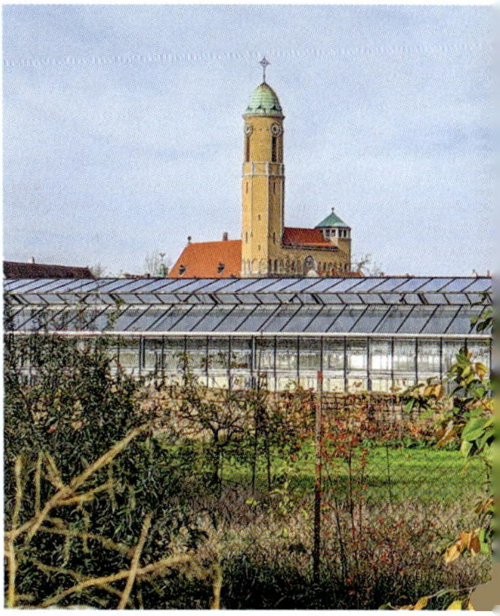

Schöpfungsweg

Eine gemütliche Wanderung durch den Michelsberger Wald mit vielen Stationen zum Innehalten, Pause machen und Natur genießen. Die Tour ist ideal für eine Feierabendrunde.

Bamberg | *Kloster St. Michael*

5 km | *120 Hm*

1,5 Std. | *Jedes Wanderwetter*

3/4 Schatten | *Ja*

Einige anspruchsvollere Steigungen
Teer, (schmale, wurzlige) Waldwege

Viele Bänke entlang des Weges

Tiefgarage Konzerthalle (Wegverlängerung ca. 500 Meter einfach)

12 Stationen aus der Schöpfungsgeschichte
Bamberger Stiftsladen und Infozentrum

Bergschlösschen, Villa Remeis, Café Restaurant Michaelsberg
–> Beschreibung ab Seite 116

Für mich ist diese Wanderung sehr besonders, da man die Weite an der Waldwiese erleben kann, aber auch auf schmalen Pfaden unterwegs ist und gerade im Wald häufig alleine ist. Kombinationsmöglichkeiten mit Tour 3

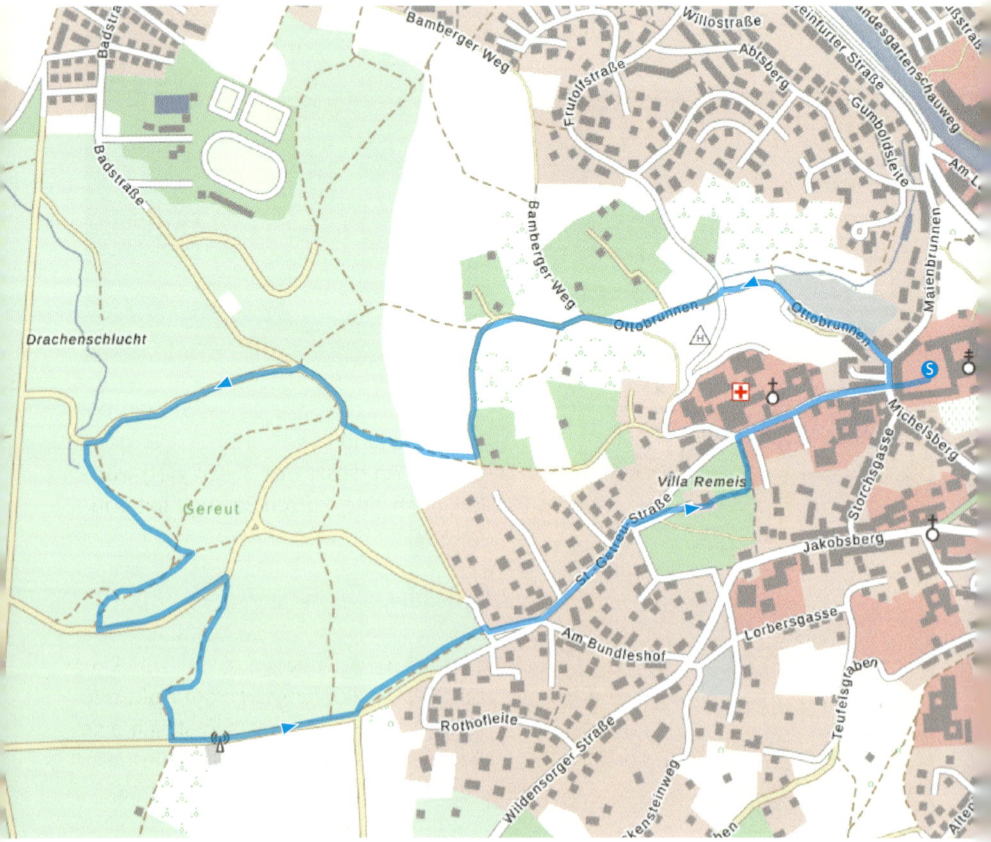

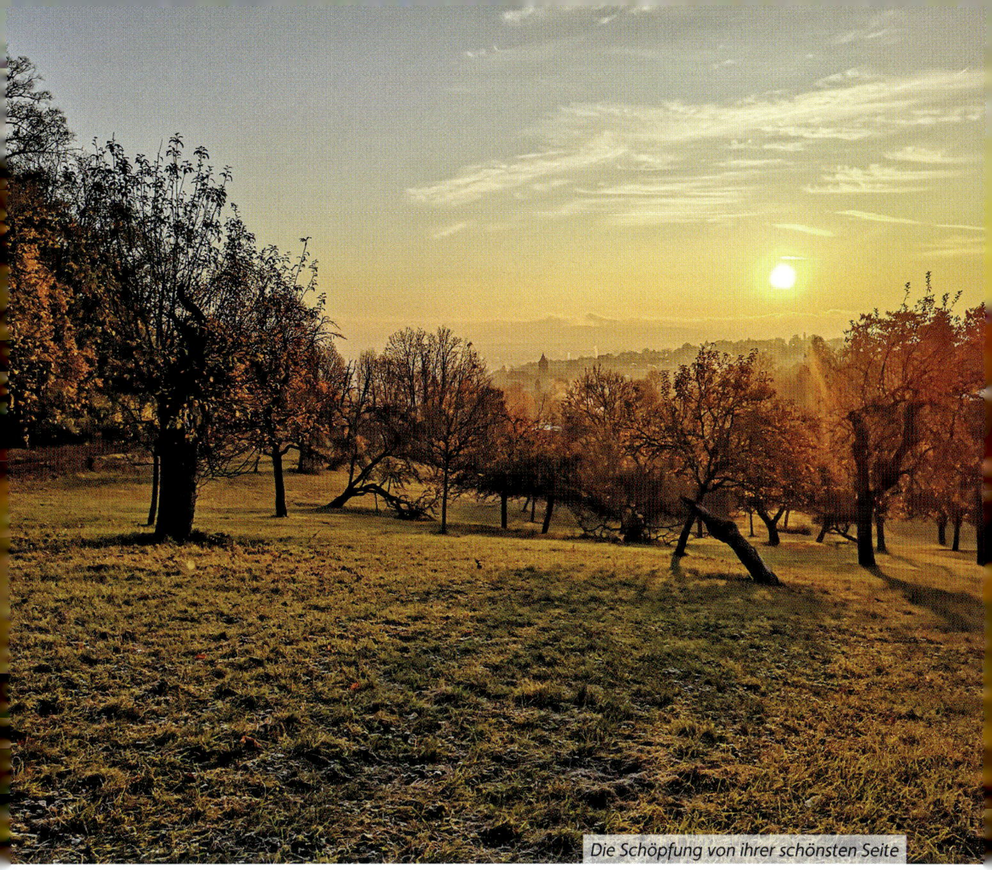

Die Schöpfung von ihrer schönsten Seite

Die Tour startet am Kloster St. Michael und ist sehr gut ausgeschildert. Nach Verlassen der Klosteranlage führt sie

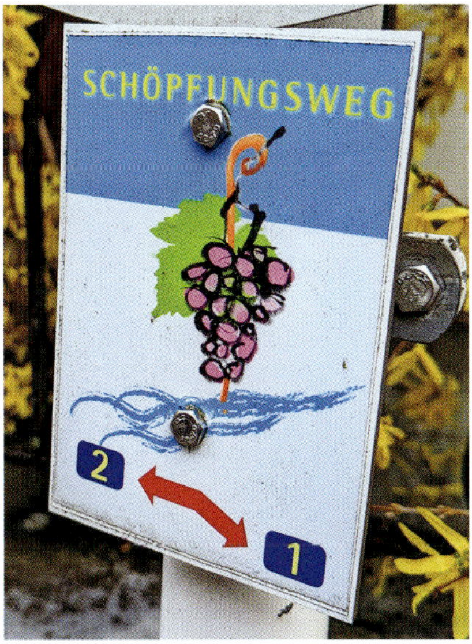

nach rechts und sofort links in den *Ottobrunnen*. Der Weg geht an der Zufahrt zum Klinikum am Michelsberg in den *Bamberger Weg* über. Dort befindet sich auch das Lavendellabyrinth mit einem schönen Blick zum Kloster Michelsberg. Wieder zurück auf dem Wanderweg wird der *Ottobrunnen* passiert und die Wanderung führt weiter bis zur Weggabelung. An dieser den linken Weg wählen, nach einer kurzen Passage mit Bäumen wird die Waldwiese erreicht, an der der Weg weiterführt.

Am oberen Ende angekommen, links halten und dem Wiesenweg auf die gegenüberliegende Seite bis zur Station 5 des Schöpfungsweg am Waldrand folgen. Auf Steinquadern lässt sich eine Rast einlegen, bei der der Blick die Weite aufnehmen kann. Nun führt die Wanderung in den Wald, kreuzt einen Weg am

Waldrand und führt anschließend nach rechts weiter, bevor der Weg an der folgenden Möglichkeit nach links abzweigt. Hier ist etwas Vorsicht geboten, da eine Mountainbikestrecke gekreuzt wird. Auf einem schmalen Pfad geht es bergauf und man kann die Ruhe des Waldes spüren. An der nächsten Kreuzung links gehen und anschließend wieder rechts halten.

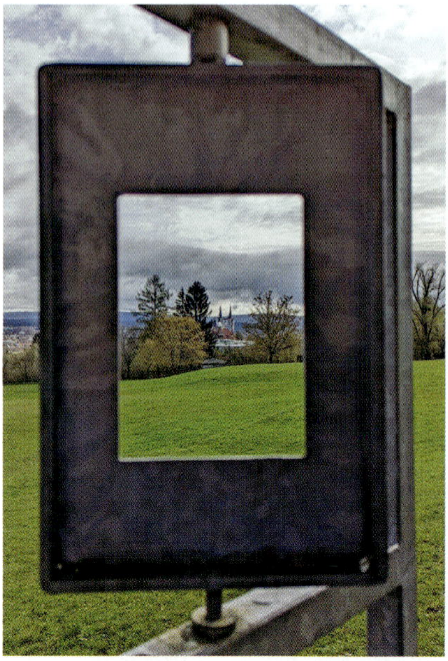

Kurz darauf wird die Station 7 mit einer Quellfassung erreicht und nach einer Rechtskurve stößt der Weg auf den breiteren Königsweg. Diesem Waldweg nach links folgen, vorbei an der Michelsberger Quelle bis der ausgeschilderte Schöpfungsweg nach rechts abzweigt. Nun wird es nochmals schmaler und es geht wieder bergauf. Am Ende des We-

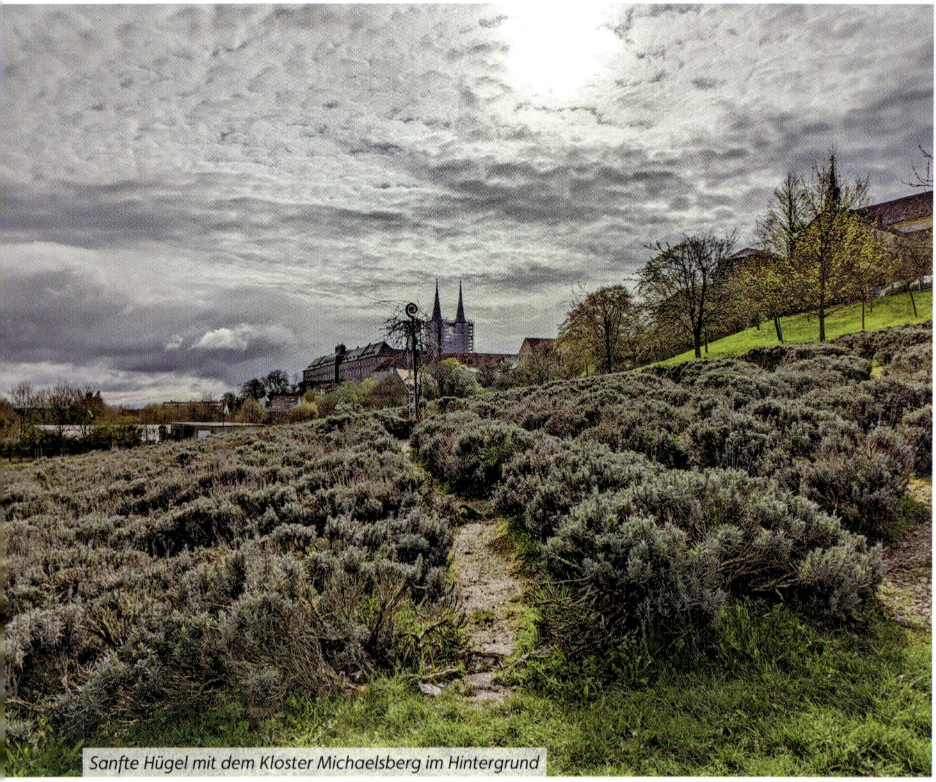

Sanfte Hügel mit dem Kloster Michaelsberg im Hintergrund

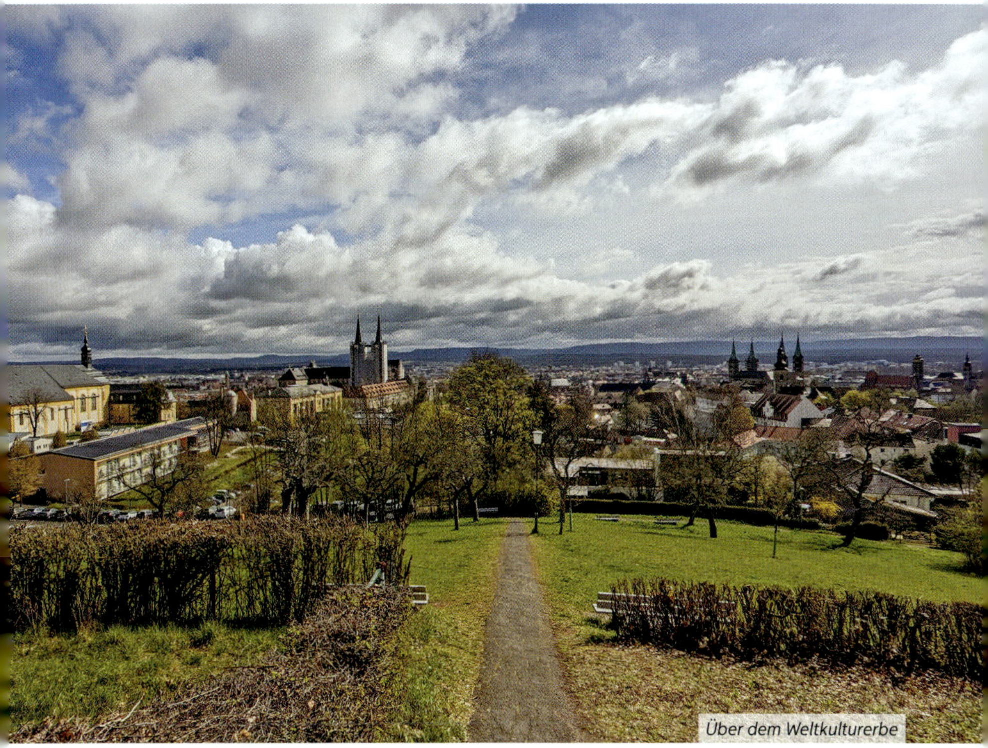

Über dem Weltkulturerbe

ges wird der *Kunigundenweg* erreicht und gegenüber lädt eine Bank zum Verweilen an einer Wiese mit Obstbäumen und Blick zur Altenburg ein.

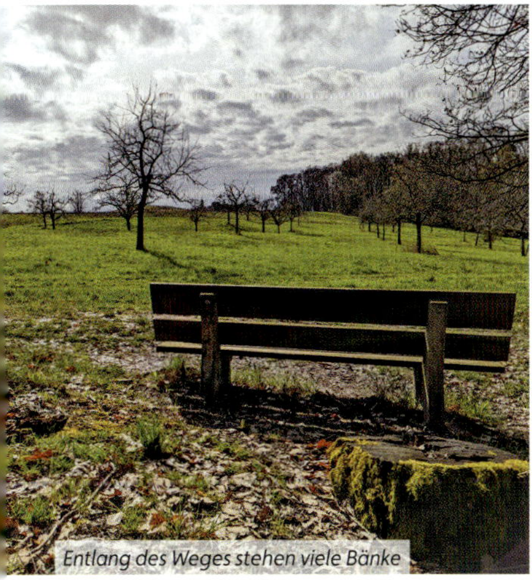

Entlang des Weges stehen viele Bänke

Die Wanderung führt auf dem breiteren Weg nach links Richtung Bamberg. Nach kurzer Zeit würde rechts ein Weg zur Altenburg abzweigen, an dem die Wanderung halb links wieder bergab führt und den Waldrand erreicht, an dem der Ausgangspunkt des Steigerwald Panoramaweges liegt.

Der *St.-Getreu-Straße* folgend wird die Villa Remeis erreicht, an der es leckere Kuchen gibt und von der aus sich einer der schönsten Blicke auf Bamberg bietet.

Nun ist es nicht mehr weit bis zum Ende der Wanderungen – nach ein paar Treppenstufen dem Weg folgen und links halten, um wieder auf die Straße zu gelangen. Dort nach rechts weiter bergab gehen und kurz darauf wird das Kloster St. Michael erreicht.

Viel Wald und ruhige Weg erwarten die Wanderer im ersten Abschnitt, bevor der Durst an den Kellern am Oberen Stephansberg oder den Cafés am Obstmarkt gestillt werden kann.

Bamberg	Sylvanersee (Gaustadt)
8,5 km	150 Hm
2 1/4 Std.	Trockenes Wetter
1/2 Schatten	Ja (Spielplätze Sylvanersee)

Einige kleinere Steigungen, steiler Anstieg zur Altenburg

Pavillon im Michelsberger Wald
Altenburg

Bus Nr. 916 (Hs. Rothofer Str.)

Am Straßenrand

Turm der Altenburg, 33 Meter hoch,
1,- € Eintritt (passend),
Zentrum Welterbe

Gasthof Heerlein Wildensorg, Restaurant & Biergarten Altenburg, Wilde Rose Keller, Spezi-Keller, Störenkeller, Henrietta, HENRII, Brudermühle, Hofbräu, div. Gaststätten und Cafés an der Oberen Brücke
–> Beschreibung ab Seite 116

An dieser Tour gefällt mir der Weg unterhalb der Altenburg mit Blick auf die umliegende Landschaft besonders gut. Es ist sehr ruhig und die Bänke sind perfekt für eine Rast.

Die Strecke ist auch als Radtour geeignet. In Wildensorg muss die Route angepasst werden: Der Wildensorger Hauptstraße bis zur Straße Die Bergner folgen und über den Radweg Hahnenwaldweg nach Süd-West fahren. Über den Babenberger Ring wird die Würzburger Straße erreicht. Weiter wie in der Tour beschrieben.

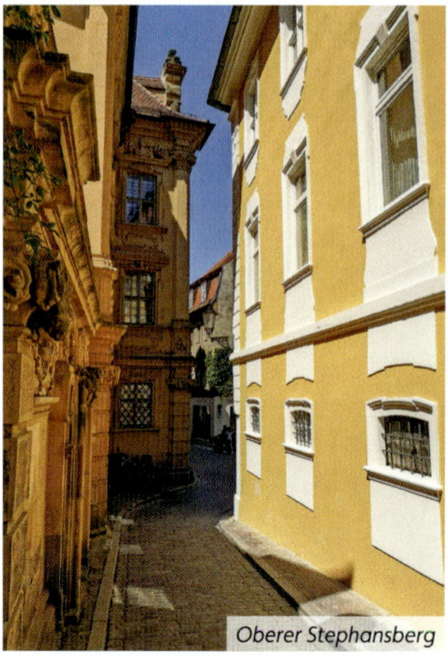
Oberer Stephansberg

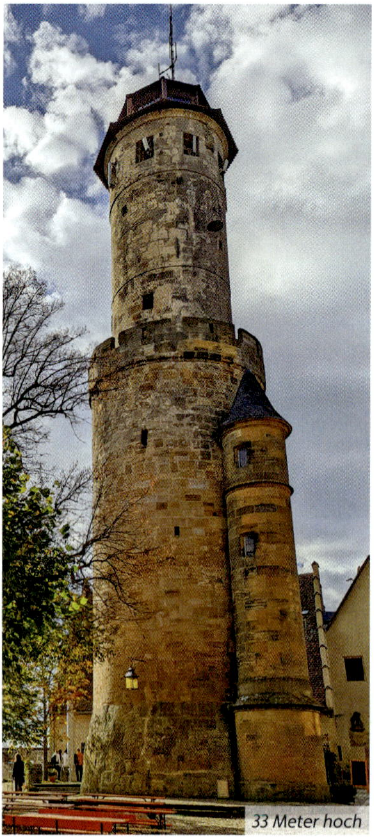
33 Meter hoch

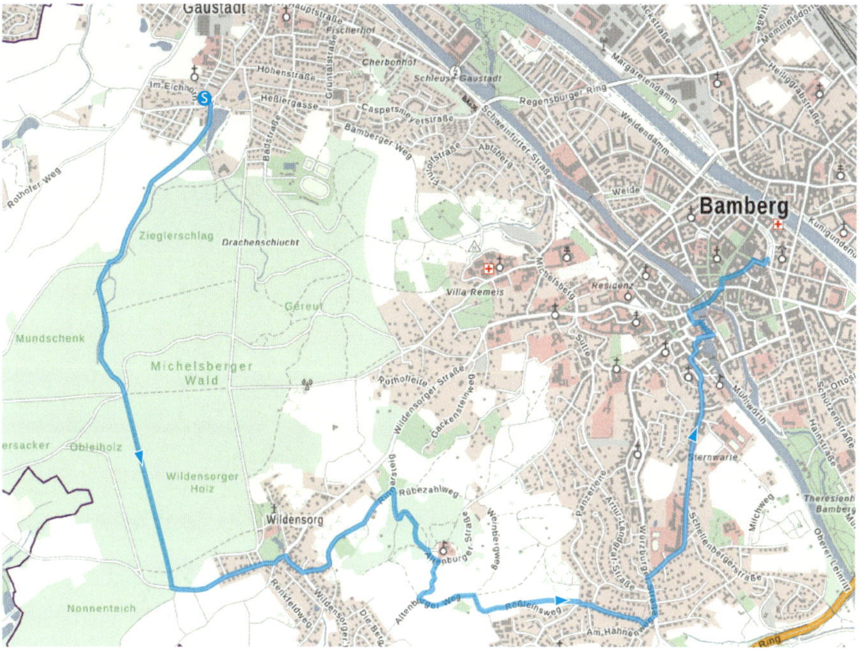

Die Tour startet am *Sylvanersee* in Gaustadt und führt von dort geradeaus an Wiesen und Feldern entlang bis zum Waldrand.

Gemütlich geht es in den Michelsberger Wald bis zur ersten Abzweigung. Hier links gehen und dem Forstweg bergauf bis zur Kreuzung mit dem *Kunigundenweg* folgen. An dem Pavillon lässt sich eine kurze Rast einlegen, bevor es auf dem sehr schmalen Weg Richtung Wildensorg geht. Anfangs bergab verläuft dieser Weg in einem ständigen Auf und Ab weiter und mündet kurz vor dem Ende des Waldes in den Weg nach Wildensorg. Links führt dieser zu den Häusern und zur *Wildensorger Hauptstraße*. An dieser rechts halten und am Gasthof Heerlein links bergauf zur Altenburg gehen. Der Teerweg führt nach den letzten Häusern als Schotterweg weiter, passiert einen Kindergarten und mündet auf den Weg zur Burg. Hier rechts halten und weiter bergauf gehen. Oben angekommen ist Zeit für eine wohlverdiente Pause. In der Burg lädt der Biergarten zu einem Getränk ein und es kann die Aussicht auf Bamberg bis zum Staffelberg genossen werden.

Über die *Altenburger Straße* führt die Wanderung weiter, nun bergab. Am Übergang zum flacheren Stück zweigt rechts ein schmaler Pfad ab, der Stadt-

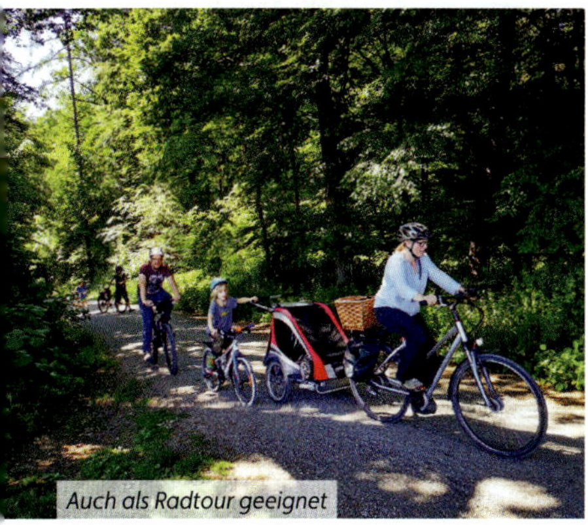
Auch als Radtour geeignet

ökologische Lehrpfad. Diesem folgen und bergab bis zur nächsten Wegkreuzung gehen. Dort links dem hinteren *Sückleinsweg* folgen. Entlang dieses Abschnitts laden einige Bänke zu einer Rast ein. Bei der erhöhten Lage kann man gut den Blick über die hüglige Landschaft schweifen lassen.

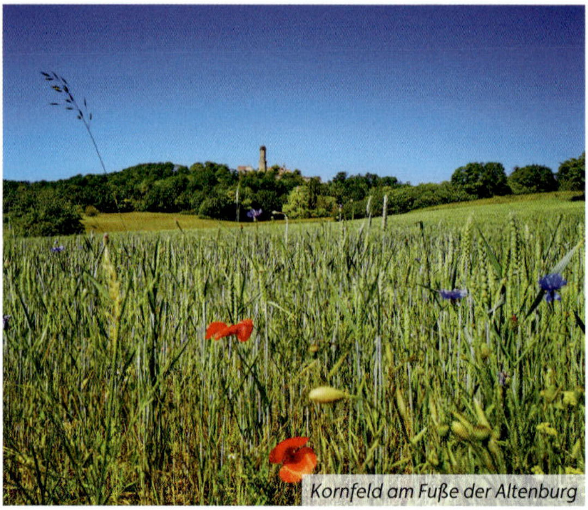
Kornfeld am Fuße der Altenburg

An der folgenden Abzweigung nach rechts, kurz den Berg hochgehen und dem Weg bis zum *Rößleinsweg* folgen. An den ersten Häusern ist es möglich, den Weg zu verlassen und über die Wiese zum kleinen Haus mitten am Hang zu gehen. Dieser Abstecher lohnt sich, da sich von dort oben schöne Blicke zur Altenburg und über Bamberg bieten.

Parallel zur Straße geht es weiter über die Wiese bergab bis zur *Viktor-von-Scheffel-Straße*. Vorbei an der *Panzerleite* weiter der Straße folgen und links in den *Hahnenweg* biegen. An der Tankstelle wird die *Würzburger Straße* erreicht, an der es nach links Richtung *Stephansberg* geht. An der Sparkasse rechts halten und der Straße vorbei am Förderzentrum Hören zum Wilde Rose Keller gehen. Der Straße weiter folgend werden der Störenkeller und die Gallerie am Stephansberg erreicht, bevor die Wanderung nahe dem Böttingerhaus in die *Schimmelsgasse* und links weiter zum *Sonnenplätzchen* führt. Nun über die Bischofsmühlbrücke und sofort links zum Zentrum Welterbe gehen.

Der Steg führt weiter zur Brudermühle und dem Hofbräu, wo die Route nach rechts durch das *Alte Rathaus* zum *Obstmarkt* führt. Nach Überqueren der Straße am *Gabelmann* rechts in die *Keßlergasse* gehen und dieser bis zur *Franz-Ludwig-Straße* folgen. Nochmals rechts und nach wenigen Schritten wird das Ziel am *ZOB* erreicht.

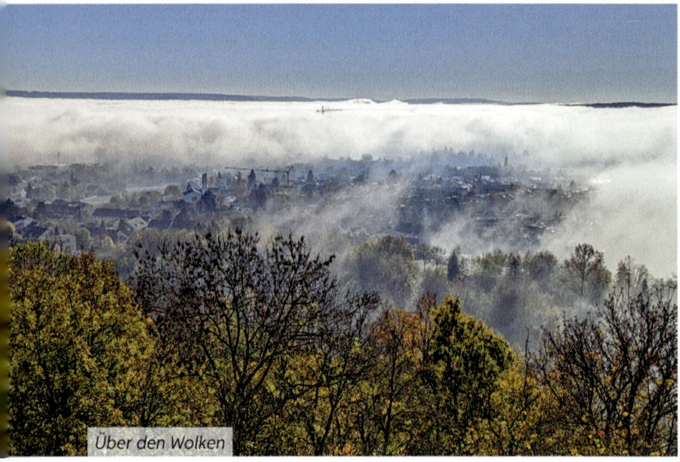
Über den Wolken

6 Gärtnerstadt und Wunderburg

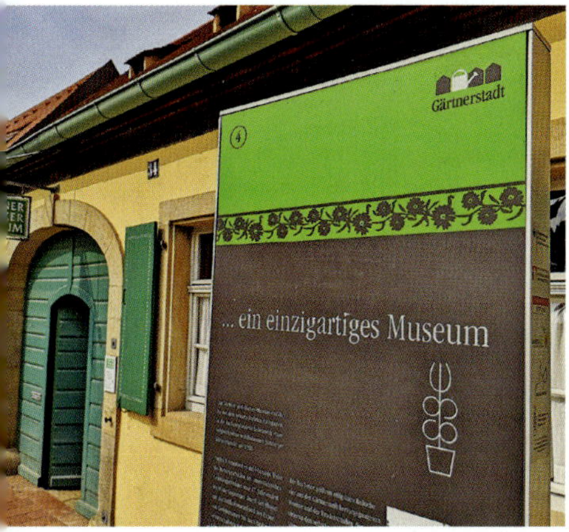

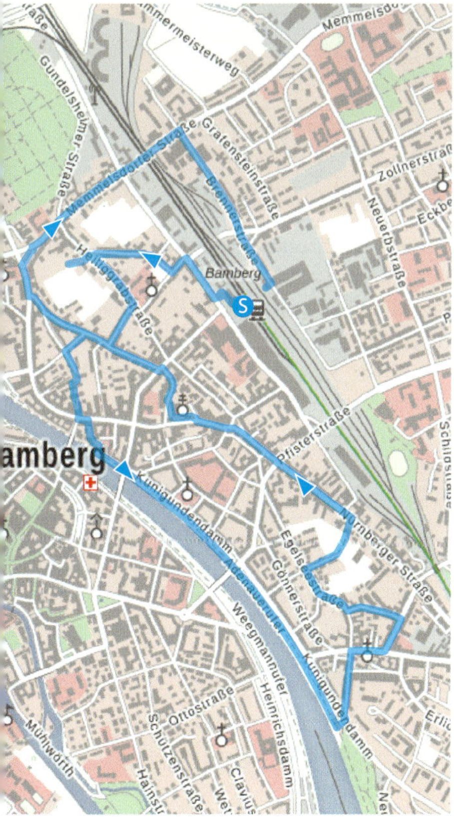

Die Tour startet am Bahnhof, von dort aus nach rechts bis zur Ampel an der Zollnerunterführung und links in die *Klosterstraße* und die Gärtnerstadt ge-

Gärtnereien, stadtnahe Brauereien und der Geruch von Malz. Die Tour führt durch einen wichtigen Teil des Welterbes und bietet viele Möglichkeiten, sich über den Anbau und die Verarbeitung der Produkte zu informieren.

Bamberg	*Bahnhof Bamberg*
7 km	*10 Hm*
1 3/4 Std.	*Jedes Wetter*
0 Schatten	*Ja (Spielplätze Adenauerufer)*

Keine Steigungen
Teer

Adenauerufer
Theuerstadt mit Kirche St. Gangolf

Bahnhof Bamberg (ICE, RE, S-Bahn)

Parkhaus Atrium, Parkhaus Luipoldstraße (gegenüber Bahnhof)

Aussichtsplattform Gärtnerstadt, Heiliggrabgasse 57, 96052 Bamberg
Gärtner- und Häckermuseum, Mittelstraße 34, 96052 Bamberg
Mälzerei Weyermann mit Führungen, Brennerstr. 15, 96052 Bamberg (https://www.weyermann.de/fuehrungen)

Brauerei Fässla, Brauerei Spezial, Kiosk Kunni, Brauerei Keesmann, Brauerei Mahr, Drei Linden,
–> Beschreibung ab Seite 116

An dieser Tour gefallen mir besonders die kleinen Gärtnerhäuser, das Gärtner- und Häckermuseum mit den Einblicken in das Leben und die Arbeit der damaligen Zeit. Zudem sind die vier Brauereien mit den Einkehrmöglichkeiten perfekt, wenn man zum Feierabend unterwegs ist.

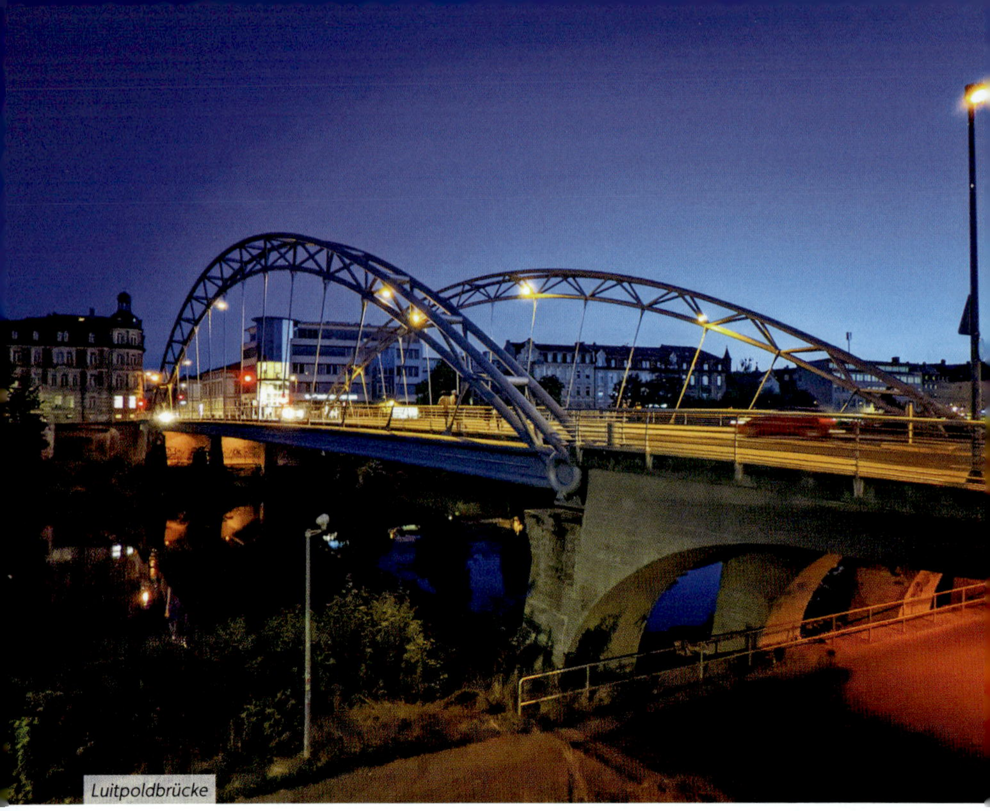

Luitpoldbrücke

hen. Die Wanderung führt nach rechts in den *Spiegelgraben*, vorbei an einigen Gärtnereien.

An der Kreuzung zur *Heiliggrabstraße* lohnt ein Abstecher zur Aussichtsplattform Gärtnerstadt. Von dieser aus bietet sich ein schöner Blick auf die umliegenden Gärten und die Ottokirche. Von dort aus rechts halten und der Straße bis zur *Spitalstraße* folgen. Hier wieder rechts gehen und am Ende der Straße rechts in die *Mittelstraße* biegen. Nach ein paar Schritten wird das Gärtner- und Häckermuseum passiert, das die Geschichte der Bamberger Gärtner erzählt. Über die *Färbergasse* geht es in die *Tocklergasse* und durch das Wohnquartier *An den Wachsbleichen* zur *Kettenbrücke* an der *Königstraße*.

An der nahen Bushaltestelle führt der Weg weiter in den Innenhof der Stadtbücherei und weiter zur VHS, bevor das *Adenauerufer* erreicht wird. Es geht unter der *Luitpoldbrücke* hindurch und entlang des Weges am Main-Donau-Kanal weiter nach Süden bis zur Kunni, dem Kiosk am Uferweg. Wer möchte, kann hier eine gemütliche Pause einlegen. Hier links halten, den *Kunigundendamm* queren und der Straße in die Wunderburg folgen. Am *Ulanenplatz* wird das Herz der Wunderburg erreicht: Die Kirche mit der gegenüberliegenden Eisdiele und natürlich die beiden Brauereien Keesmann und Mahr mit den Gaststätten.

Die Wanderung führt am Mahr vorbei und folgt der *Holzgartenstraße* nach links. An der nächsten Möglichkeit links in die *Koppenhofgasse* gehen und an deren Ende rechts in die *Egelseestraße*. Entlang der Straße liegen landwirtschaftliche Flächen und eine Hinweistafel klärt über das Bamberger Hörnla, eine alte Kartoffelsorte auf. Nach rechts zweigt die *Plattengasse* ab, über die es in die *Nürnberger Straße* geht. Anschließend geht es nach links wieder in die Stadt zurück. Entlang der Straße sind einige schön renovierte Gärtnerhäuser, aber insgesamt hat die Straße an Charme verloren.

An den nächsten beiden Ampeln geradeaus weiter gehen bis zum Radladen auf der linken Straßenseite. Dort führt rechts eine kleine Gasse an der Gangolfskirche entlang zum *Gangolfsplatz*, der eigentlich sehr schön wäre, wenn nicht die Autos dort parken würden. Über die *Theuerstadt* geht es zur *Luitpoldstraße* und halb schräg weiter in die *Mittelstraße*, in der wieder einige alte Gärtnerhäuser stehen. Allerdings wurde auch hier viel nachverdichtet. Am Ende der Straße rechts in die *Siechenstraße* weiter und auf Höhe der Ottokirche rechts in die *Memmelsdorfer Straße* einbiegen. Links liegt die renovierte Luitpoldschule und weiter führt die Wanderung zur Bahnunterführung, wo die Gebäude der Mälzerei Weyermann sichtbar werden und sich eine Werksführung empfiehlt. Nach rechts in die *Brennerstraße* gehen, die *Zollnerstraße* queren und am Zugang zum Bahnhof endet die Tour. Der Tunnel führt unter den Gleisen auch zum Eingang auf der gegenüberliegenden Seite.

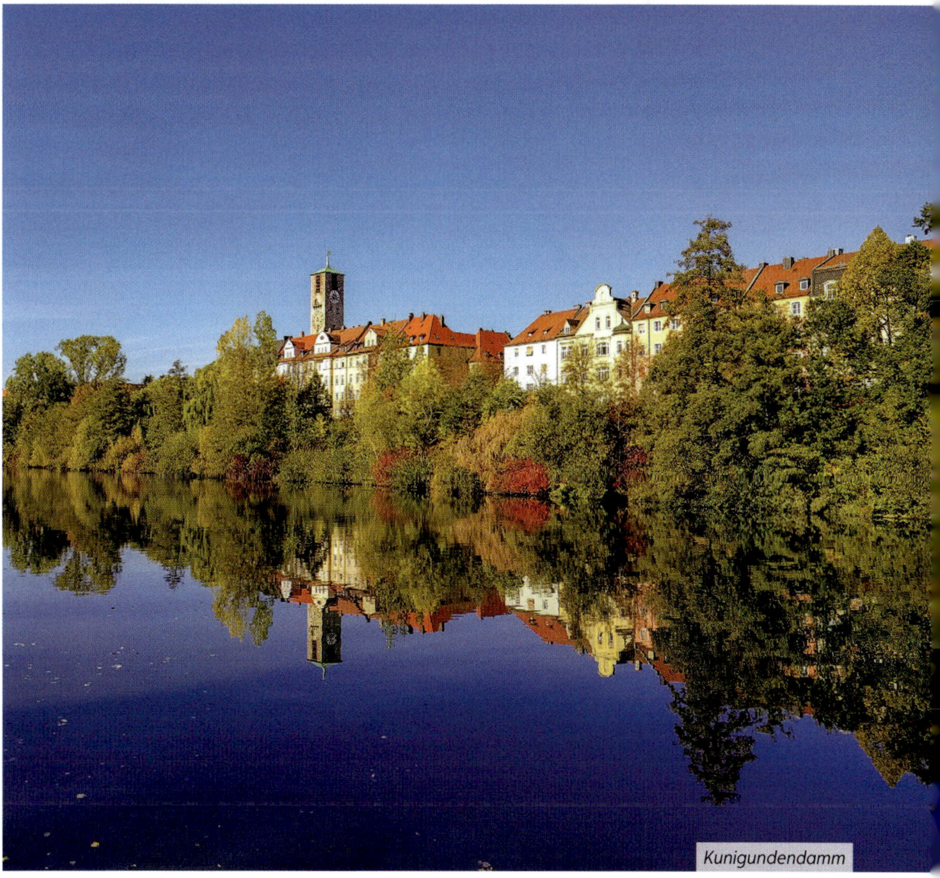

Kunigundendamm

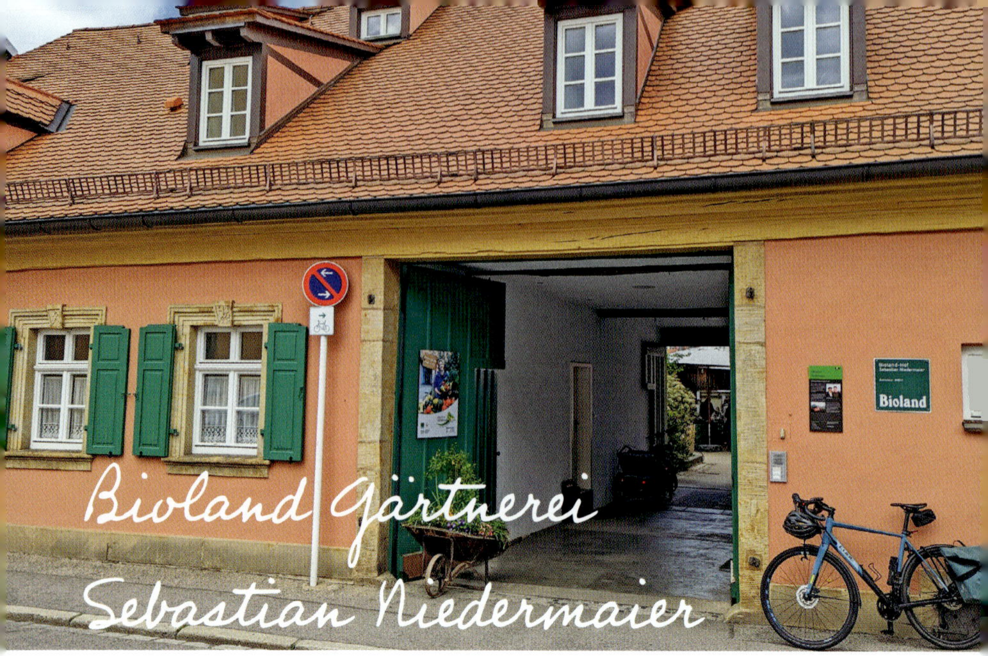

Bioland Gärtnerei Sebastian Niedermaier

In der Bamberger Gärtnerstadt wird der urbane Gartenbau noch gelebt. Bei der Verleihung des Welterbestatus 1993 war dies wesentlich und noch Heute gibt es Gärtnereien im Stadtgebiet. Eine davon ist die Bioland Gärtnerei von Sebastian Niedermaier, die inzwischen in der 13. Generation die Familientradition weiterführt. Nach der Meisterschule begann er 2010, den Betrieb auf Biolandbau umzustellen und seit 2012 vermarktet Sebastian das angebaute Gemüse und Obst im eigenen Hofladen, auf zugekaufte Produkte verzichtet er ganz bewusst. Ein kleiner Teil der Ware wird an eine Handvoll Gastronomiebetriebe bzw. eine Biobäckerei geliefert.

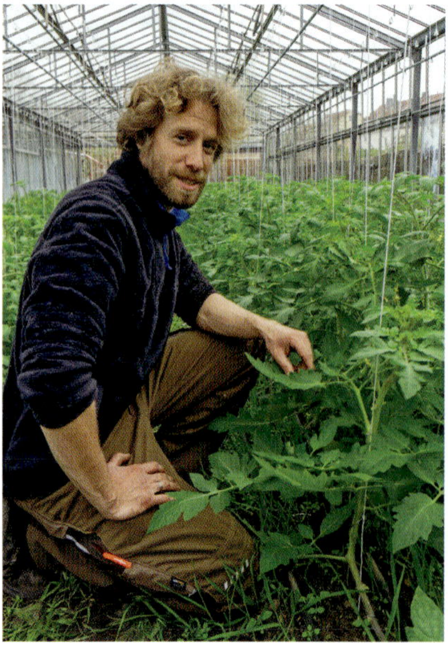

„Besonders beliebt sind unsere Abo-Kistla, die saisonales Gemüse enthalten. Dazu gibt es leckere Rezepte der Woche, die auch über eine App am Handy abgerufen werden können."

Ein besonderes Anliegen ist Sebastian der Anbau und die Pflege alter Bamberger Sorten wie dem Bamberger Hörnla, Knoblauch, Spitzwirsing, Rettich oder Süßholz. Aber auch neue Wege werden in der Gärtnerei eingeschlagen: so baut Sebastian inzwischen Wassermelonen an, die im Sommer reif werden. Im Herbst können sich die Kunden auf selbstangebauten Ingwer freuen, deren Setzlinge im Frühjahr ins Gewächshaus gepflanzt werden. Ergänzt wird das frische Gemüse durch eingelegte

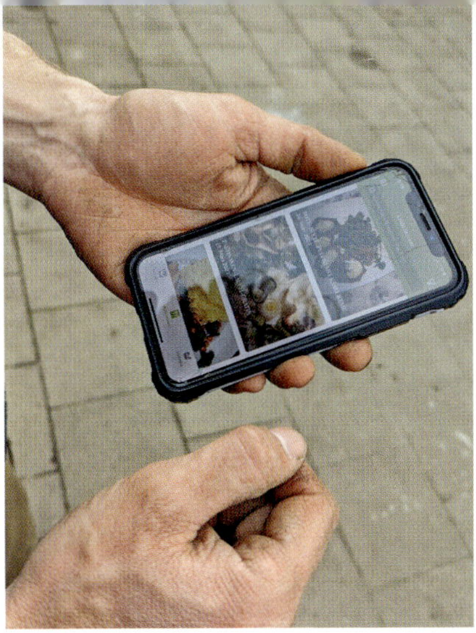

Helfer*innen des Inklusionsprojekts Integra Mensch der Lebenshilfe Bamberg. Gefragt, was für ihn zu einer guten Brotzeit gehört, antwortet Sebastian: „Auf jeden Fall Rettich, aber auch Radieschen oder Tomaten kommen bei einer Brotzeit auf den Tisch. Dazu gerne ein Spezi Rauchbier oder ein Bier der Brauerei Reblitz in Nedensdorf."

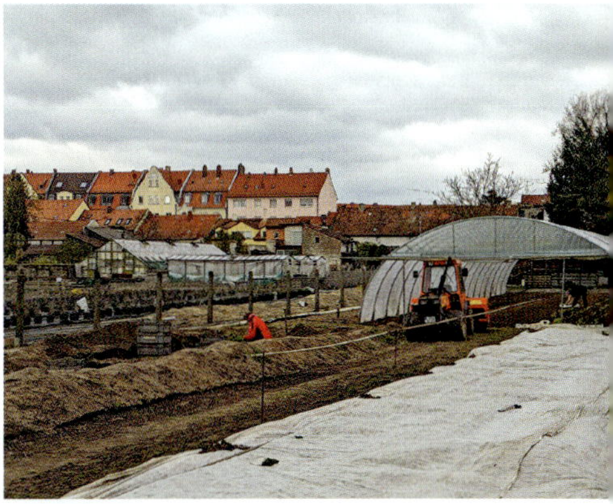

Bamberger Hörnla, einem Karottenaufstrich oder eingemachte grüne Tomaten mit Ingwer, die hervorragend zum Käse schmecken.

Im Gespräch mit Sebastian spürt man, dass er seine Arbeit liebt, obwohl diese oft anstrengend ist und bei Wind und Regen am Feld erledigt wird. Unterstützt wird er durch drei Auszubildende und

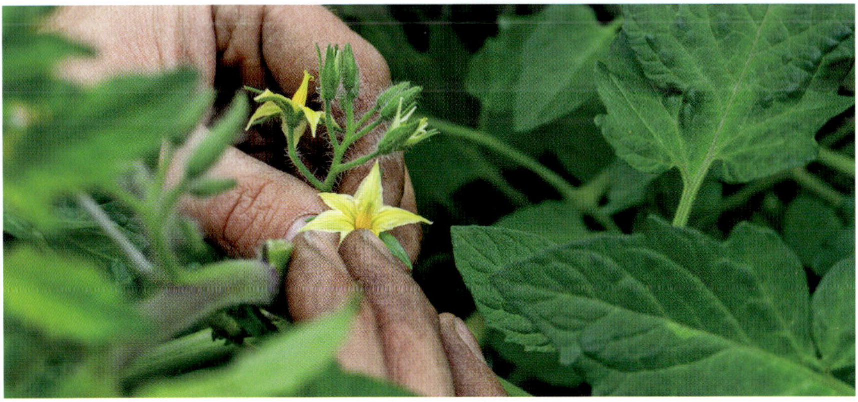

Touren im Buch, die an der Gärtnerei vorbei führen:

- *Tour 5 – Gärtnerstadt und Wunderburg*

Kontakt

Mittelstraße 42
96052 Bamberg
Tel.: 0951/12060916
http://sebastian-niedermaier.de/

Öffnungszeiten Hofladen

Di. / Sa.: 9 – 13 Uhr
Mi. / Fr.: 14 – 19 Uhr

Auf leichten Wegen immer am Wasser entlang wandern und dabei die Natur Bambergs erleben.

Bamberg

Konzert- und Kongresshalle

11,5 km

30 Hm

3 Std.

Jedes Wetter

1/4 Schatten

Ja (Spielplätze: ERBA-Insel, nahe Marienbrücke, Hainspielplatz, Minigolf an der Buger Spitze und Hain, Tretbootverleih

Keine Steigungen
Teer, Schotterwege

Adenauerufer
ERBA-Insel (Inselspitze, Fischpass)
Hain (Buger Spitze, Botanischer Garten, Hainweiher)
Am Kranen
Tretbootverleih an der Buger Spitze

Bus Nr. 906, Hs Konzerthalle

Parkhaus Konzerthalle / Welcome Hotel

Skulpturenpark am Welcome Hotel
Hainbadestelle
Schleuse 100

Lemon Tree, KaffeeGlück, Vereinshain, Bootshaus im Hain, Weinstube Fischerei
–> Beschreibung ab Seite 116

An dieser Tour gefällt mir besonders, immer nah am Wasser zu sein: An der ERBA-Insel den großen Schiffen zusehen und den Sonnenuntergang erleben oder an der Buger Spitze frühmorgens die aufgehende Sonne.

Wer möchte, kann zwischen April und Oktober von der Schleuse 100 mit der Fähre auf die gegenüberliegende Regnitzseite übersetzen und über die Treppenstufen hoch zum Stephansberg mit seinen Kellern gehen (siehe Touren Nr. 1 und 4)

Die Strecke ist auch als Radtour geeignet.

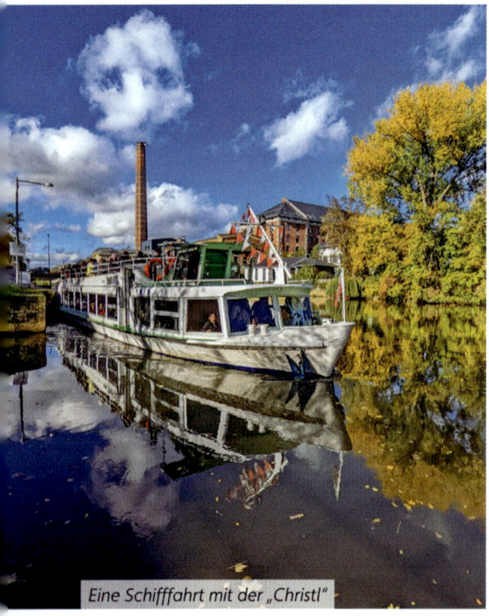

Eine Schifffahrt mit der „Christl“

Der Landesgartenschauweg führt direkt an der Regnitz entlang am Welcome Hotel und dem Skulpturenpark entlang zum Fünferlessteg und überquert den Fischpass.
Anschließend rechts halten und Richtung großem ERBA-Spielplatz gehen, vor der Brücke links dem Fußweg zwischen Straße und Fischpass folgen. Dieser Weg führt nahe am Wasser, quert es einmal, bis die *Schwarze Brücke* erreicht wird. Entlang des schmalen Weges an der Regnitz geht es zur Inselspitze, wo sich eine Rast oder in den Abendstunden ein gemütliches Picknick anbietet, bei dem sich der Schiffsverkehr am Bamberger Hafen und dem Main-Donau-Kanal beobachten lässt. Die Wanderung verläuft auf der Kanalseite weiter Richtung

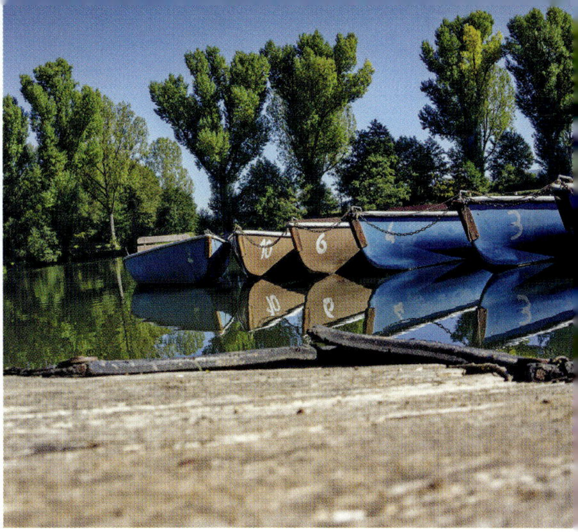

Süden. Am Ende des ERBA-Parks wird der Faltboot-Club erreicht, an dem der linke Weg leicht bergab gewählt wird. Dieser führt nun bis zum P+R Parkplatz am *Heinrichsdamm* und unter der Brücke der B22 hindurch, bevor die Route an der folgenden Abzweigung nach rechts in den Hain führt. Anschließend links halten und gerade auf den Botanischen

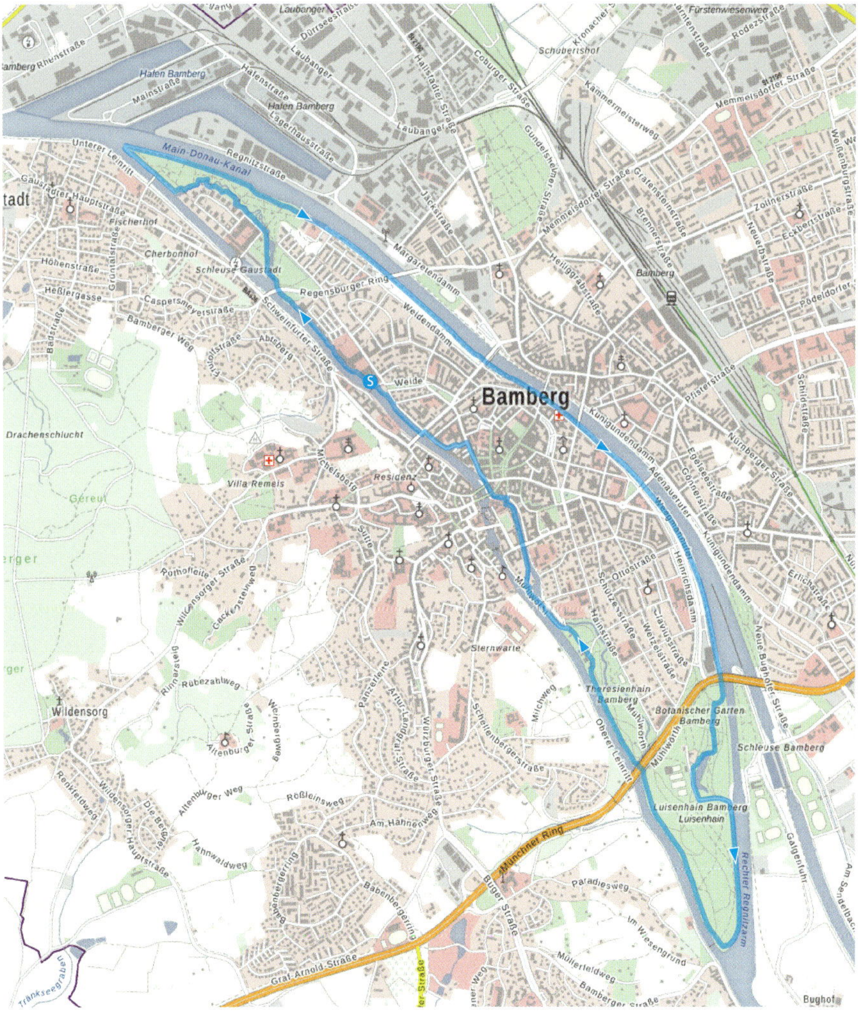

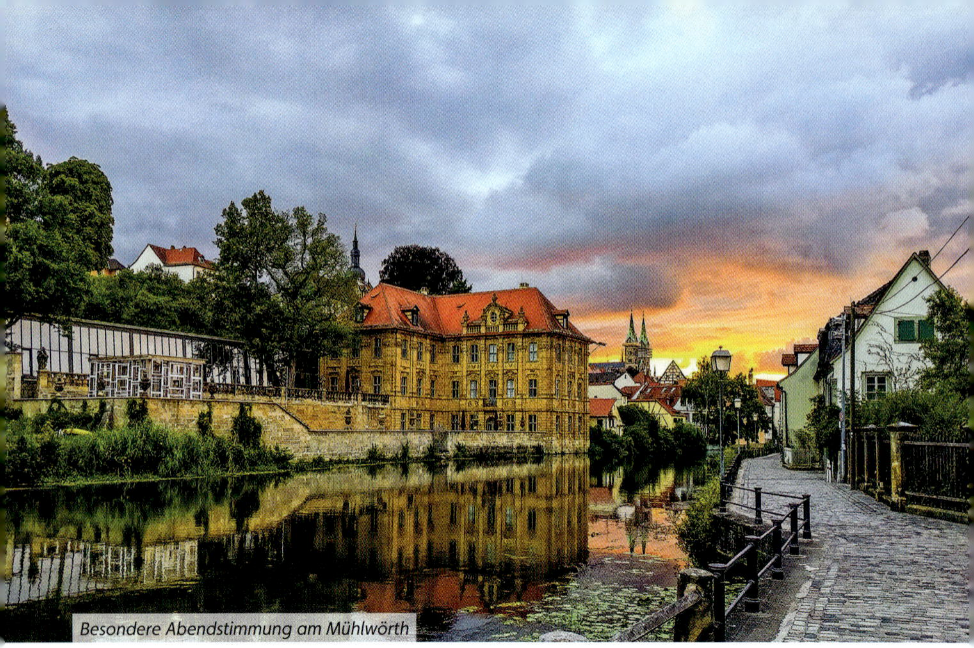

Besondere Abendstimmung am Mühlwörth

Garten zugehen. Am Ende rechts halten und um den Hainweiher gehen. Über einen Teerweg nach links führt die Wanderung zum Wehr, vor dem es nach rechts zur *Buger Spitze* geht. Bei passendem Wetter spiegeln sich hier die Bäume sehr schön im Wasser und die Bänke laden zu einer Rast ein. Auf der Regnitz-Seite geht es wieder Richtung Innenstadt. Der Weg führt direkt am Wasser entlang, quert am Druidentempel den *Münchner Ring* und führt weiter zum Bootshaus und der Hainbadestelle.

Wieder am Wasser entlang geht es zur Schleuse 100 des alten Ludwig-Donau-Main-Kanals, wo sich schöne Blicke auf das alte Schleusenwärterhaus, Villa Concordia und die Häuser am *Mühlwörth* bieten. Die Tour führt nach rechts am *Nonnengraben* weiter und quert am Schloss Geyerswörth über eine kleine Brücke das Wasser.

Links gegenüber befinden sich alte Gerberhäuser, an denen es zum Schiffsanleger am Kranen geht. Für ein kurzes Stück an der *Kapuzinerstraße* weitergehen und links in die *Fischerei* biegen. An dieser Straße liegen die kleinen Fischerhäuser, die sich von der gegenüberliegenden Regnitzseite bewundern lassen. An der *Markusbrücke* links die Treppe nutzen und über den Landesgartenschauweg wird der Ausgangspunkt an der Konzert- und Kongresshalle erreicht.

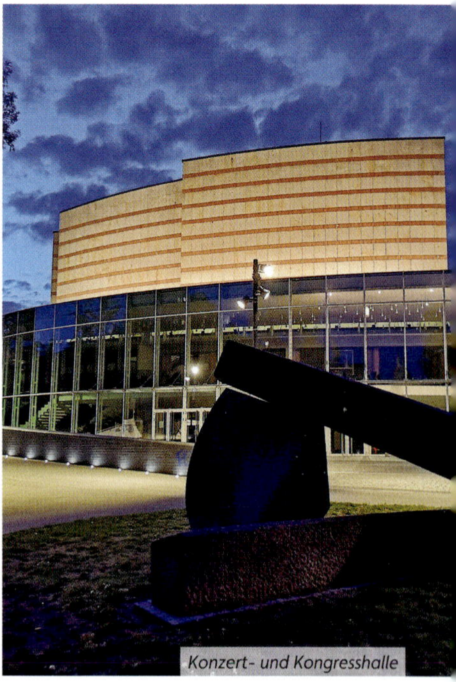

Konzert- und Kongresshalle

Auf sonnigen Wegen nach Weipelsdorf

Die hügelige Tour startet an der *Hauptstraße* in Bischberg und führt über einen schmalen Weg Richtung Kirche St. Markus.

Hier links halten und die queren, weiter dem *Kichberg* bis zur Kurve folgen und dort gerade in den Weg gehen. Am Ende wird die *Talstraße* erreicht, die nach links auf den *Rothofweg* mündet. Die Wanderung führt hier nach rechts und kurz darauf wird mit dem Schuhmannskeller eine erste, sehr schöne Einkehrmöglichkeit erreicht. Leicht bergauf geht es die Straße entlang bis zum Ortsende, wo die Straße in einen Schotterweg übergeht.

Diesem Weg folgend wird am *Pfennigmarter* eine Kreuzung erreicht - links würde zum *Rothof* gehen, rechts zum *Vogelberg*. Die Route führt nun auf dem *Steigerwald Panoramaweg* gerade weiter Richtung Weipelsdorf. Es geht bergab ins Tal und anschließend etwas steiler und holprig wieder bergauf. Auf der Höhe angekommen, lässt sich die Landschaft schön überblicken, bevor es durch ein kurzes Waldstück geht und Weipelsdorf erreicht wird. Über die Ortsstraße führt die Wanderung in den Ortskern und zweigt an der Bushaltestelle nach links in die *Zieglerstraße*. Am Ortsausgang rechts der Straße folgen, die nun wieder in einen Wanderweg übergeht. An den Bäumen links halten und anschließend dem Weg nach rechts folgen.

Über die Flur führt dieser an Feldern und Wiesen entlang, macht eine Linkskurve, in der die Wanderung nach rechts abzweigt. Nach einer Rechtskurve geht es in einer langgezogenen Linkskurve Richtung Straße und Radweg, dem die Wanderung nach rechts folgt. Kurz darauf wird Trosdorf erreicht. Entlang der Hauptstraße wird der Ort durchquert und an der Ampel die B26 gekreuzt. Gegenüber am Parkplatz Richtung Main weitergehen und direkt im Anschluss nach rechts auf den Feldweg einbiegen. An dessen Ende mündet dieser auf den Radweg Richtung Bamberg und die Wanderung folgt diesem bis zum kleinen

Eine gemütliche Tour, die sich sehr gut als Feierabendrunde mit anschließender Einkehr eignet.

Bischberg

Hauptstraße Bischberg, nahe Gasthaus Zur Sonne

8 km | *120 Hm*

2 Std. | *Trockenes Wanderwetter*

0 Schatten | *Ja*

Mehrere Steigungen Landwirtschaftliche Schotterwege, Teer

Pfennigmarter (bzw. der nahe Vogelberg)
Kleiner Fischerhafen bei Bischberg

Bus 906, Hs Bischberg Mitte

Am Straßenrand

Ladestation E-Bike: Gasthof zur Sonne

Schuhmannskeller, Gasthof zur Sonne, Landgasthof Hümmer, Gasthaus Wachter
–> Beschreibung ab Seite 116

Mit dem Schuhmannskeller hat Bischberg einen schönen Keller, auf dem es leckere Brotzeiten und Salate gibt. Besonders das Käse Dreierlei ist sehr zu empfehlen. Dazu gibt es leckeres Sonne Bier vom Fass.

Die Strecke ist auch als Radtour geeignet.

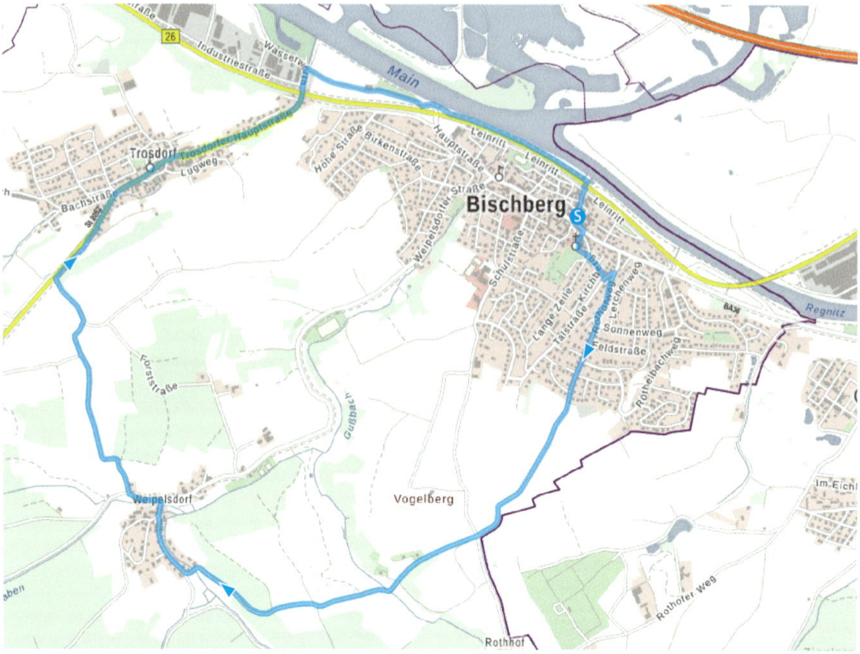

Fischereihafen. Durch die Unterführung und die *Regnitzstraße* wird der Ausgangspunkt an der *Hauptstraße* wieder erreicht.

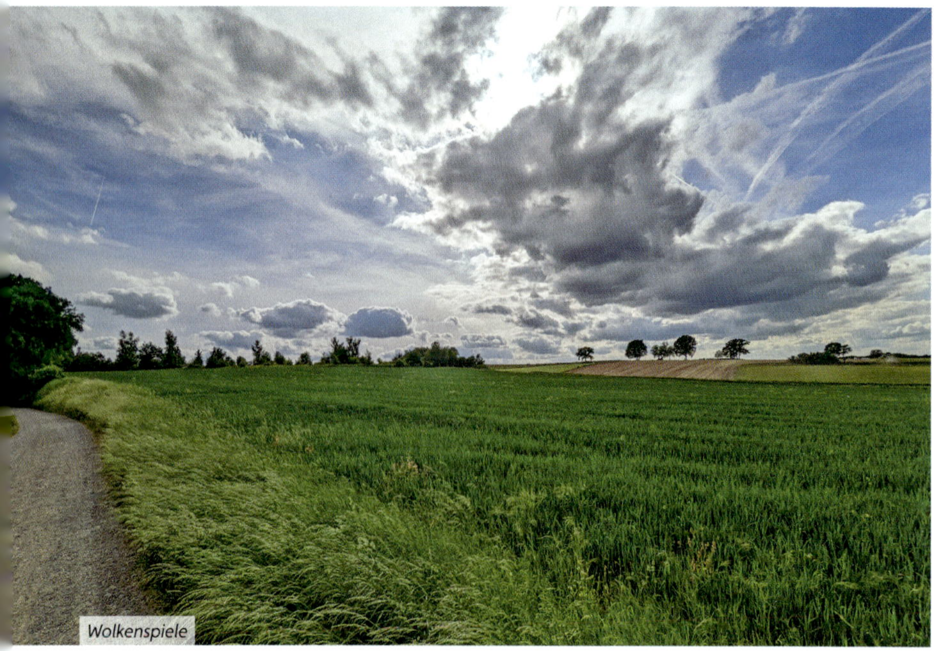
Wolkenspiele

Durch den Steigerwald nach Weiher

Auf schönen Wegen vom Maintal hoch in den Steigerwald mit Ausblicken über die Landschaft

Bischberg

Am Ortsausgang von Bischberg Richtung Trosdorf

18 km

300 Hm

5 Std.

Trockenes Wanderwetter

1/4 Schatten

Nein

Mehrere, teils anstrengende Steigungen
Landwirtschaftliche Schotterwege, Waldwege, Teer

Entlang des Weges der Menschenrechte hoch über dem Maintal

Bus 906, Hs Bischberg Ausgang

Schotterplatz direkt am Main-Donau-Kanal

Kleines Brauereimuseum bei der Brauerei Kundmüller

Brauerei Kundmüller, Gaststätte Mainlust, Gasthaus Wachter

–> Beschreibung ab Seite 116

Bei dieser ruhigen, nicht überlaufenen Tour gefallen mir die Ausblicke über den Steigerwald oder das Maintal besonders gut.

Die Strecke ist auch als Radtour geeignet.

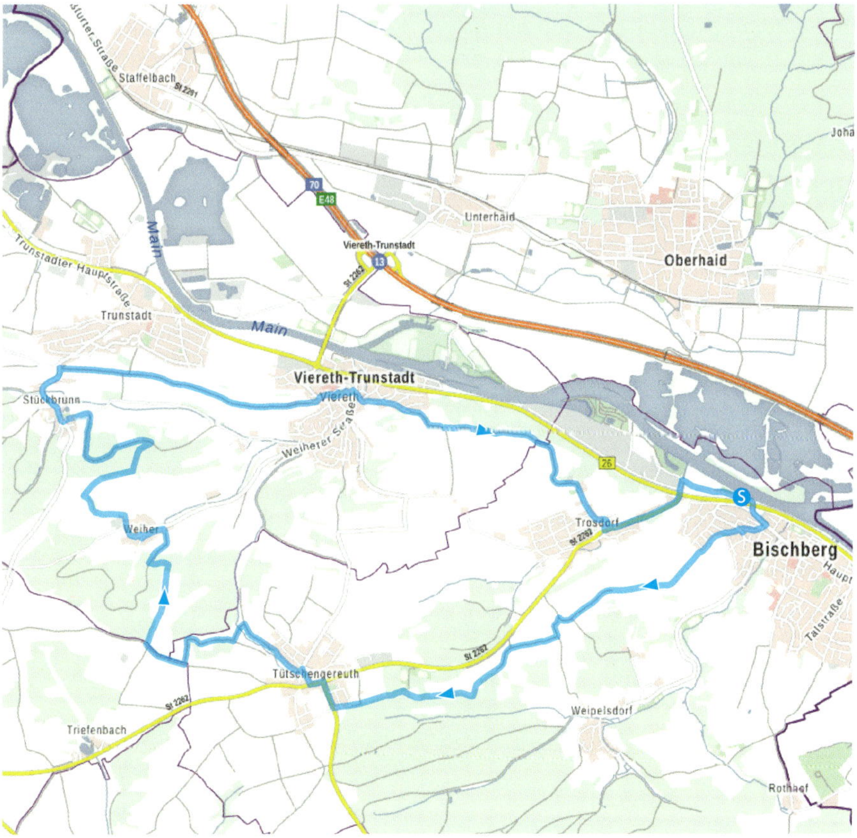

Von der *Hauptstraße* zweigt die Wanderung in die *Leithe* ab und weiter in die Straße *Alter Sachsenweg*, an dessen Ende ein schmaler Weg in die *Birkenstraße* führt.

Hier rechts halten und links in die *Buchenstraße* gehen. In der Kurve zweigt der *Untertriebweg* ab, über den Bischberg verlassen wird. Durch die Flur geht es an Trosdorf vorbei. Auf dem Weg bis zur nächsten Kreuzung bleiben, dort links gehen und anschließend rechts dem Weg Richtung Tütschengereuth folgen. Am Waldrand geht es stetig bergauf bis an der *Ringstraße* der Ort erreicht wird. Gerade der Straße folgen, anschließend rechts halten und bis zur Kreuzung an der Kirche gehen. Links in die *Hauptstraße* biegen und am Abzweig *Zollnerhof* rechts gehen. In der Kurve links in die *Weiherer Straße* biegen, über die Tütschengereuth wieder verlassen wird. Es geht bergab bis zur nächsten Abzweigung.

Die Wanderung führt nun nach links, steil bergauf an einem Häuschen vorbei. Ab dem nahen Jägerstand gibt es eine kleine Verschnaufpause, bevor es nach der folgenden Linkskurve nochmals steil bergauf geht. Oben angekommen, rechts der Beschilderung Richtung Roßstadt folgen. Auf der Höhe geht es an Streuobstwiesen vorbei bis zum Waldrand. Dort zweigt ein schmalerer Waldweg nach rechts ab und die Wanderung führt nun wieder bergab Richtung Weiher. Im Wald links halten und dem Weg folgen, bevor es an der nächsten Kreuzung nach rechts geht. Der Wald wird verlassen und Weiher erreicht. Der

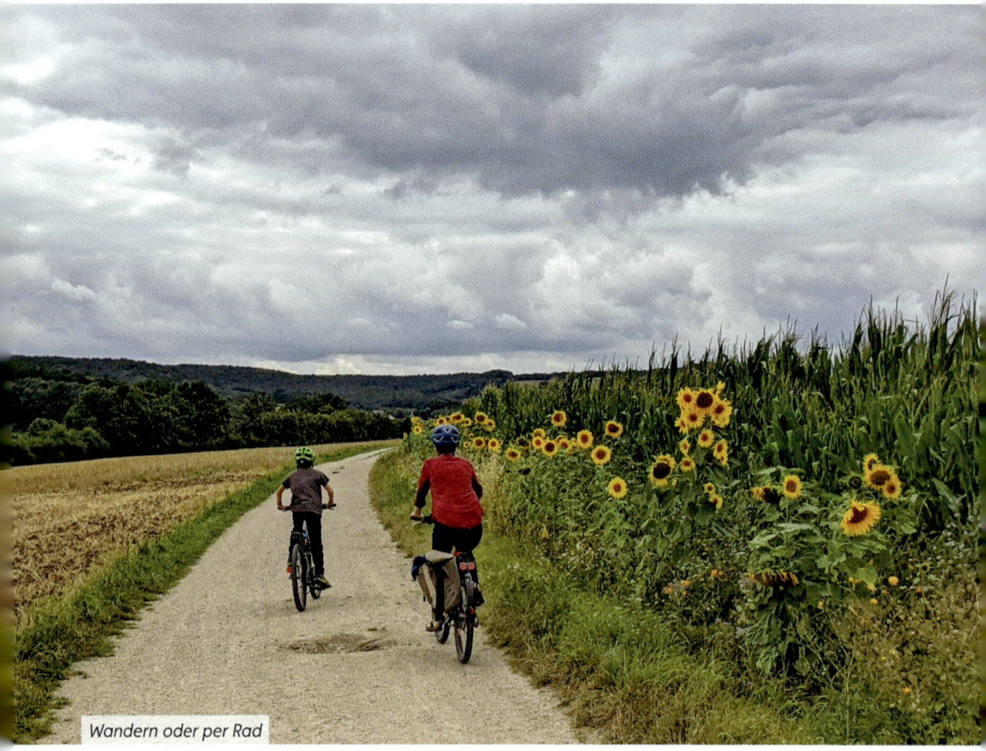

Wandern oder per Rad

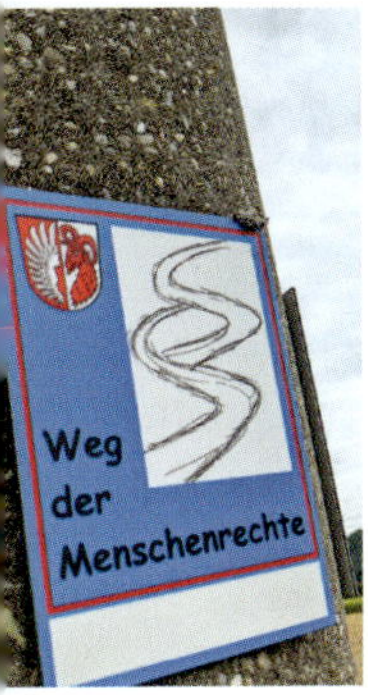

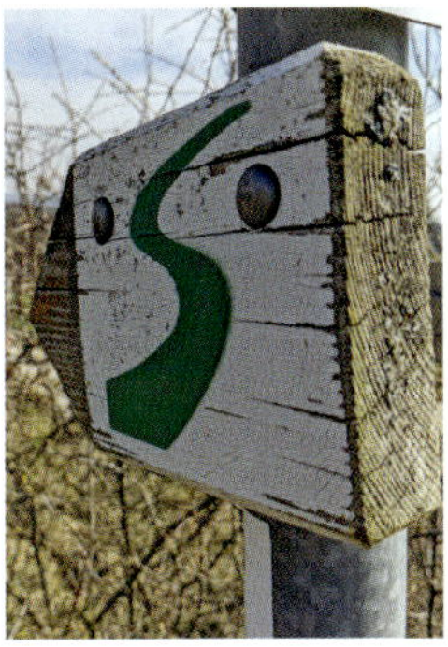

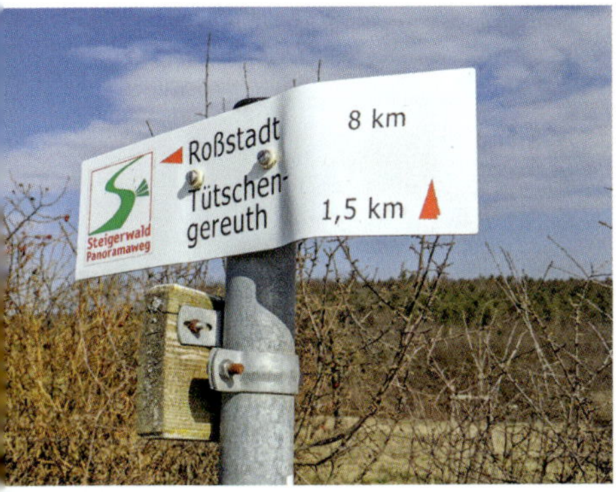

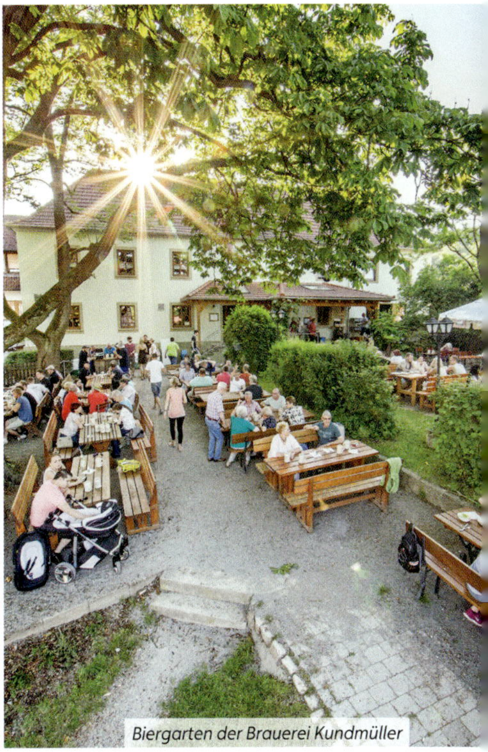
Biergarten der Brauerei Kundmüller

Straße nach links folgen, vorbei an der Kapelle geht es zur *Hauptstraße*. Rechts liegt die Brauerei Kundmüller mit dem schönen Keller, die Wanderung quert hier die Straße und der Weg steigt wieder an.

Nach einer Linkskurve liegen Felder an beiden Seiten des Wegs, bevor es nach rechts weitergeht. Im Wald zweimal links gehen und der langgezogenen Rechtskurve folgen, um nach Stückbrunn zu gelangen. Im Ort rechts halten, an der Kapelle vorbei gehen und der Straße Richtung Trunstadt folgen. Nach einigen Häusern zweigt rechts ein Weg ab, der anschließend als Weg der Menschenrechte auf dem Höhenzug nach Viereth führt. Immer wieder bieten sich schöne Blicke über das Maintal und Bänke laden zu einer Rast ein. Auf Tafeln entlang des Weges sind die Menschenrechte nachzulesen. Über die *Schulstraße* oder der Beschilderung folgend durch den Friedhof geht es zum Rathaus und weiter zur *Weiherer Straße*. Gegenüber in den *Röthenweg* gehen und ein letzter größerer Anstieg folgt. Gerade der Straße folgend wird der Ort verlassen, bevor es auf einem Landwirtschaftsweg weitergeht. An der Kapelle den linken Weg wählen und über einen schönen Panoramaweg geht es nach Trosdorf in die Straße *Krönersberg*. Nach der Rechtskurve links in die *Hauptstraße* einschwenken und der Straße bis über die Ampel folgen. Nach dem Parkplatz rechts auf den Flurweg gehen und diesem bis zum Ende folgen. Am Übergang zum Radweg wird der Ausgangspunkt der Wanderung erreicht.

Schöne Ausblicke in die Haßberge und das Maintal bietet die Tour um den Weinort Ebelsbach.

Ebelsbach — *Bahnhofsvorplatz Ebelsbach*

11,5 km — *230 Hm*

3 Std. — *Trockenes Wanderwetter*

1/4 Schatten — *Nein*

Mehrere, teils anstrengende Steigungen
Landwirtschaftliche Schotterwege, teils schmale Waldwege, Teer

Heiligländerblick
Weinberge

RB Bamberg-Würzburg, Bahnhof Ebelsbach

Bahnhof Ebelsbach (Rückseite, Industriestraße)

Gasthaus Zehender, Schäfer – Die Weinscheune,
–> Beschreibung ab Seite 116

Die Tour lässt sich leicht mit der Zeiler Weinwanderung zu einer etwa 18 km langen Tour kombinieren: Start in Ebelsbach, Ende in Zeil.
Ideal für einen Wochenendausflug: Anfahrt mit dem Rad entlang der Wein-Main-Tour

Die Tour startet auf der stadtzugewandten Seite des Bahnhofs und folgt nach rechts der *Bahnhofstraße*. Nach Unterqueren der Brücke zweigt rechts ein Weg ab und verläuft parallel zur *Georg-Schäfer-Straße*.
Die Wanderung zweigt rechts in die *Stettfelder Straße* ab, führt am Schloss vorbei und anschließend nach links in den *Judenhof*, wo der Ebelsbach überquert wird. Über die Straße *Theinsbergl* geht es links in die *Schützenstraße*, von der wiederum links ein Wanderweg abzweigt. Dem Weg folgen und bis zum Waldrand gehen.
Dort links halten, den Ebelsbach erneut überqueren und entlang der Schlossmauer zur Straße gehen. Links dieser folgen an der nächsten Abzweigung rechts in die *Obere Eichenleite* gehen und sofort links den schmalen Weg wählen. An dessen Ende rechts in die Straße *An der Steige* biegen und dieser aus Ebelsbach folgen.

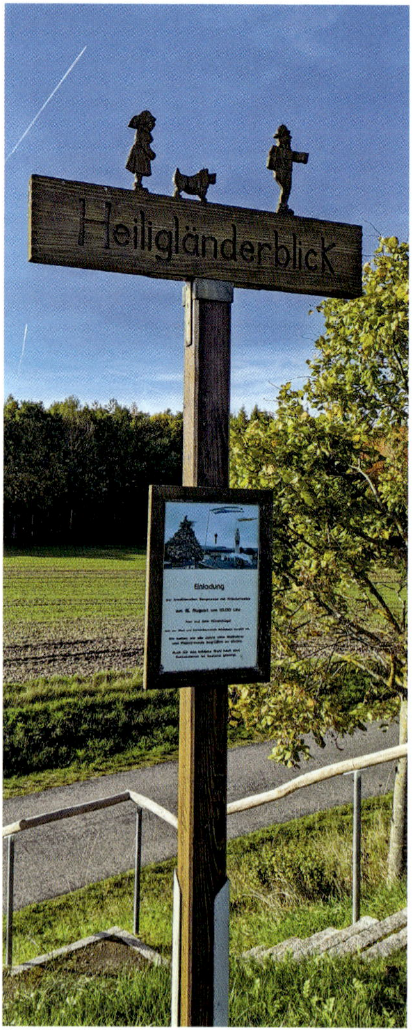

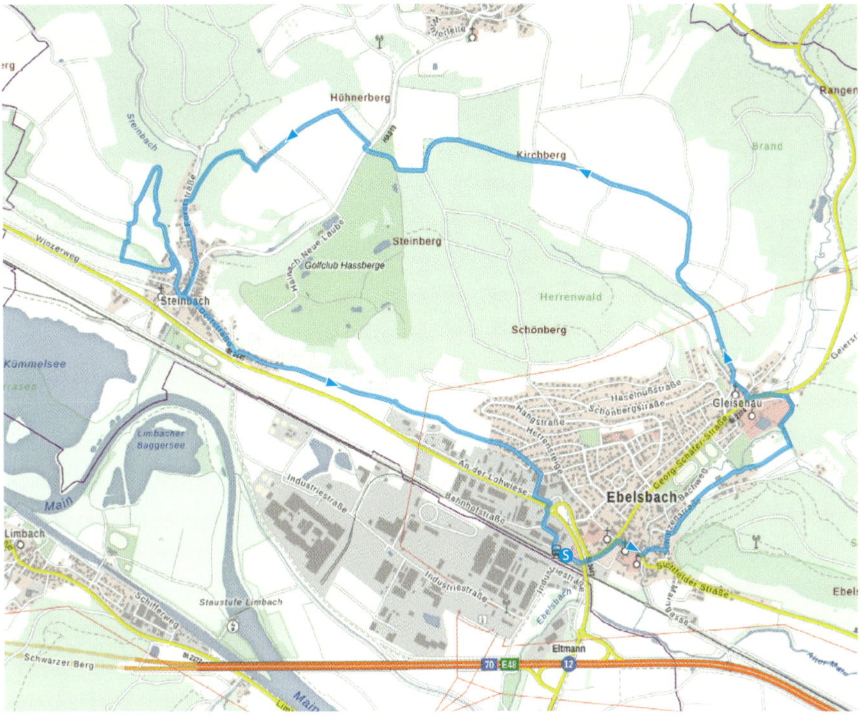

Es geht stetig bergauf und anfangs bieten sich Blicke auf den Ort, später über die Landschaft der Haßberge. An der Weggabelung links halten, nach weni-

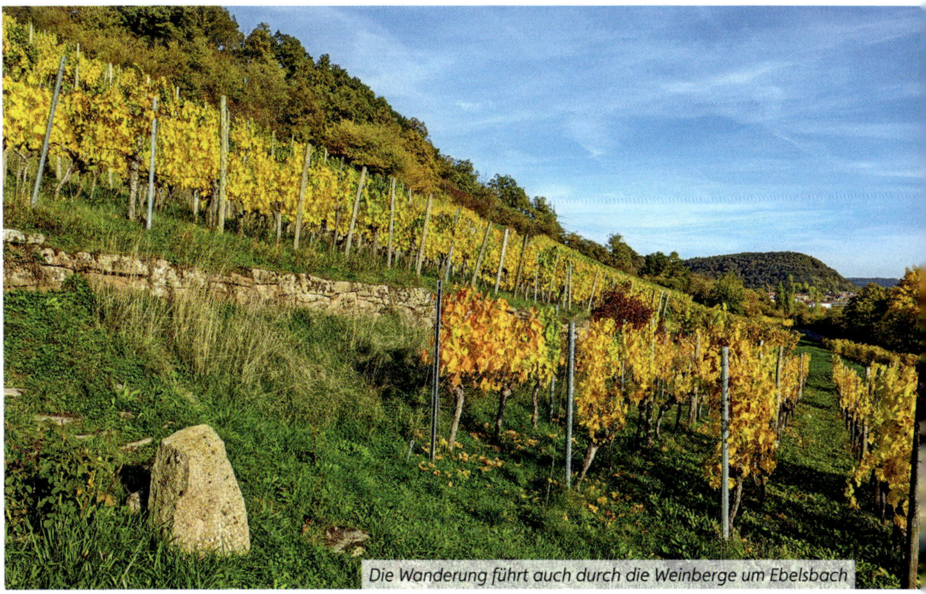
Die Wanderung führt auch durch die Weinberge um Ebelsbach

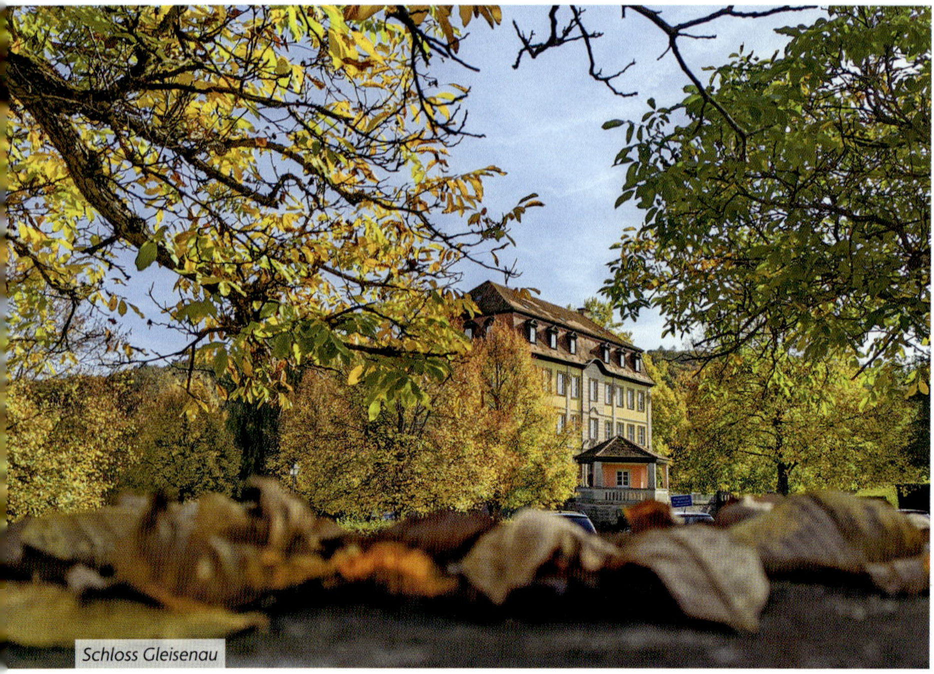

Schloss Gleisenau

gen Minuten wird der Hünenhügel mit dem Heiligländerblick erreicht, wo auf den Bänken eine Rast eingelegt werden kann. Gerade führt die Wanderung in den Wald.

Nach der langgezogenen Linkskurve rechts zum Golfplatz gehen. Die Wanderung quert diesen und erreicht auf der gegenüberliegenden Straßenseite einen Weinberg. Unterhalb des Weinbergs weitergehen und an dessen Ende links halten und dem Weg bergab folgen. Nach der folgenden Kreuzung befindet sich eine landwirtschaftliche Lagerhalle, nach der es rechts weitergeht. Der Weg wird schmal und führt in den Wald und als Hohlweg Richtung Steinbach weiter. An der Forststraße links halten und bis zur *Dorfstraße* gehen. Dort zweimal rechts gehen und der Straße *Am Pfaffenberg* in Richtung Weinberg folgen. Die Wanderung steigt erneut an und führt durch den Wald. An der folgenden Kreuzung gerade weiter bis zur Abzweigung nach der scharfen Linkskurve. Hier den Weg geradeaus wählen und anschließend links zur Winzertreppe gehen. Über die alte Treppe durch den Weinberg gehen und am Ende links wieder zurück nach Steinbach gehen.

Der Weg stößt auf die Straße *Am Pfaffenberg*, wo es nun bergab in den Ort geht. An der *Dorfstraße* links halten, den kleinen Bach überqueren und der Straße weiter bis zum *Alten Postweg* folgen. Entlang der Weinberge führt die Wanderung wieder nach Ebelsbach. Hier der *Weingartenstraße* und anschließend der *Jahnstraße* bis zur Abzweigung *Setzgraben* folgen.

An deren Ende links zum Kreisverkehr, diesen überqueren und entlang der *Bahnhofstraße* zum Ausgangspunkt am Bahnhof gehen.

Die Wanderung führt vom Bahnhof nach links in den *Mittelweg* und quert an deren Ende die *Sander Straße*.

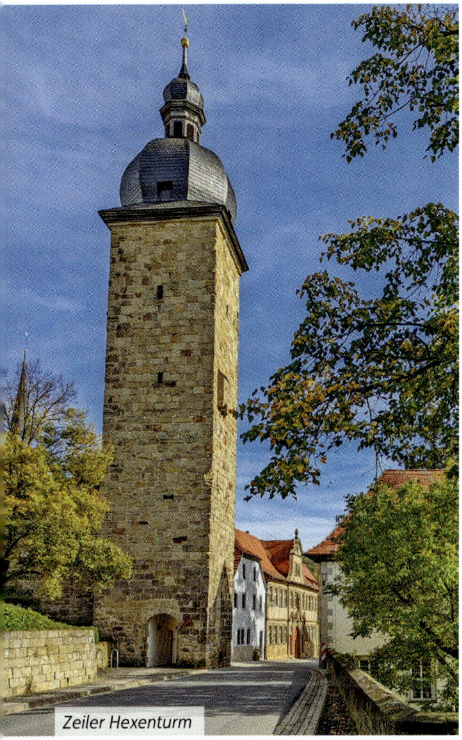

Zeiler Hexenturm

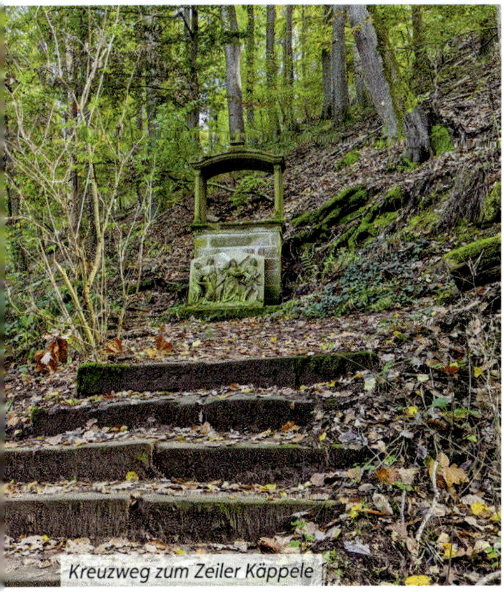

Kreuzweg zum Zeiler Käppele

Eine gemütliche Runde, die sich sehr gut als Feierabendrunde mit anschließender Einkehr eignet.

Zeil am Main — *Bahnhof Zeil am Main*

6,5 km — *150 Hm*

2 Std. — *Trockenes Wanderwetter*

1/3 Schatten — *Ja*

Teils anspruchsvolle Anstiege mit Treppen
Teer- und Schotterwege, schmale Pfade, die bei Nässe rutschig sein können

Zeiler Käppele
Burgruine Schmachtenberg
Weinberge

RB Bamberg-Würzburg, Bahnhof Zeil am Main

Bahnhof und Parkplatz am Mittelweg

Zeiler Hexenturm mit Dokumentationszentrum
Obere Torstr. 14, 97475 Zeil am Main
Tel.: 09524-949-861, www.zeiler-hexenturm.de

Zur alten Freyung, Berghospitz Zeiler Käppele, Winzerhof Schick, Gasthaus zur Sonne, Weinstube Martinsklause
–> Beschreibung ab Seite 116

An dieser Tour gefällt mir der Ausblick über das Maintal von der Burgruine Schmachtenberg besonders gut. Auf der Mauer sitzen und einfach den Blick schweifen lassen

Die Wanderung lässt sich mit der Tour „um Ebelsbach" zu einer Tageswanderung zusammenfassen. Durch die Kombination mit der Main-Wein-Radtour kann daraus ein schöner Wochenendausflug werden.

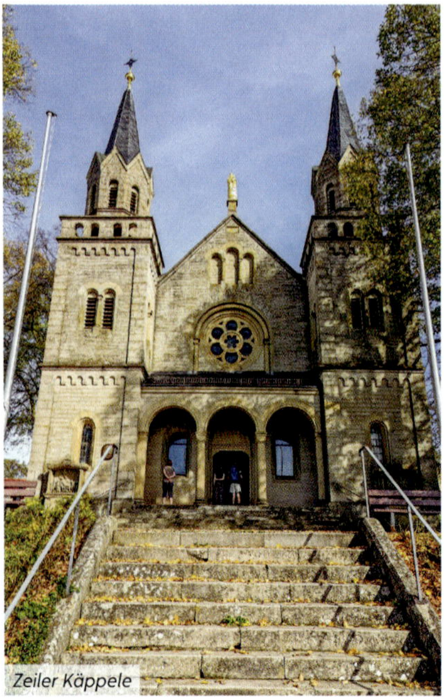

Zeiler Käppele

Gegenüber der *Oskar-Winkler-Straße* bis zum Stadtsee folgen und dort durch den Park zur *Oberen Torstraße* gehen. Am Stadtturm und Hexen Dokumentationszentrum vorbei wird der *Kirchplatz* erreicht.

An der Annakapelle vorbei führt die Tour in den *Kaulberg* und die *Speiersgasse*. Dort den kleinen Bach an der Steinbrücke queren und in die *Kapellenbergstraße* gehen. Am Waldrand zweigt der Kreuzweg, ein schmaler Pfad mit Treppenstufen hoch zum Käppele ab. Oben angekommen, lohnt eine Rast mit Einkehr im Biergarten oder einfach nur den Blick über das Maintal schweifen lassen. Über die Zufahrtsstraße geht es dem nächsten Highlight der Tour, der Burgruine Schmachtenberg entgegen. Entweder bis zur Kreuzung der Straße folgen oder rechts den Weg durch den Wald nehmen, um zur Kreuzung zu gelangen. Von dort führt der ausgeschilderte Weg an Feldern entlang zur im Wald gelegenen Burgruine. Auf einem schmalen Pfad kann diese umrundet werden und von der Mauer aus das Maintal überblickt

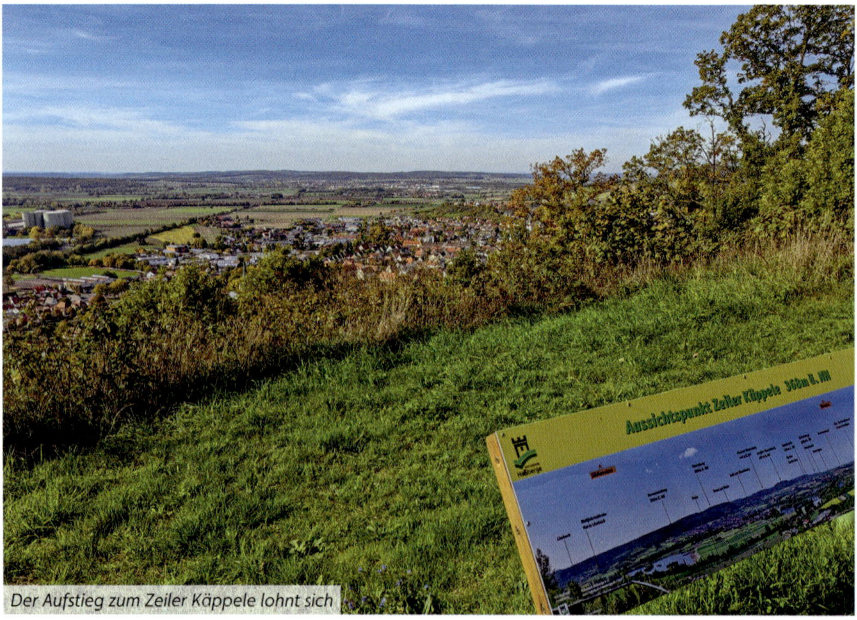

Der Aufstieg zum Zeiler Käppele lohnt sich

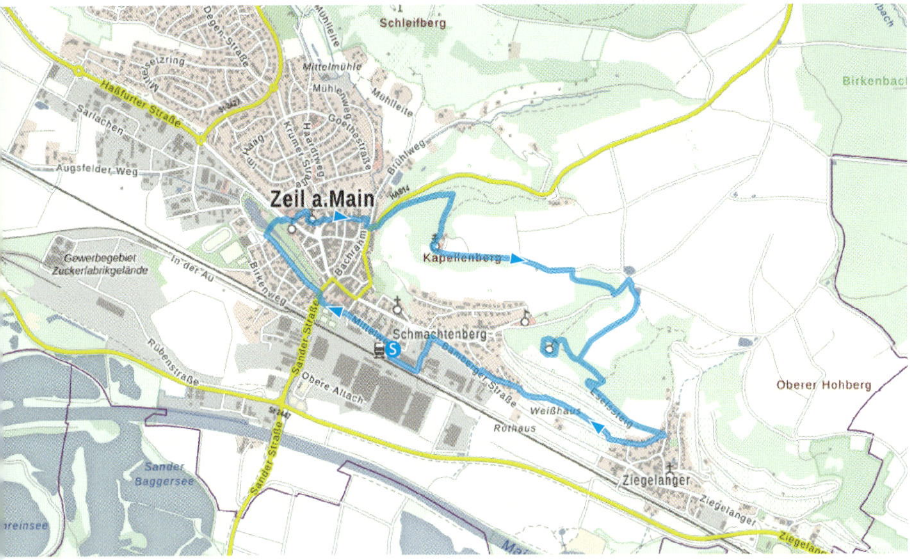

werden. Wieder zurück auf dem Weg bis zur Weggabelung gehen und dort rechts über den *Eselsteig* mit Treppenstufen in den Weinberg gehen.

In Ziegelanger scharf rechts in den *Wedberg* biegen und diesem wieder in den Weinberg folgen. An den Häusern links den *Leitenbach* wählen und anschließend entlang der *Bamberger Straße* gehen. Über die *Telefunkenstraße* wird der Ausgangspunkt am Bahnhof wieder erreicht.

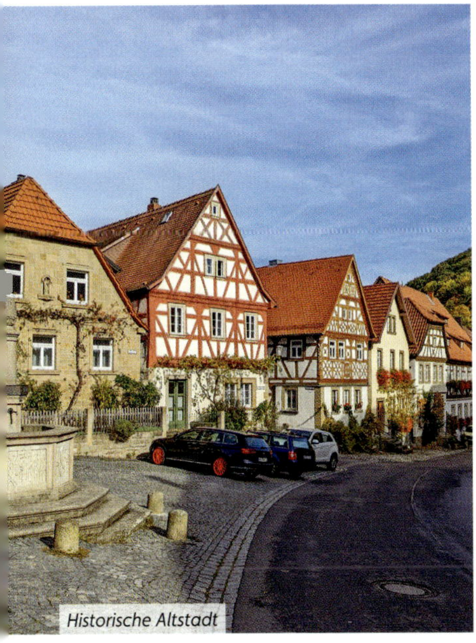
Historische Altstadt

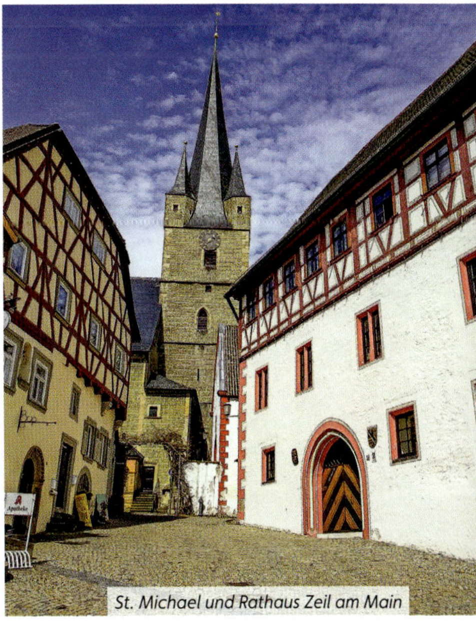
St. Michael und Rathaus Zeil am Main

12 Auf den Kreuzberg

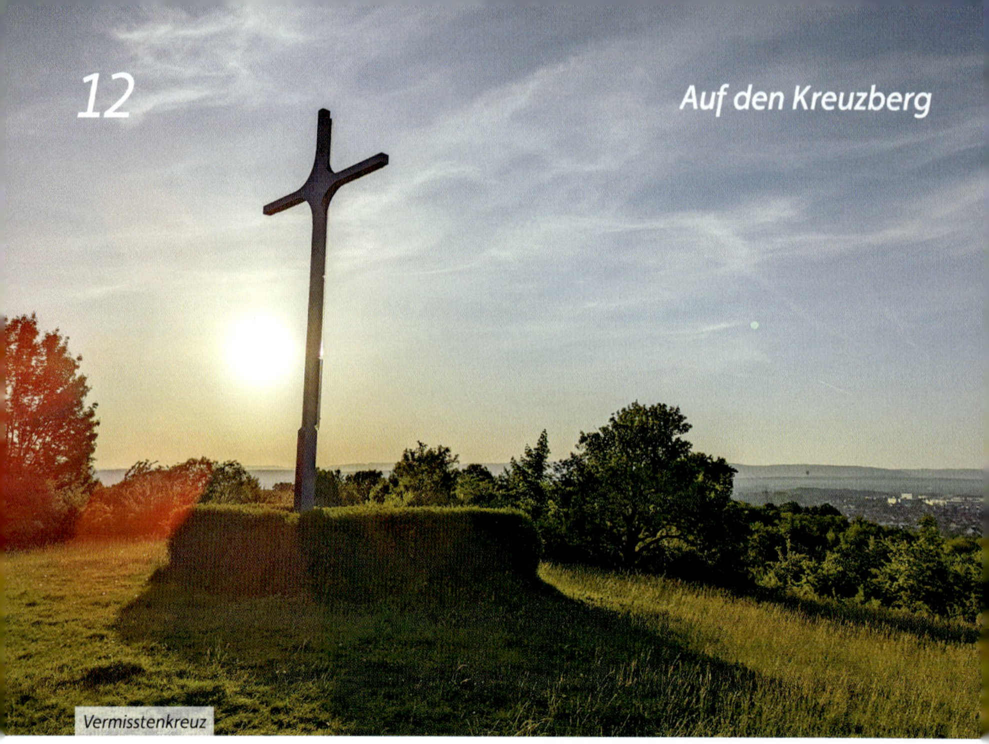

Vermisstenkreuz

Die Tour beginnt nahe dem Diller-Keller und führt auf einem Schotterweg von Anfang an bergauf.
Immer dem Weg folgend wird auf halber Höhe das große Vermisstenkreuz erreicht, an dem sich eine wunderbare Rast einlegen lässt. Der Blick reicht über das Gewerbegebiet am Hafen bis zum Kloster Michelsberg und zur Altenburg. Entlang des Kreuzweges führt die Wanderung weiter bergauf. Bevor es in den Wald geht zeigt sich bei guter Sicht auf der rechten Seite die Giechburg. An der Weggabelung den rechten Weg mit

Eine schattige Tour für heiße Tage mit schönen Rastplätzen und drei Kellern zur Einkehr

Dörfleins | *Mainleite, Dörfleins*

8,3 km | *180 Hm*

2,5 Std. | *Trockenes Wanderwetter*

3/4 Schatten | *Ja*

Zwei steilere Anstiege teilweise mit Treppenstufen
Wald- und Schotterwege, am Main schmaler Pfad in ständigem Auf und Ab

Wiese am Vermisstenkreuz auf halben Weg zum Kreuzberg Helenenkapelle Am Main

Bus 904, Hs Dörfleins, Obere Hut

Parkplatz am Ende der Mainleite

Ladestation E-Bike: Diller-Keller

Diller-Keller, Leicht's Keller, Wagner Keller

–> Beschreibung ab Seite 116

Ich finde den Weg am Main entlang besonders schön. Zu jeder Jahreszeit ist es am Waldrand anders und gerade mit Kindern kommt hier keine Langeweile auf.

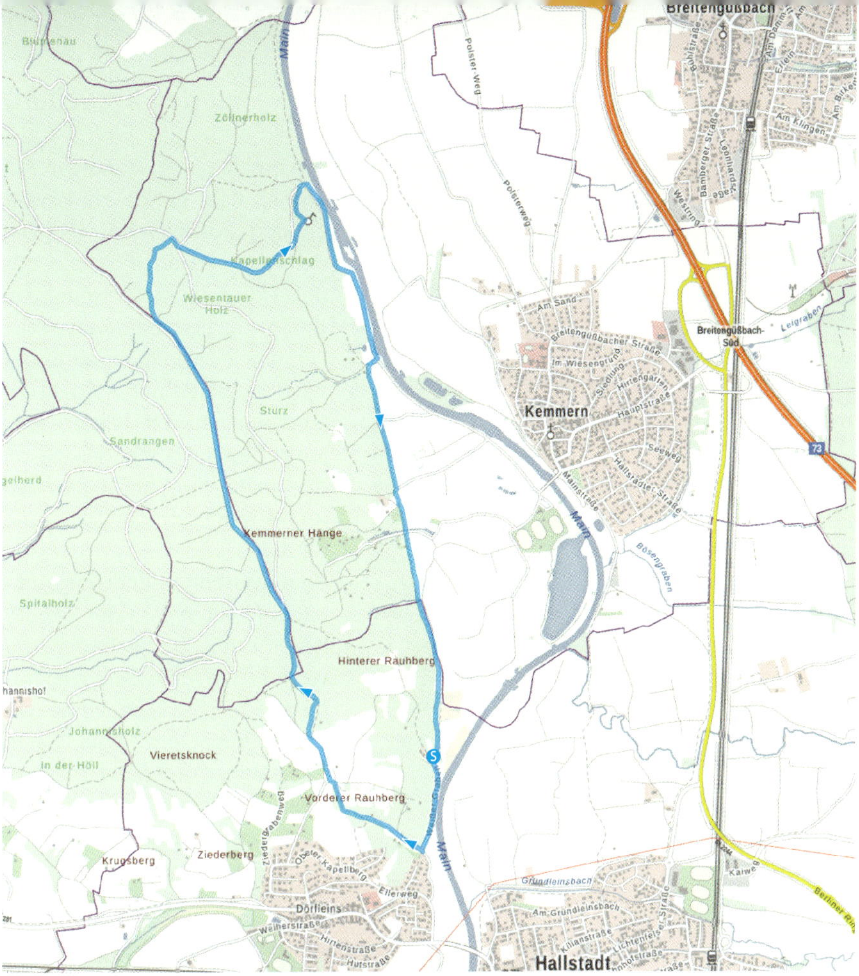

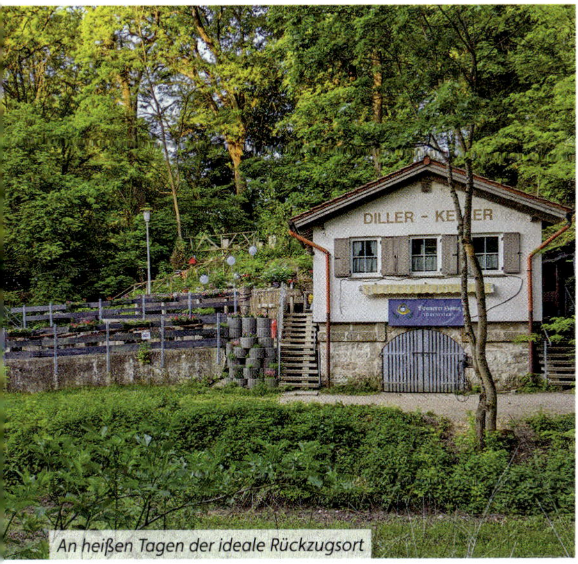
An heißen Tagen der ideale Rückzugsort

Treppenstufen wählen und hoch zum 367 Meter hohen Kreuzberg mit dem Tempel steigen.

Nach einer Verschnaufpause auf der gegenüberliegenden Seite wieder bergab gehen und dem schmalen Pfad folgen, der kurz darauf auf einen etwas breiteren Forstweg mündet. Rechts halten und für einen längeren Abschnitt auf diesem Weg bleiben.

Etwa nach zwei Kilometern rechts abzweigen und leicht bergab gehen. Nach

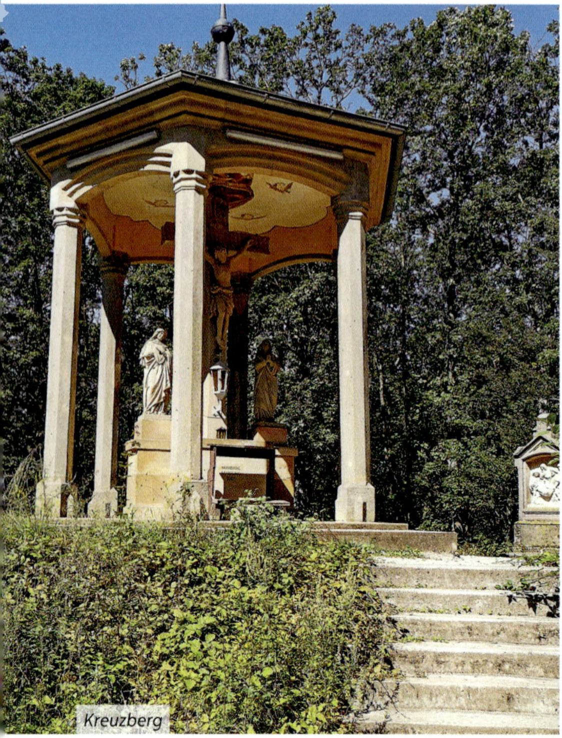
Kreuzberg

ken und in einem ständigen Auf und Ab geht es nah am Wasser entlang. Faszinierend, wie klein der Fluss hier noch ist und bereits einige Kilometer weiter von großen Schiffen befahren wird.
Für ein kurzes Stück wird der Wald verlassen und es geht an Obstbäumen und Wiesen entlang, bevor die Wanderung an der nächsten Möglichkeit nach rechts wieder an den Waldrand führt.
Hier links halten und nach wenigen Minuten wird der Leicht's Keller erreicht, durch den der Wanderweg führt. Dem Weg folgend dauert es nicht lange und etwas erhöht am Hügel taucht der Wagner Keller auf. Die Tour führt gerade am Waldrand weiter bis zum Ausgangspunkt bei den Bänken am Diller-Keller.

einer langgezogenen Rechtskurve rechts gehen und anschließend geradeaus den mittleren Weg Richtung Helenenkapelle wählen. An der zweiten Möglichkeit rechts halten und kurz darauf wird die Kapelle mit einem angrenzenden Picknick-Häuschen erreicht, der perfekte Abenteuerspielplatz, wenn man mit Kindern unterwegs ist. Die Wanderung führt nun weiter bergab zum Main. Dort auf den schmalen Weg nach rechts einschwen-

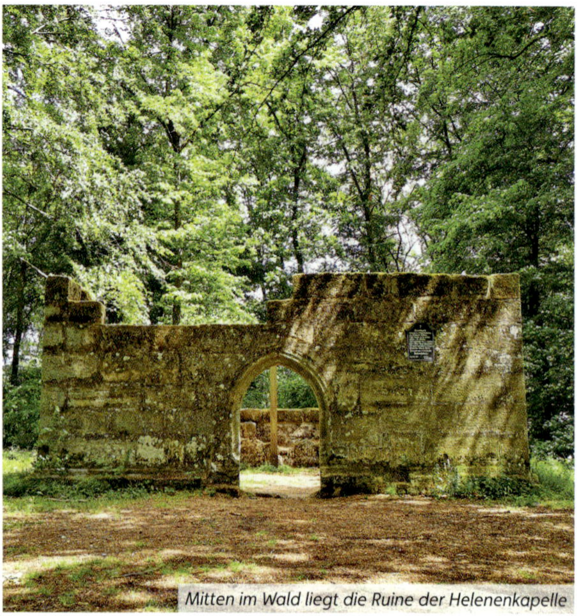
Mitten im Wald liegt die Ruine der Helenenkapelle

13

Zum Mönchsweiher

Die Tour startet am Bahnhof Oberhaid und führt nach links in die *Bahnhofstraße*. Am Ende der Straße rechts in die Weide gehen und dieser bis zur *Bamberger Straße* folgen.

Die Wanderung zweigt nach rechts ab und folgt der Straße bis zur Kapelle am Friedhof. Dort in die *Kapellenstraße* biegen und der Straße gerade bis zum Ortsende folgen. Die Straße geht in einen Schotterweg über, vorbei an der Abzweigung zum nahen Naturwaldreservat Seelaub, an dem die Wanderung auf dem Rückweg vorbei führt, kurz da-

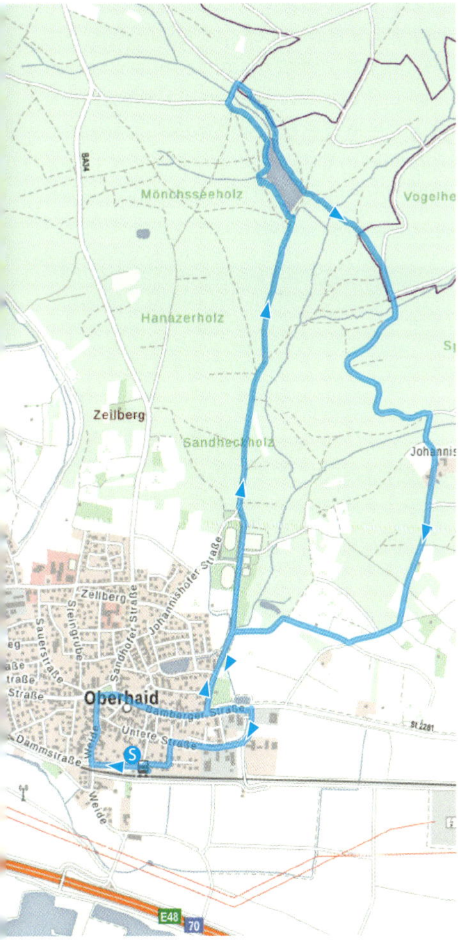

Eine kurze und schattige Wanderung, die sich ideal als Feierabendrunde anbietet

Oberhaid	*Bahnhof Oberhaid*
8,8 km	*80 Hm*
2 1/4 Std.	*Jedes Wanderwetter*
3/4 Schatten	*Ja*

Nur mäßige Steigungen
Teer, Schotter- und Waldwege, schmale Pfade

Mönchsee
Wanderparkplatz Johannishof

RB Oberhaid (Bahnlinie Bamberg – Würzburg)

Wanderparkplatz Oberhaid (Sportplatz, dadurch kürzere Wanderung)

Naturwaldreservat „Seelaub"
Kreislehrgarten Oberhaid.
Trimm-Dich-Pfad mit Stationen entlang der Wanderung
Oberhaid ist von Bamberg aus gut mit dem Fahrrad erreichbar, einfach ca. 10 km

Brauerei Wagner Oberhaid, Hannla Keller
-> Beschreibung ab Seite 116

Der Mönchsee liegt versteckt im Wald und bietet viel Ruhe. Genau das richtige Ziel nach einem hektischen Arbeitstag.

rauf werden der Kreislehrgarten und die Sportanlagen erreicht.

Der Wanderparkplatz wird links liegen gelassen und nun führt die Tour in den Wald. Begleitet von Trimm-Dich-Pfad-Stationen geht es gerade weiter, bis links der beschilderte Weg zum Mönchsee abzweigt. Diesem bis zum See folgen und dort nahe dem Ufer nach links gehen. Auf einem schmalen Pfad führt

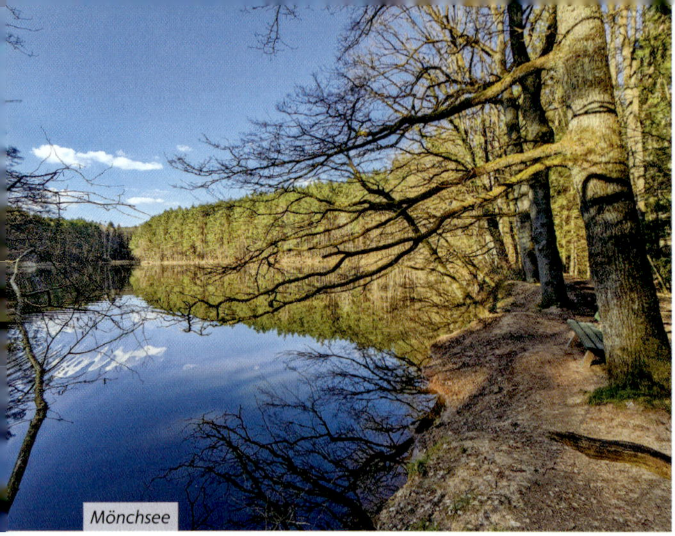

Mönchsee

besitz befindet. Entlang der Straße führt die Wanderung bis zum Waldrand, macht eine Rechtskurve und zweigt an den Feldern nach rechts ab. Von dort sind es nur etwa 300 Meter bis zum Naturwaldreservat.

Die Wanderung verläuft weiter zur *Kapellenstraße*, entlang der der Hinweg erfolgte. Nun geht es bis zur Kapelle an der *Bamberger Straße* zurück und anschließend nach links. An der nächsten Abzweigung rechts in die Straße *Grabensee* biegen und dieser folgen, die in die *Untere Straße* übergeht. Dort links in die *Sonnenstraße* gehen und nach der Kurve wird der Ausgangspunkt am Bahnhof erreicht.

die Wanderung auf der Südseite entlang des Sees und stößt anschließend auf einen breiteren Weg.

Nun zweimal rechts halten und anschließend gleich wieder auf den schmalen Pfad gehen. Dieser führt nun auf der

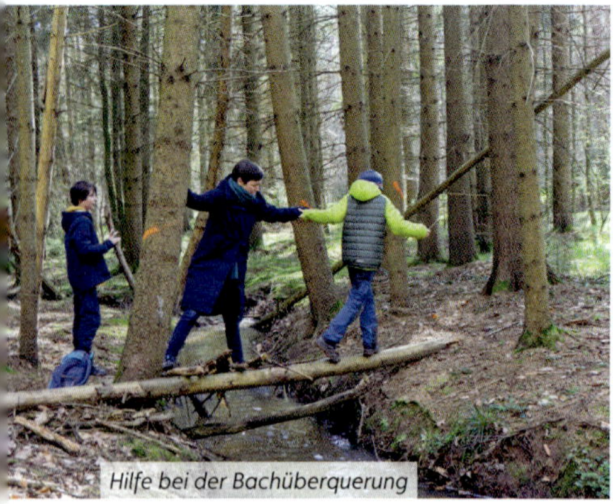

Hilfe bei der Bachüberquerung

Nordseite des Sees entlang, wo eine sehr schön gelegene Bank zu einer Rast am Ufer einlädt. An der folgenden Kreuzung gerade weiter dem schmalen Pfad folgen, der in einem Schotterweg Richtung Johannishof mündet. Entlang des Weges befinden sich wieder Trimm-Dich-Pfad Stationen und nach ein paar Kurven wird der Weiler Johannishof erreicht, der früher als Forsthaus genutzt wurde und heute sich in Privat-

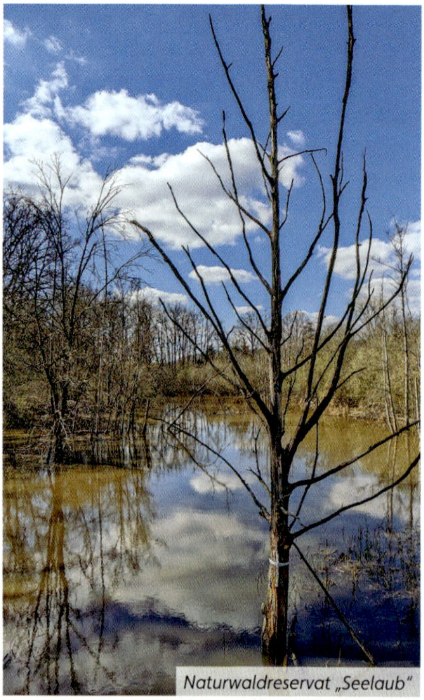

Naturwaldreservat „Seelaub"

Aus dem Tal hoch zur Giechburg

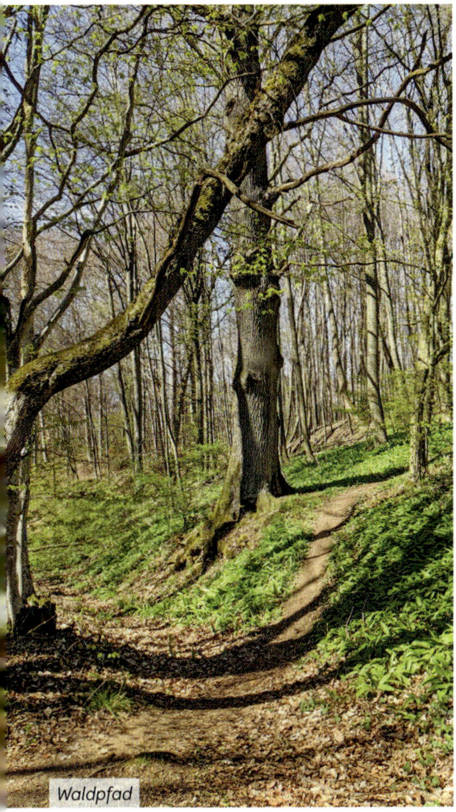

Waldpfad

Eine sehr abwechslungsreiche Tour, die anfangs etwas Kondition erfordert, aber ab der Giechburg sehr entspannt verläuft.

Scheßlitz	*Parkplatz am Schulzentrum*
14 km Abkürzungsmöglichkeit nach ca. 7 km	*250 Hm*
4 Std.	*Trockenes Wanderwetter*
1/3 Schatten	*Ja (kurze Variante)*

Bis zur Giechburg ansteigend, danach bis Köttensdorf bergab und anschließend flach
Forst- und Waldwege, Wiesenwege, Teer

Giechburg
Bänke nahe dem Wanderparkplatz unterhalb der Giechburg
Wiese zwischen Giechburg und Gügel

Bus Nr. 963, 969 (Bamberg Bahnhof – Scheßlitz)

Parkplatz am Schulzentrum

Gaststätte Giechburg, Schwanenkeller Scheßlitz (etwas abseits der Wanderung), Brauerei Hoh Köttensdorf, Stöcklein Gasthaus und Biergarten, Wirtshaus Glanzer's Michel
–> Beschreibung ab Seite 116

Auf mich üben die schmalen Wege im Wald und die hoch oben thronende Giechburg einen besonderen Reiz aus. Von der Burg aus den Blick bis Bamberg oder im Frühjahr über die gelb blühenden Rapsfelder schweifen lassen. Herrlich!

Die Wanderung startet am Schulzentrum und führt am Ende der Straße *Mittlerer Weg* nach links um das Gelände zur *Peulendorfer Straße*.

An der Kreuzung rechts in die Straße biegen und dieser bis über den *Seierbach* folgen. Anschließend zweigt links ein Weg ab, der über die Flur parallel zur Stromleitung verläuft und diese am Waldrand unterquert. Im Sommer ist der Wegesrand von rotblühendem Mohn eingesäumt.

Auf schmalen Wegen verläuft die Wanderung auf dem *Frankenweg* durch den Wald und steigt immer weiter an. Es folgen mehrere Wegkreuzungen, an denen es geradeaus weitergeht und der Wanderparkplatz unterhalb der Giechburg erreicht wird. Nun die Straßenseite wechseln und dem Kreuzweg Richtung Gügel folgen. Nach verlassen des Waldes scharf rechts halten und den Weg über die Wiese, der eigentlich ein Tram-

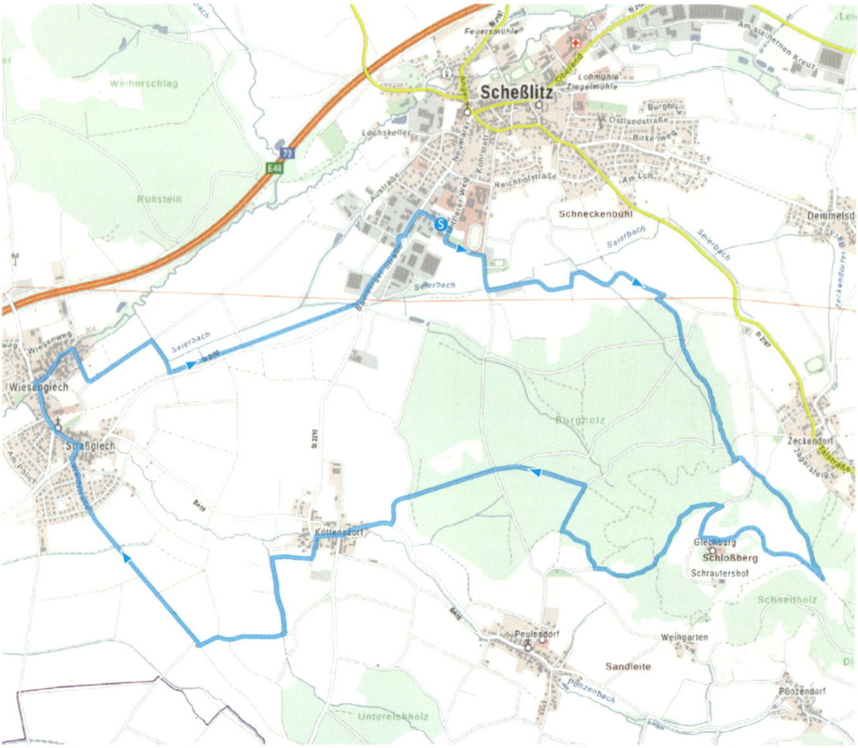

pelpfad ist, zur Giechburg wählen. Bei schönem Wetter lässt sich auf der Wiese eine entspannte Pause einlegen. In einer langgezogenen Kurve geht es um

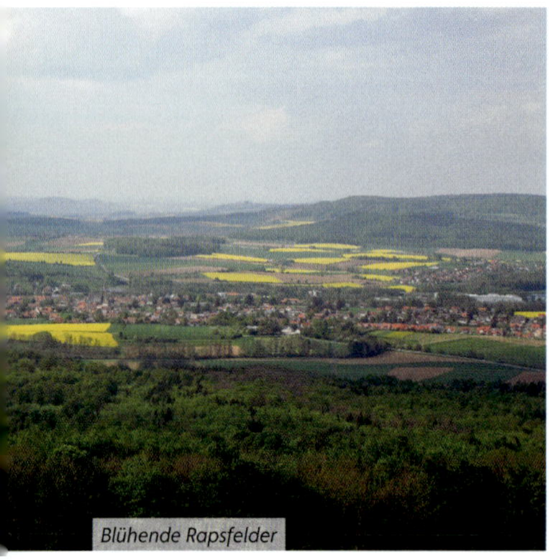
Blühende Rapsfelder

einige Bäume, bevor der letzte Anstieg zur Burg erfolgt. An der Straße angekommen, sollte unbedingt ein Abstecher in die Burg und auf den Turm gemacht werden.

Zudem lässt sich im Burghof eine Rast mit Kaffee und Kuchen oder einer Brotzeit einlegen. Nach Verlassen der Giechburg der Straße bergab folgen und nach der Rechtskurve die nächste Abzweigung nach links wählen. Die Tour führt nochmals in den Wald Richtung Peulendorf. Am Waldrand nicht zum Ort gehen, sondern dem Weg nach rechts im Wald folgen. Anschließend nochmals rechts bis zur nächsten Weggabelung, an der es nach links weitergeht. Es geht nun nach Köttensdorf, das nach knapp 8 km erreicht wird. Auf dem Weg dorthin lässt sich die Wanderung verkürzen:

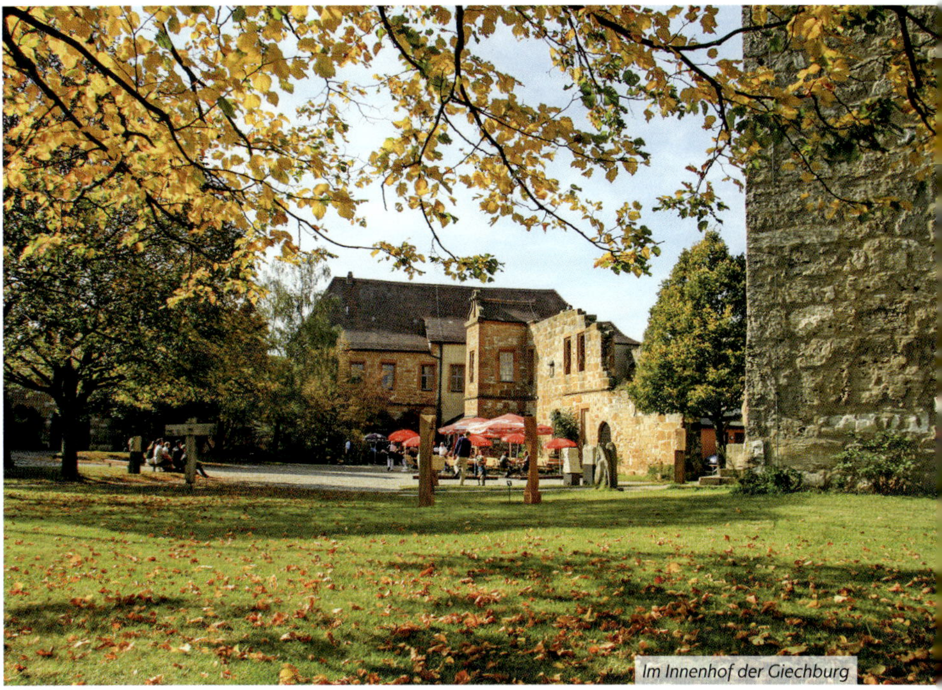

Im Innenhof der Giechburg

dazu im Wald der Straße nach rechts Richtung Scheßlitz folgen.

Im Ort bis zur Kreuzung gehen und dort der Straße geradeaus folgen, vorbei an der Brauerei Hoh und der Bushaltestelle. Vor der Kurve links abbiegen und im weiteren Verlauf rechts auf den Weg einschwenken und den Ort verlassen. Sehr sonnig führt die Wanderung nun Richtung Straßgiech.

Dazu an der nächsten Möglichkeit nach Köttensdorf rechts halten und anschlie-

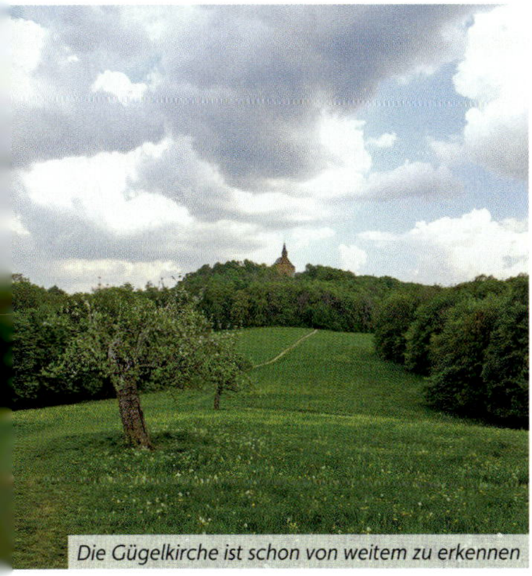

Die Gügelkirche ist schon von weitem zu erkennen

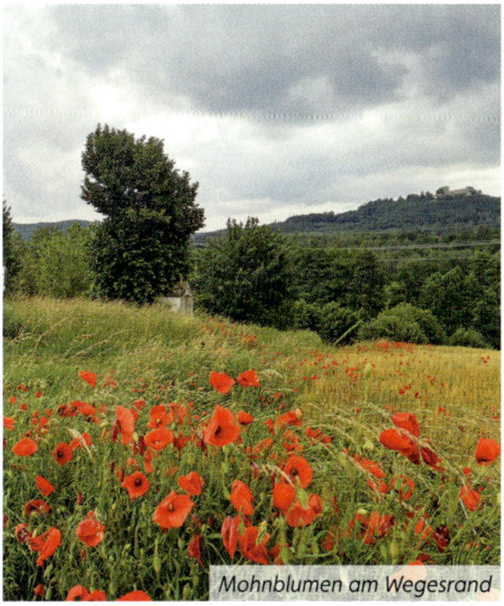

Mohnblumen am Wegesrand

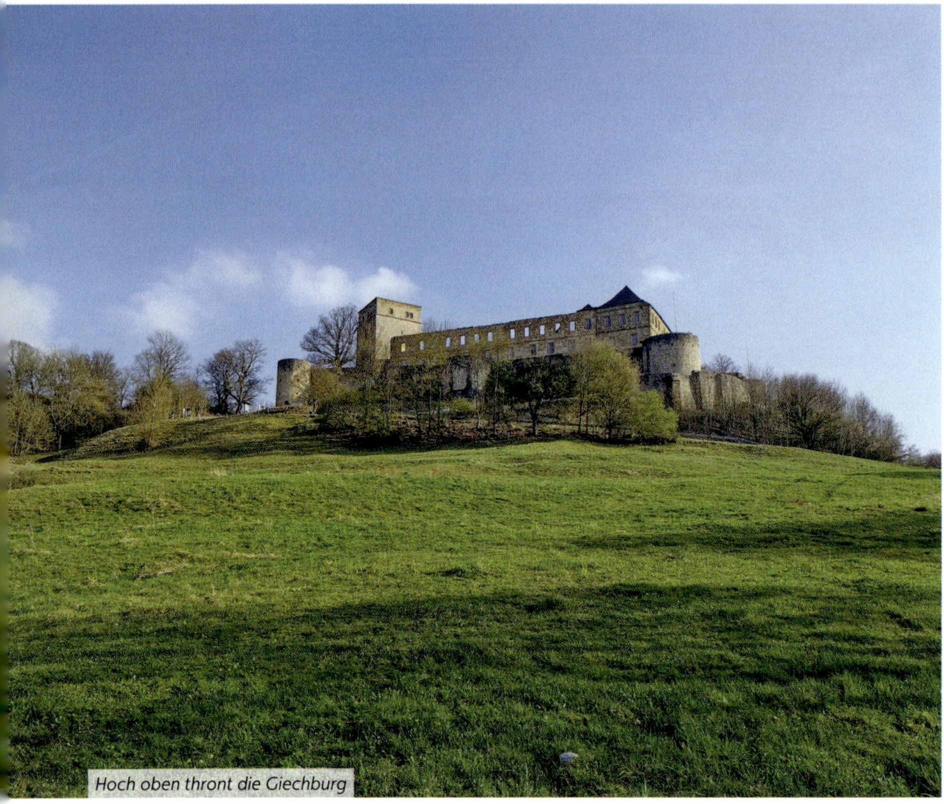

Hoch oben thront die Giechburg

ßend links. Inzwischen ist es relativ flach und die Wege sind gut zu gehen. Entlang der Felder dem Weg bis zur T-Kreuzung folgen. Dort rechts halten und bis zur Scheune gehen, anschließend dem Weg nach rechts folgen.

Dieser führt geradeaus bis Straßgiech und geht in die *Waldstraße* über, die bis zur *Hauptstraße* Memmelsdorf – Scheßlitz führt. Dieser für ein kurzes Stück, bis zur Bushaltestelle, nach rechts folgen und anschließend in die *Pfarrer-Kropfeld-Straße* biegen. Es geht an der Kirche St. Valentin vorbei bis zur Bushaltestelle Wiesengiech, an der die Wanderung nach rechts in die *Lindenallee* führt. Im Ort laden verschiedene Möglichkeiten zu einer Einkehr ein.

Entlang des Baches durch den Ort bis zur vierten Brücke wandern. Dort den Bach queren und der Straße nach rechts folgen, Wiesengiech verlassen und bis zur nächsten Kreuzung gehen. Dort links halten und am Bach rechts abbiegen. Dieser Weg mündet in den Radweg Richtung Scheßlitz.

Es geht nun nochmals nach links und über den Radweg wird Scheßlitz erreicht. Am Orteingang geht es an einigen Gewerbegebäuden und dem Kreisverkehrt vorbei.

Der Straße weiter gerade folgen und vor der Feuerwehr rechts zum Schulzentrum gehen. In der folgenden Linkskurve liegt der Parkplatz und das Ziel der Wanderung ist erreicht.

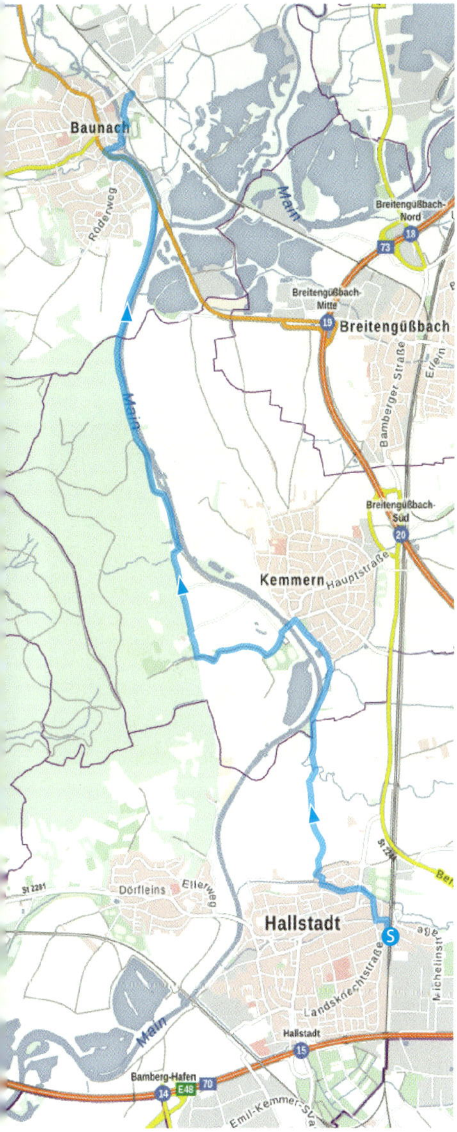

Eine leichte Wanderung entlang des Mains, die viel Abwechslung bietet und an schön gelegenen Kellern entlangführt.

Hallstadt	Bahnhof Hallstadt
9,3 km	40 Hm
2,5 Std.	Trockenes Wanderwetter
1/3 Schatten	Ja

Kaum Steigungen
Teer und Forstwege, schmaler Waldweg

Am Main
Helenenkapelle (etwas abseits des Weges)

Bus Nr. 904, Hs Bahnhof Hallstadt
RB, Bahnhof Hallstadt

Parkplatz am Bahnhof Hallstadt

Landgasthof Leicht, Leicht's Keller, Wagner Keller
–> **Beschreibung ab Seite 116**

Die Wanderung lässt sich mit der Tour zum Kreuzberg oder mit der Radtour durch den Itzgrund und entlang des Mains kombinieren. Auch für ein Wochenende mit Wander- und Radtouren eignet sich Baunach als guter Ausgangspunkt.

Die Strecke ist auch als Radtour geeignet.

Entlang der *Kapellenstraße* führt die Wanderung Richtung *Gründleinsbach* und geht dort in einen Weg über, der am Bach entlang verläuft.

Die Straße unterqueren und dem Weg bis zur nächsten Brücke folgen. Die Bachseite wechseln und anschließend links und bei nächster Gelegenheit wieder rechts halten. Nun zweigt nach links der Radweg Richtung Kemmern ab, führt anfangs an Feldern entlang und stößt schließlich auf den Main. Diesem Weg zur Mainbrücke in Kemmern folgen und den Fluss überqueren. Davor lohnt ein kurzer Abstecher in den Ort, wo eine erste Rast eingelegt werden kann.

Zurück auf dem Weg geht es an den Sportanlagen des SC Kemmern vorbei

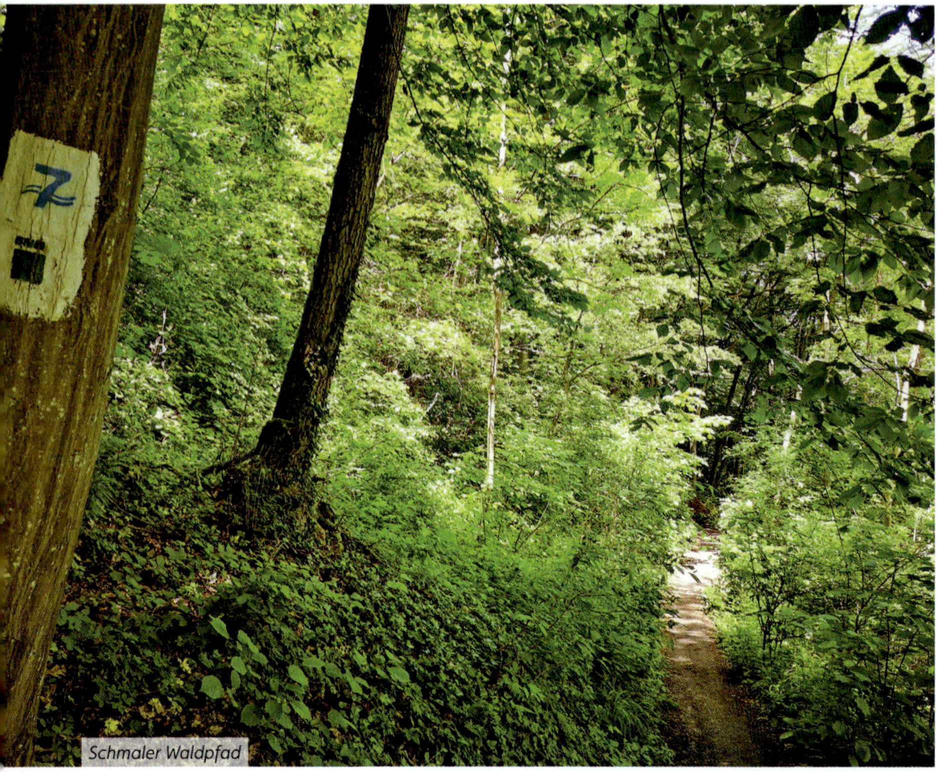

Schmaler Waldpfad

und anschließend rechts über die Felder. Im Folgenden links und anschließend rechts halten, um an einer Bank auf den Wald zu stoßen.

Hier dem schmalen Pfad Richtung Baunach folgen, der nach wenigen Minuten am Wagner Keller vorbei führt. Immer dem Weg folgend wird kurz darauf der Leicht's Keller erreicht und es geht am Waldrand weiter. Für ein kurzes Stück wird der Wald verlassen, die Wanderung führt direkt am Main entlang und zweigt kurz darauf wieder in den

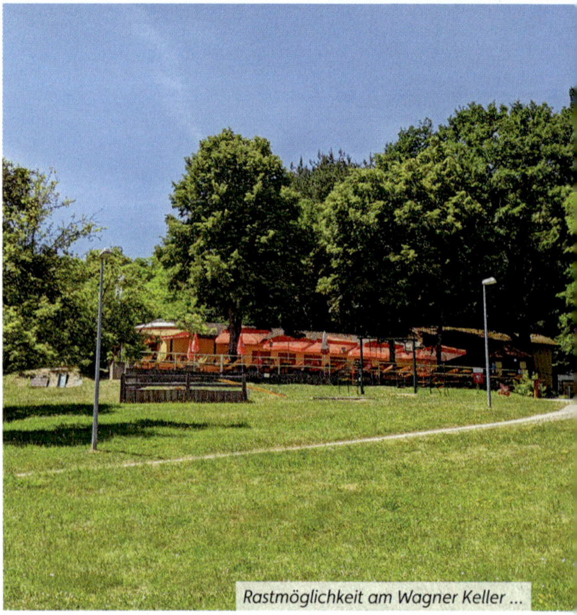

Rastmöglichkeit am Wagner Keller ...

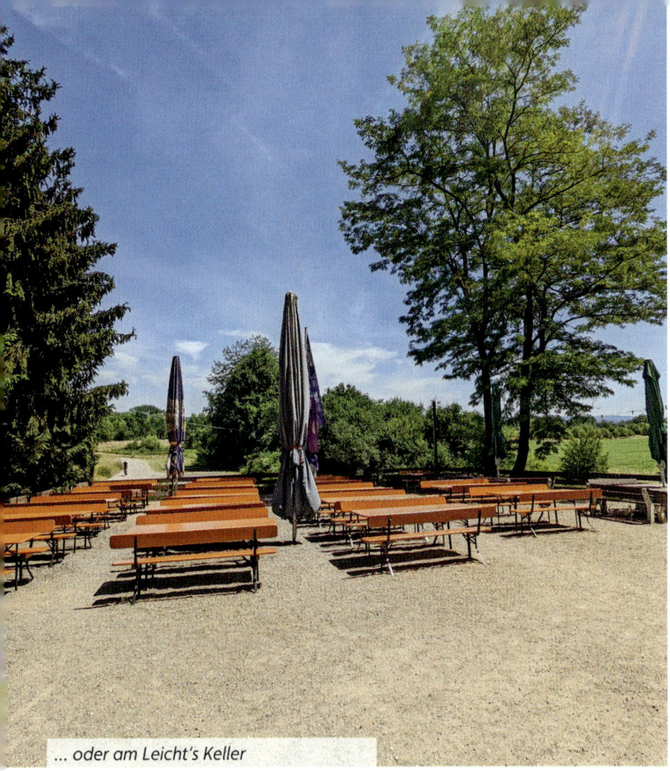

... oder am Leicht's Keller

auf die Straße, an der es nach links bis zur Brücke über die Lauter weitergeht. Im Anschluss rechts in den *Zentweg* gehen und gleich wieder rechts halten und dem Weg zur *Häfnergasse* folgen. Zwischen Häusern und der Baunach verläuft die Wanderung zur nächsten Brücke, wo die Baunach gequert wird. Anschließend links der *Bahnhofstraße*

Wald ab. In einem ständigen Auf und Ab führt der Weg am Main entlang nach Baunach. Vor dem Ort stößt der Weg

zum Endpunkt am Bahnhof folgen. Von dort aus kann die Rückfahrt zum Ausgangspunkt Hallstadt erfolgen.

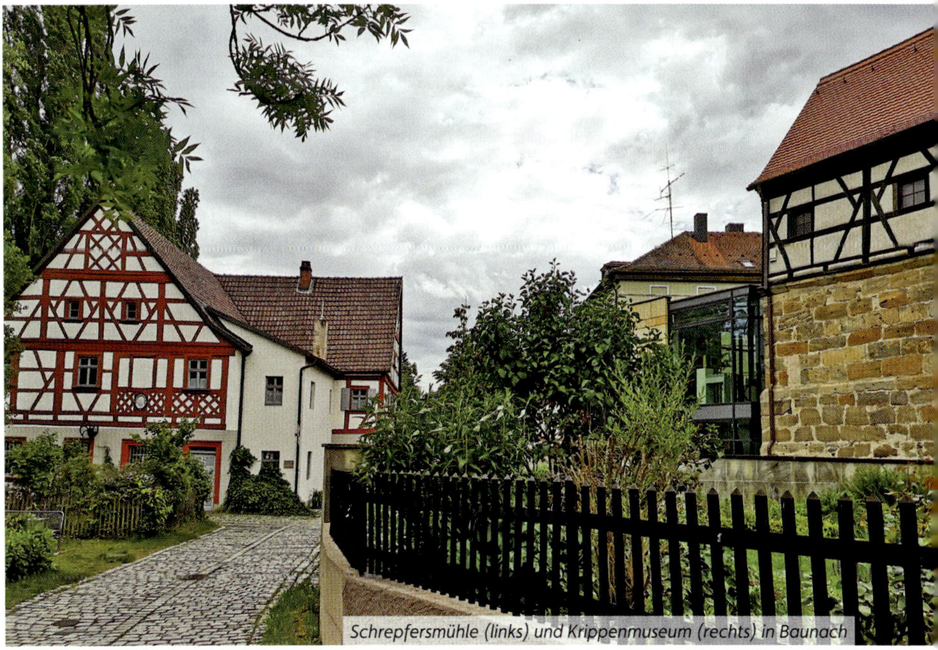

Schrepfersmühle (links) und Krippenmuseum (rechts) in Baunach

Eine sehr sonnige Tour vor den Toren Bambergs, deren Ausgangspunkt leicht mit dem Bus oder Rad zu erreichen ist.

Litzendorf

Tanzwiese Litzendorf

14 km

280 Hm

4 Std.

Trockenes Wanderwetter (Frühjahr, Herbst)

kein Schatten

Ja (verschiedene Abkürzungsmöglichkeiten)

Mäßige Steigungen im Ellertal, steilere Steigung zur Eulenwand Teer-, Pflaster und Schotterwege

Eulenwand
Jungfernhöhle
Bänke entlang des Weges

Bus Nr. 970 (Bamberg Bahnhof), Hs Litzendorf Ortsmitte

Parkplatz Tanzwiese

Ladestation E-Bike

Brauerei Hönig
–> Beschreibung ab Seite 116

Die vielen Skulpturen entlang des Weges machen die Wanderung zu einem kulturellen Erlebnis vor den Toren Bambergs.

Die Strecke ist auch als Radtour geeignet.

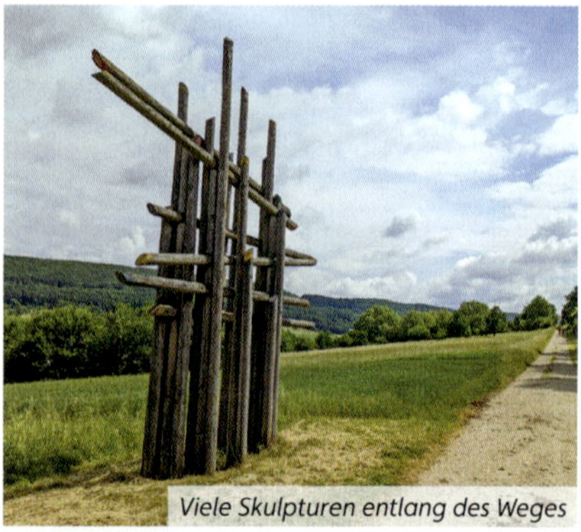
Viele Skulpturen entlang des Weges

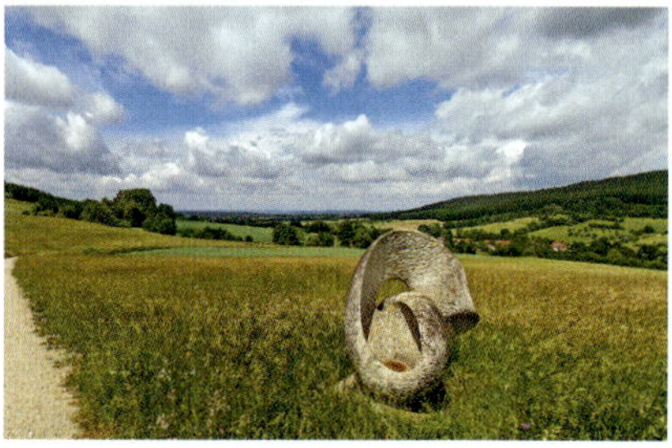

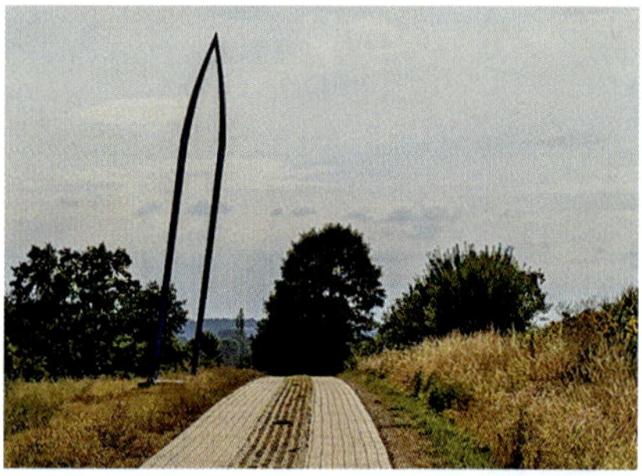

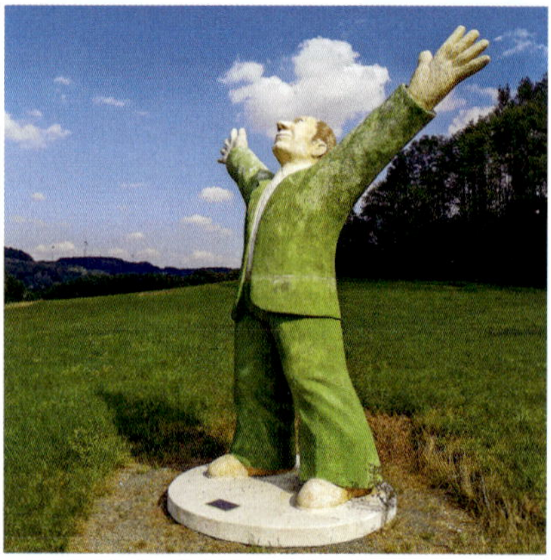

Die sehr sonnige Wanderung führt vom Ausgangspunkt schräg gegenüber in die *Hauptstraße*, folgt dieser zum Abzweig des Radweges nach links und verläuft auf diesem durch das Ellertal. Ab dem Ortsausgang steigt die Tour mäßig an und führt an verschiedenen Skulpturen vorbei, die direkt am Wegesrand stehen

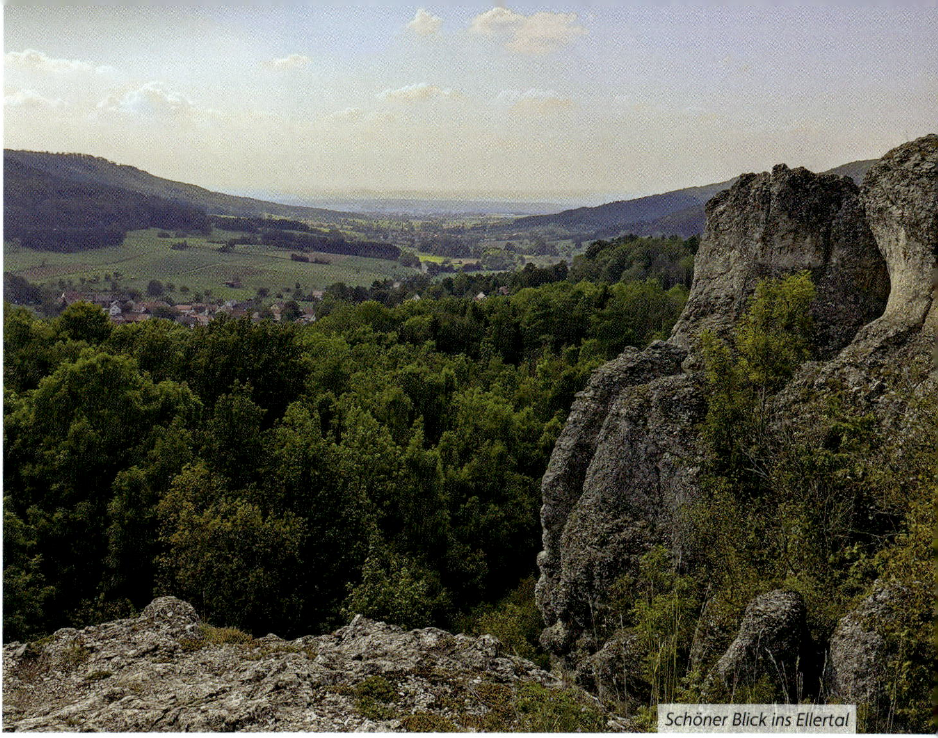

Schöner Blick ins Ellertal

und durch Tafeln beschrieben werden. Nach etwa 3 km wird Lohndorf erreicht, das im Tal liegt. Die Wanderung führt erhöht am Ort vorbei und bietet schöne Ausblicke auf die Kirche und die umliegende Landschaft. In dieser Höhenlage

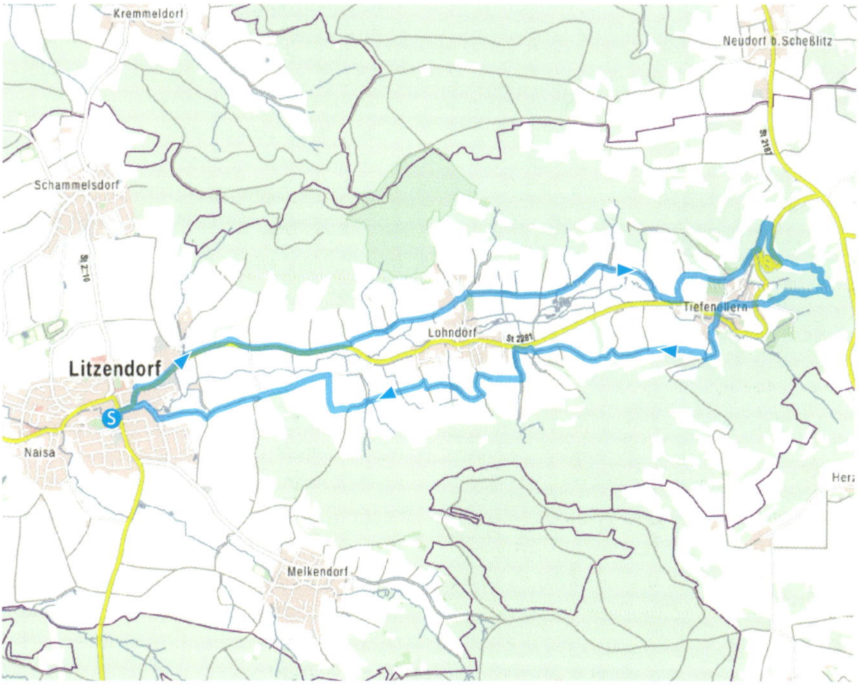

führt die Tour weiter Richtung Tiefenellern. Kurz vor dem Ort am Parkplatz links auf den Weg gehen, der um Tiefenellern führt.

Über diesen wird die *Ellerbergstraße* an den Serpentinen gestreift und im Wald geht es weiter bergauf. An der ersten Möglichkeit rechts gehen und dem schmalen Weg zur Straße folgen und vorsichtig überqueren. Auf der gegenüberliegenden Seite führt die Wanderung zur Eulenwand, von der sich ein besonderer Blick über das Tal bietet. Links an der Wand geht es weiter über eine Wiese und anschließend nach rechts in den Wald. Dem Weg gerade bis zur Jungfernhöhle folgen.

Der Weg führt nach rechts wieder bergab nach Tiefenellern. Über den *Lehmweg* und die Straße *Am Alten Berg* in den Ort gehen und an der Kapelle die Straße queren. Nochmals geht es etwas bergauf und Tiefenellern wird wieder verlassen. Am Ende der Straße beginnt ein

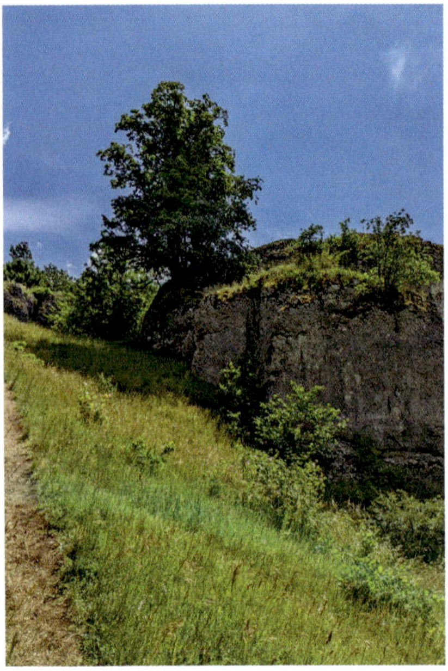

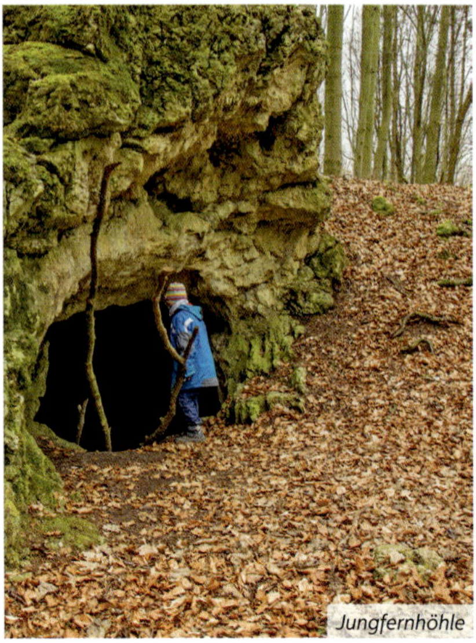

Jungfernhöhle

Schotterweg, macht eine Rechtskurve und an der Abzweigung am Waldrand den Weg nach rechts wählen. Entlang des Weges bieten sich schöne Blicke auf Tiefenellern und die Tour führt Richtung Lohndorf wieder zurück durch das Tal. Nahe der Statue Der Sieger ist die Wanderung kurz an der Straße und steigt vor den ersten Häusern wieder an. Den Weg nach links wählen und auf halber Höhe des Hügels rechts halten.

Am Ende des Weges nochmals etwas weiter hoch nach links gehen und anschließend weiter nach rechts. Hoch über Lohndorf, vorbei an Skulpturen, weiter durch das Ellertal, wandern. Gerade weiter gehen und der Rechtskurve des Weges und weiter dem Hang abwärts folgen.

An der T-Kreuzung links dem Weg nach Litzendorf folgen. Vor dem Ort nach rechts gehen und der Straße Oberes Dorf rechts bis zum Lohndorfer Weg folgen. Nun links halten und bis zur Ampel gehen und links zum Parkplatz an der Tanzwiese weiter.

17 Durch den Hauptsmoorwald nach Strullendorf

Mittelschwere Tour durch den Hauptsmoorwald von Bamberg nach Strullendorf

Bamberg

Wanderparkplatz Hauptsmoorwald (Kreuzung Armeestraße / Moosstraße)

14 km

140 Hm

4 Std.

Trockenes Wanderwetter

1/3 Schatten

Ja (mit Kinderfahrrad)

Mäßige Steigungen, vor allem nach Geisfeld geht es etwas bergauf
Teer- und Forstwege

Hubertusbrunnen

Bus Nr. 911, Hs Max-Plank-Straße (Wegverlängerung ca. 250 Meter)

Wanderparkplatz Armeestraße/ Hauptsmoorwald

Ladestation E-Bike: Landgasthof Büttel, Brauerei Griess, Brauerei Sauer, Schwanenbräu Keller, Gastwirtschaft Lindenbräu

Landgasthof Büttel, Brauerei Griess Geisfeld, Brauerei Sauer, Almrauschhütte Amlingstadt, Schwanenbräukeller Strullendorf, Gasthaus Lindenbräu

–> Beschreibung ab Seite 116

Im Hauptsmoorwald die kühle Luft einatmen oder den Blick über die sanften Hügel der Fränkischen Toskana schweifen lassen. Herrlich!

Die Strecke ist auch als Radtour geeignet.

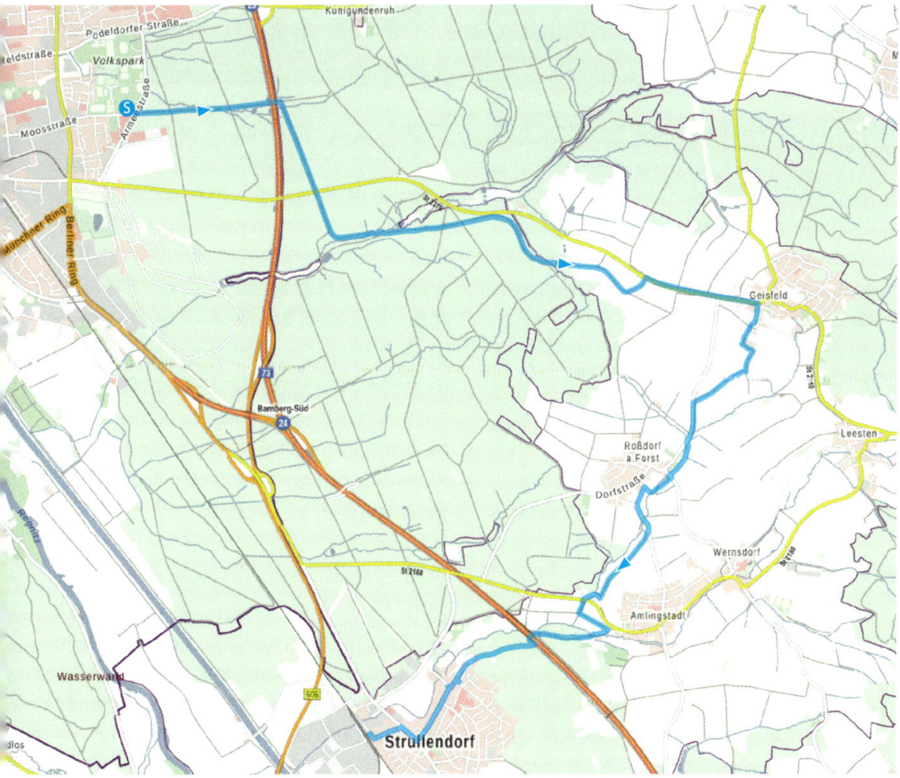

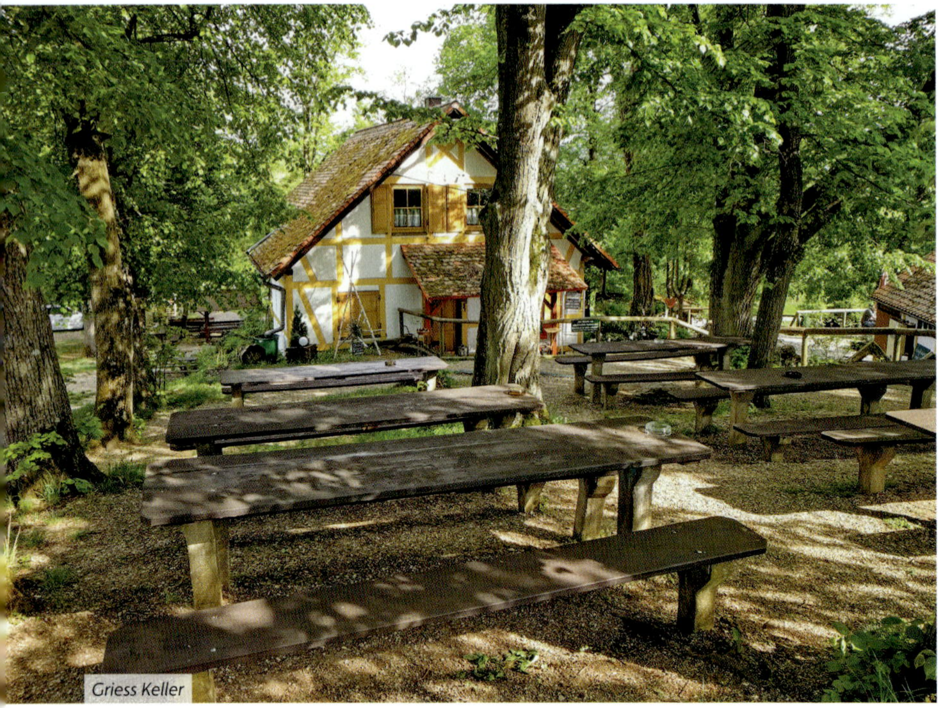
Griess Keller

Die Tour startet am Wanderparkplatz und führt von dort aus gerade dem Weg in den Wald entlang, vorbei an einigen Stationen des Trimm-Dich-Pfads. Nach Queren der Autobahn rechts auf den Weg nach Süden biegen und diesem bis über die Straße folgen.

Vorbei am Wanderparkplatz führt die Wanderung nach einer Linkskurve zum Hubertusbrunnen, an dem sich eine kurze Rast anbietet. Dem Weg bis zur Abzweigung eines schmalen Weges folgen, nach rechts gehen und an der Holzbrücke den Sendelbach queren und nach links wandern.

Es geht gerade weiter, der Weg nähert sich der Straße nach Geisfeld und entfernt sich in einer langgezogenen Rechtskurve von dieser wieder. Kurz vor dem Ende des Waldes links halten und entlang der Felder dem Weg zur Straße folgen. Etwa bei km 6 wird diese gequert und es geht auf dem gegenüberliegenden Radweg nach rechts weiter und bis Geisfeld gehen. An der Straße bis zur Abzweigung *Kellerweg* bleiben und dort rechts zum Griess Keller gehen. Nach wenigen Minuten wird der schön gelegene Keller erreicht, an dem sich eine Pause lohnt. Nach dem Parkplatz links abbiegen und anschließend rechts auf dem Radweg weiter bis zur nächsten Abzweigung, an der es nach rechts Richtung Roßdorf weitergeht.

Entlang der Felder zur Straße wandern und dieser nach links folgend. Der Radweg führt am Sportplatz entlang zur Straße, die halb schräg überquert wird. Am Geisfelder Bach unter Bäumen liegt sehr idyllisch der Roßdorfer Felsenkeller, an dem die Wanderung direkt vorbeiführt. Nach der Kurve links abbie-

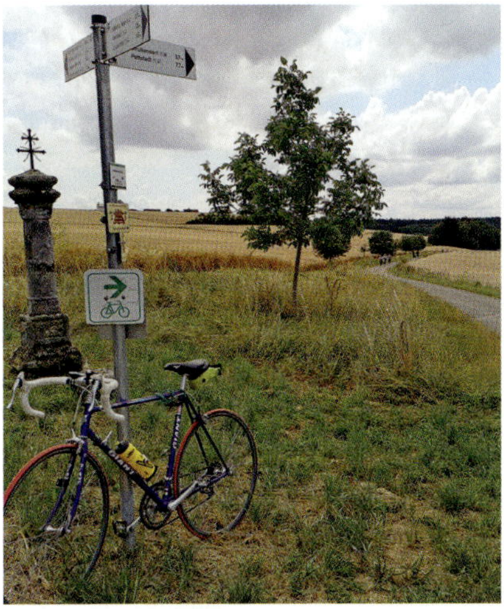

gen und am Ende der schmalen Straße nochmals links halten.

Nach der Brücke zweigt nach rechts der 13-Brauereien-Weg Richtung Strullendorf ab. Es geht gemütlich dahin, leicht bergab zu einem kleinen Weiher, um den der Weg nach links und anschließend an der Almrauschhütte vorbei zur Straße führt. Die Straße queren und dem Weg bis zur Kreuzung folgen. Hier links gehen und nicht den direkten Weg nach Strullendorf wählen.

Entlang der Felder geht es Richtung Amlingstadt. Rechts in die Straße *Zum Lehengarten* gehen und den Ort zum Wald hin wieder verlassen, durch den die Wanderung nun führt. Die Autobahn unterqueren und nach links dem Weg folgen, bevor es nach rechts weitergeht. Am Ortseingang von Strullendorf liegt der Schwanenbräukeller etwas erhöht im Wald und lädt nochmals zu einer Rast ein. Vom Keller aus führt die Wanderung gerade entlang der Straße zum Ortskern.

Am Ende der *Lindenallee* rechts in die *Bamberger Straße* gehen und anschließend links in die *Bahnhofstraße*, die zum Endpunkt der Wanderung am Bahnhof Strullendorf führt. Von dort aus erfolgt die Rückfahrt nach Bamberg mit der S-Bahn.

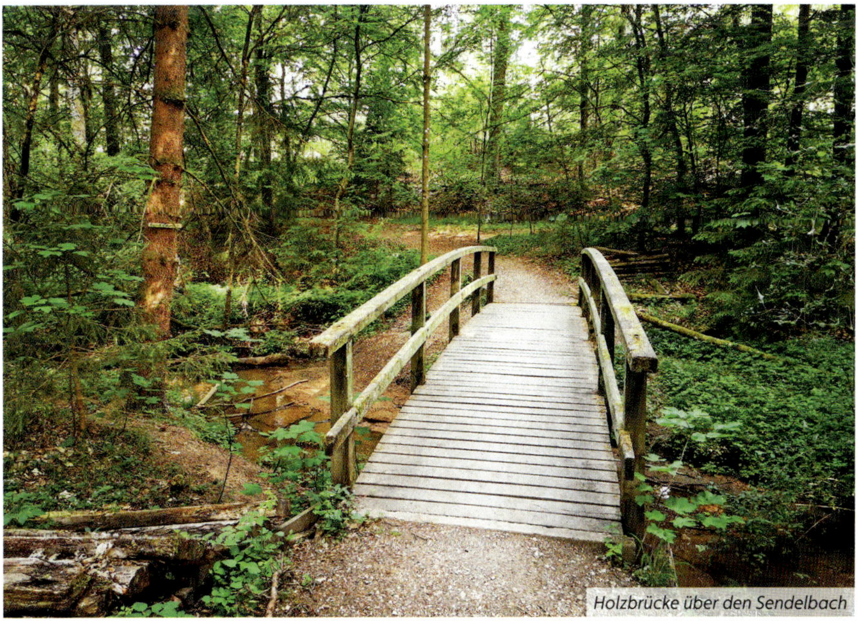

Holzbrücke über den Sendelbach

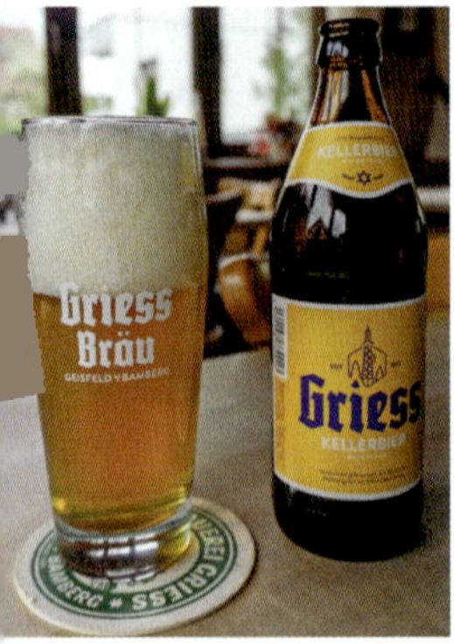

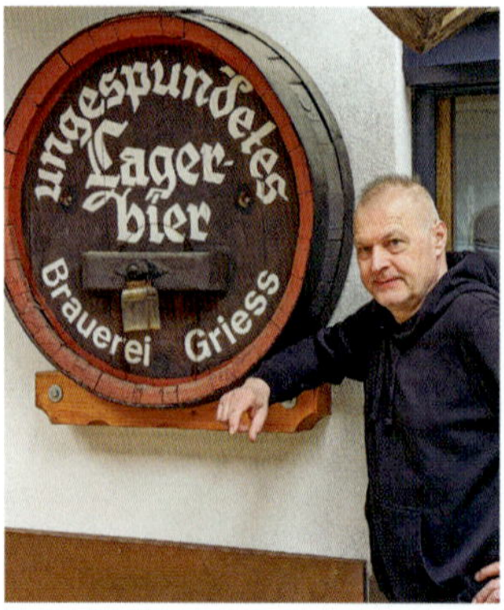

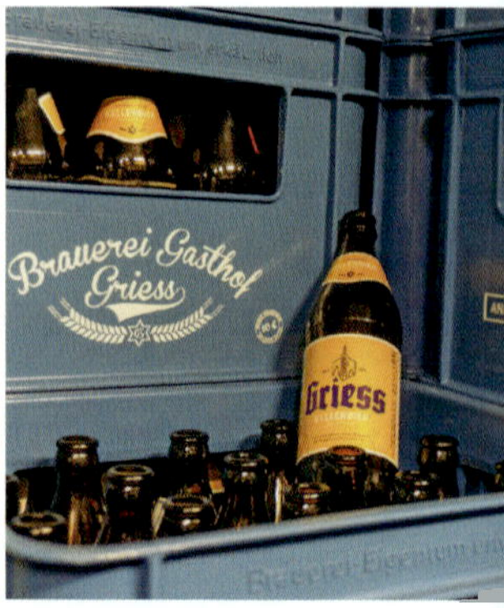

Brauerei Griess in Geisfeld

In der Fränkischen Toskana lässt es sich perfekt entspannen. Viele Wander- und Radwege laden zu einer Tour ein.

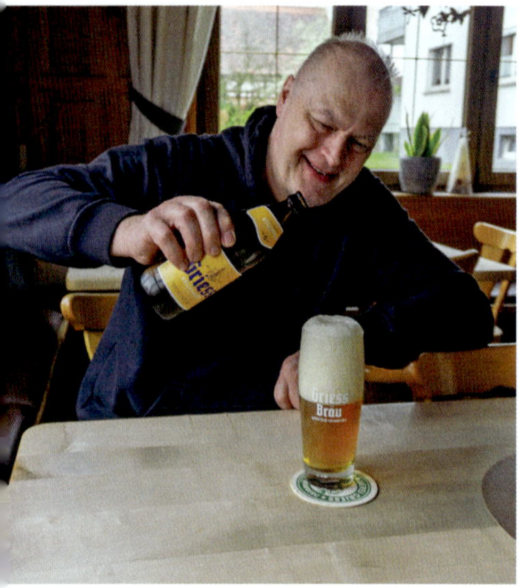

Dazu gibt es in nahezu jedem Ort eine Brauerei mit der dazugehörigen Wirtschaft oder einem Keller. Eine dieser Brauereien ist die Brauerei Griess in Geisfeld, die seit 1872 in Familienbesitz ist und seit 1983 von Peter Griess geführt wird. Damals war er Deutschlands

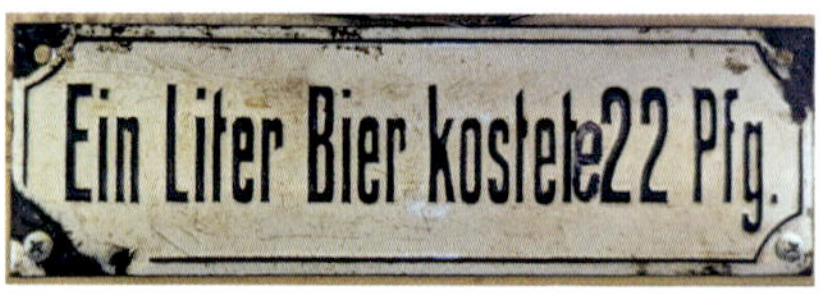

jüngster Braumeister und inzwischen ist sein Schwiegersohn in die Brauerei eingestiegen, den Peter Griess selbst ausgebildet hat.
Hauptsächlich wird ein naturtrübes Kellerbier gebraut, das unter anderem im Griess Keller ausgeschenkt wird. „Mit Craftbieren habe ich nichts am Hut, das

Brauereiführungen und Braukurse
Führungen ab 10 Personen möglich, Braukurse für kleine Gruppen (max. 4 Personen) nach individueller Absprache möglich.
Das Bier der Brauerei Griess wird in der Brauereigaststätte, im Griess Keller und im Café Müller in Bamberg ausgeschenkt. Zudem ist es im Edeka am Laubanger und im Rewe Lichteneiche erhältlich.
Touren, die an der Brauerei Griess vorbeiführen:
- *Tour 17 – Durch den Hauptsmoorwald nach Strullendorf*
- *Tour 23 – Durch die Fränkische Toskana*

Kontakt
Brauerei Griess
Magdalenenstr. 6
96129 Strullendorf (Geisfeld)
Tel.: 09505/1624
Web: www.brauerei-griess.de

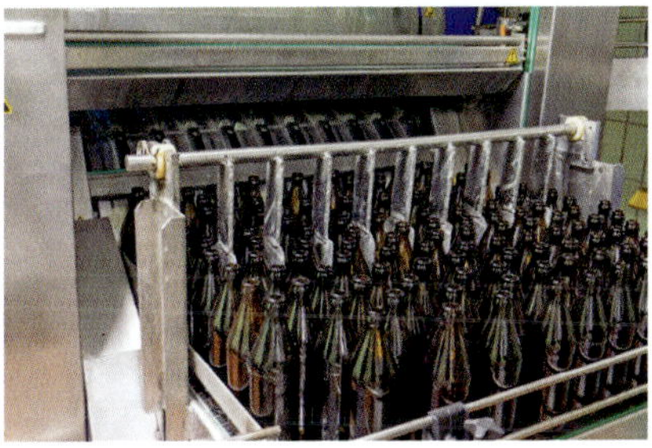

sollen eher die Jungen übernehmen. Wir haben schon früher ein Weizen oder ein Rauchbier gebraut." Seit 2022 gibt es zudem ein neues, leichtes Bier mit 2,5% Alkohol, das vor allem im Sommer sehr gut ankommt. Man darf also gespannt sein, wie sich die Brauerei weiterentwickelt. Mit einem schlichten Etikett und neuem Logo wurde bereits eine erste Veränderung eingeführt.

Peter Griess war es immer wichtig, die Arbeit selbstständig erledigen zu können. So verzichtete er bewusst auf Auslieferungen im großen Stil und beschränkte sich auf wenige Biersorten und Verkaufsstellen. In der Herstellung legt er besonderen Wert auf die Zutaten und betont dabei die Hefe, die entscheidend für die Qualität und Lagerfähigkeit des Bieres ist.

Wenn es die Zeit zulässt, geht Peter Griess gerne zu Kollegen in der Umgebung und lässt sich dort eine Brotzeit schmecken. „Ich mag gerne Ziebeleskäs, Zwetschenbamäs, Obazda oder eine eingeschnittene Wurst. Das reicht mir schon."

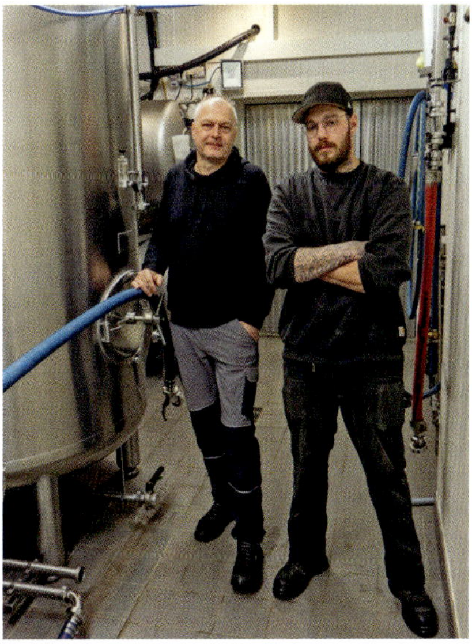

Eine gemütliche Tour über die sanften Hügel des Regnitztals

Eggolsheim | *Bahnhof Eggolsheim*

12 km | *90 Hm*

3 1/4 Std. | *Trockenes Wanderwetter*

kein Schatten | *Ja*

Nur mäßige Steigungen
Teer- und Betonwege

Zwischen Regnitz und Baggerseen

S-Bahn, Bahnhof Eggolsheim

Parkplatz am Bahnhof Eggolsheim

Levi-Strauss-Museum, Marktstr. 31-33, 96155 Buttenheim
Umweltstation Lias-Grube, Zur Liasgrube 1, 91330 Eggolsheim

Egloffsteiner Hof mit Biergarten, Löwenbräu Gasthaus Buttenheim, St. Georgenbräu Keller Buttenheim
–> Beschreibung ab Seite 116

Die Tour bzw. Teile davon lassen sich mit der 2-Tages-Radtour durch die Fränkische Schweiz gut kombinieren.

Die Strecke ist auch als Radtour geeignet.

Den Bahnhof Eggolsheim auf der Westseite verlassen und anschließend nach rechts gehen.

Der Straße folgen und am Ende dieser links in die *Heinrichstraße* biegen. Gegenüber der Abzweigung *Ottostraße* rechts halten und dem schmalen Weg über den Bach folgen und anschließend führt die Wanderung nach links weiter. Am Main-Donau-Kanal der Straße nach rechts folgen und diese an der Brücke queren. Zwischen Kanal und Regnitz geht es weiter, vorbei an einigen Baggerseen und am alten Werkkanal, an dessen Anfang es nach links zwischen zwei Seen zur Regnitz geht.

Am Fluss führt ein schmaler Pfad durch die Wiese nach rechts und erreicht an der Regnitzbrücke Seußling die Straße. Die Wanderung verläuft nach rechts weiter und quert wenig später den Kanal und führt durch Altendorf. Der Straße bis zur *Hauptstraße* folgen, dort nach links und nach der Brücke sofort rechts in die *Schulstraße* gehen.

Von der Straße rechts weiter in die *Jurastraße*, die Bahngleise queren und der Straße nach Buttenheim folgen. Auf der *Hauptstraße* bis zur Abzweigung *Schloß-*

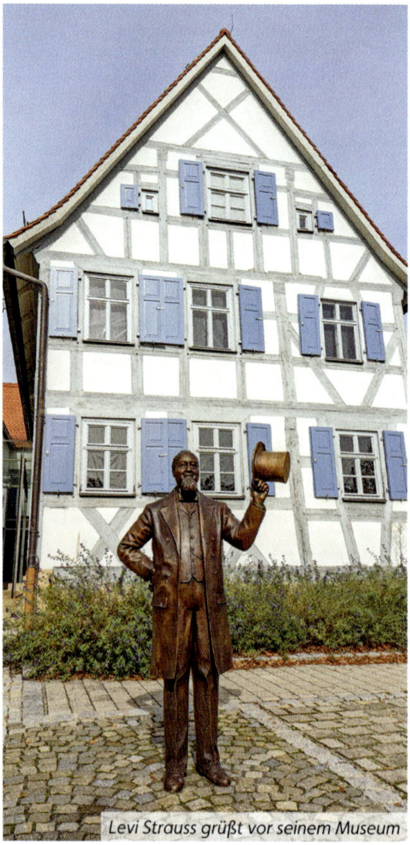

Levi Strauss grüßt vor seinem Museum

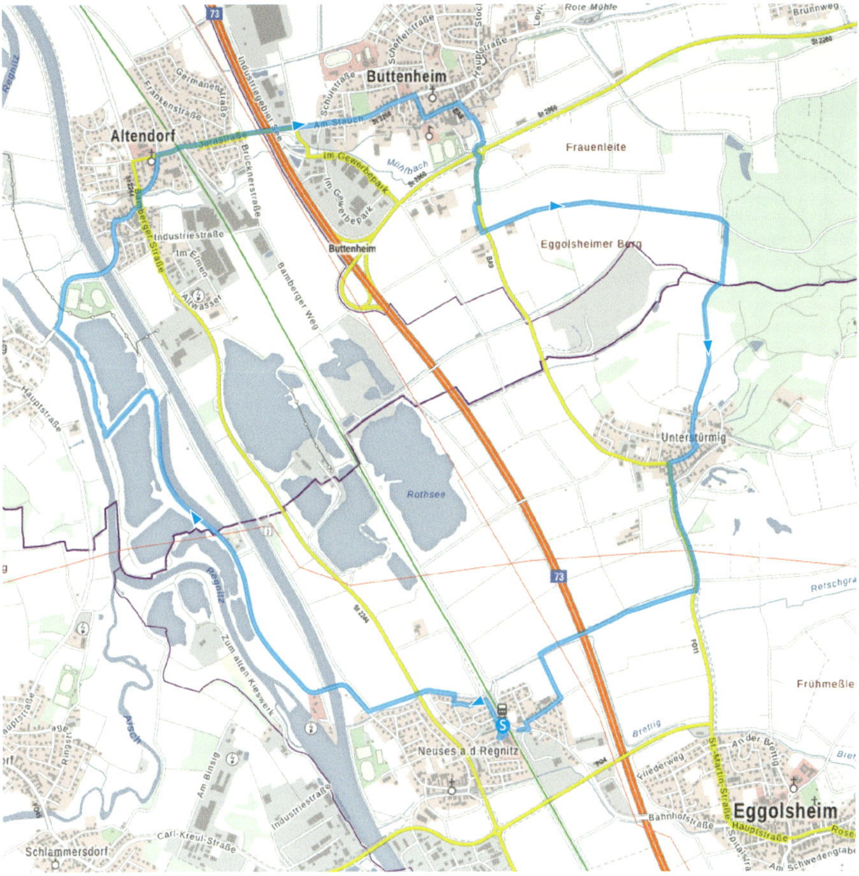

straße bleiben und dieser nach rechts folgen. An der Löwenbräu und St. Georgenbräu vorbei zur Abzweigung der *Kellerstraße* gehen und rechts halten. Am Kreisverkehr die Straße queren, vorbei an den beiden Kellern den Berg bis zur zweiten Abzweigung nach links hoch gehen.

Dort die Straße verlassen und dem Weg folgen. Am Waldrand rechts halten und gerade auf Unterstürmig zugehen. Im Ort durch die Straße *Weingarten* zur Kapelle und dort rechts der *Schießbergstraße* bis zur *Buttenheimer Straße* folgen. Erneut rechts halten und am Ortsausgang zweigt die Umweltstation Lias-

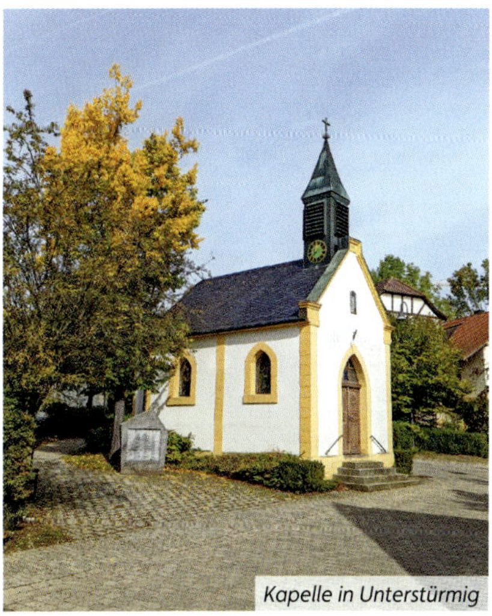

Kapelle in Unterstürmig

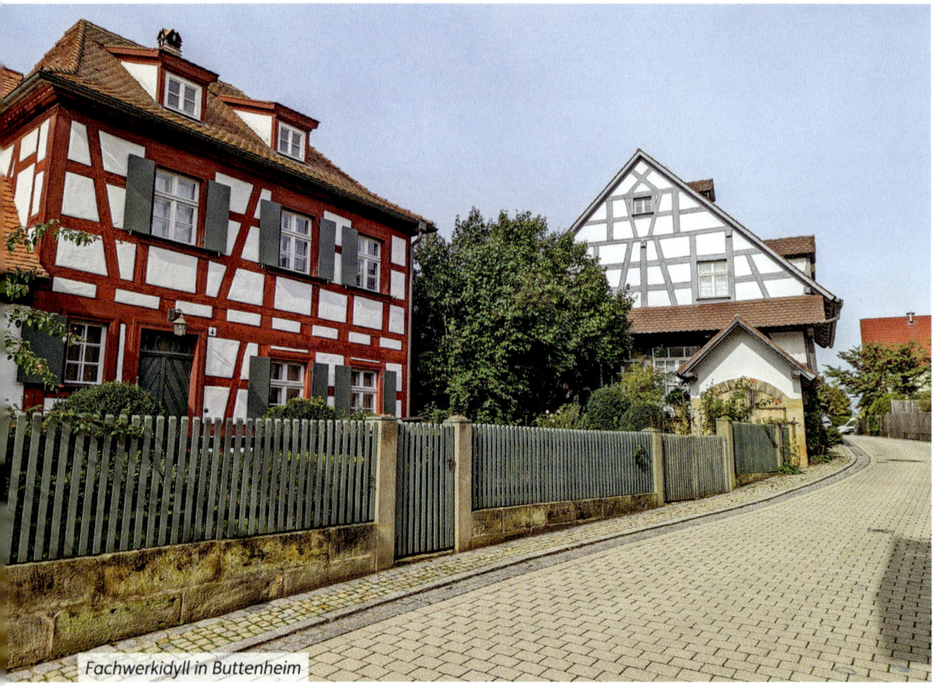

Fachwerkidyll in Buttenheim

Grube ab, bei der sich ein Stopp lohnt. Das Gelände ist frei zugänglich und viele Hinweisschilder erklären Wissenswertes zu einem bewussten Umgang mit der Natur. Zurück an der Straße dieser weiter folgen und am Wegkreuz rechts Richtung Autobahn wandern und diese an der Brücke queren.

Anschließend links gehen und *Rinnigstraße* weiter, über die der Bahnhof erreicht wird.

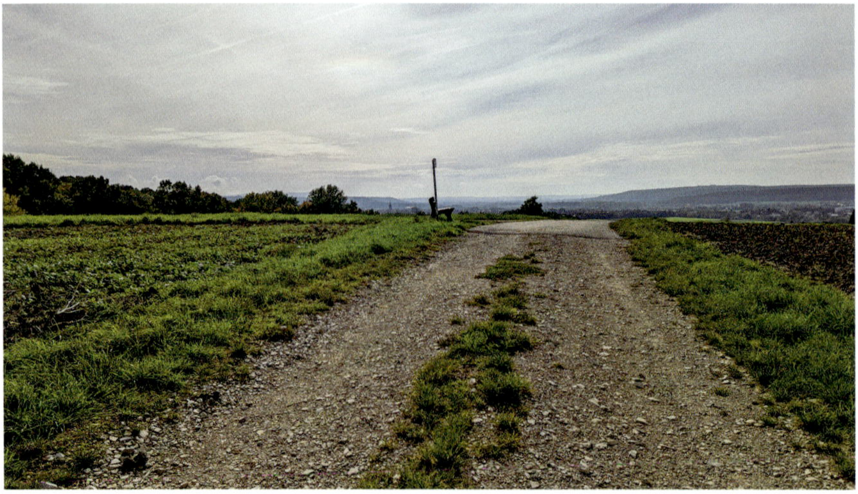

19

Von Frankendorf auf die Friesener Warte

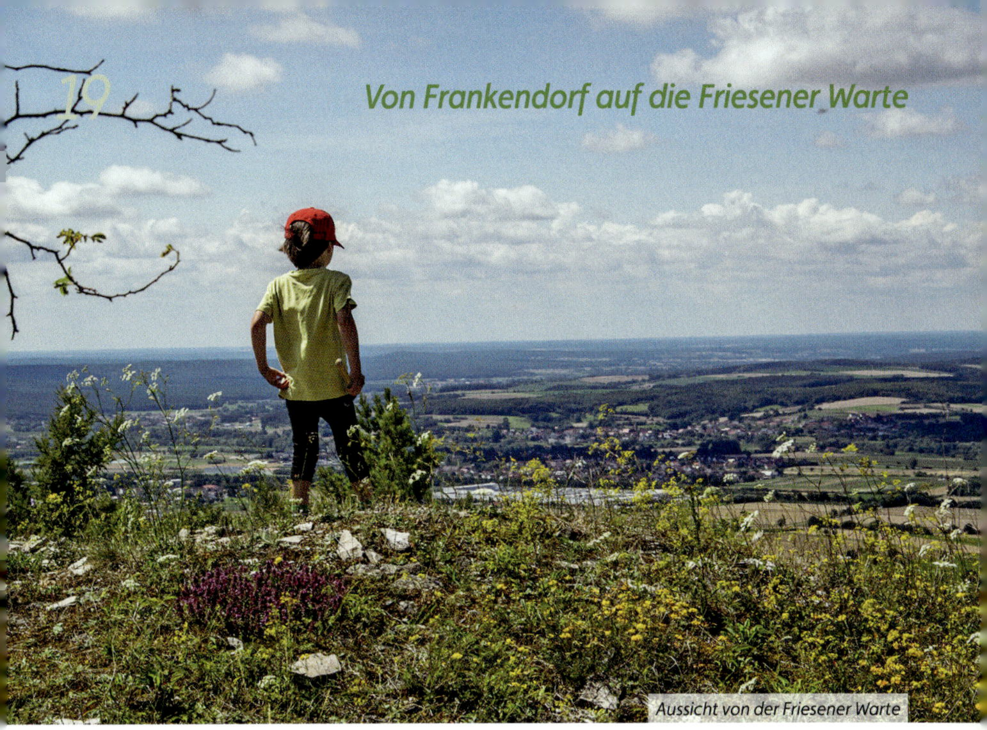

Aussicht von der Friesener Warte

Eine schöne und abwechslungsreiche Wanderung, die die Wanderer mit einem einzigartigen Blick über das Regnitztal belohnt.

Frankendorf

Ortsmitte Frankendorf

11,5 km — *330 Hm*

3,5 Std. — *Trockenes Wanderwetter*

3/4 Schatten — *Ja*

Teils steile und anspruchsvolle Anstiege Schotter- und Waldwege, schmale Pfade, Teer- und Plattenwege

Senftenberger Kapelle
Friesener Warte
Almadler Hütte

Nein

Am Straßenrand bzw. am Ortsausgang Richtung Tiefenhöchstadt

Ladestation E-Bike: Landgasthof Büttel, Brauerei Griess, Brauerei Sauer, Schwanenbräu Keller, Gastwirtschaft Lindenbräu

Gasthaus Saffer, Senftenberger Keller, Gasthaus Kramer

–> Beschreibung ab Seite 116

Eine sehr besondere Wanderung, die viel Abwechslung bietet und mit der Friesener Warte ein absolutes Highlight aufweist. Hoch oben auf der Bank sitzen, den Blick über das Tal schweifen lassen – Genuss pur!
Die Wanderung lässt sich gut mit der 2-tägigen Radtour durch die Fränkische Schweiz kombinieren

Die Tour startet nahe dem Gasthaus Saffer und führt entlang der *Hauptstraße* nach Süden aus dem Ort.
Dort links auf den Weg abseits der Straße gehen und diesem gerade bis Stackendorf folgen. Am Ortsrand weiter dem Weg folgen bis zur Abzweigung nach der Kirche. Dort nach rechts in den Ort gehen und der *Hauptstraße* weiter nach links folgen.

Von Frankendorf auf die Friesener Warte

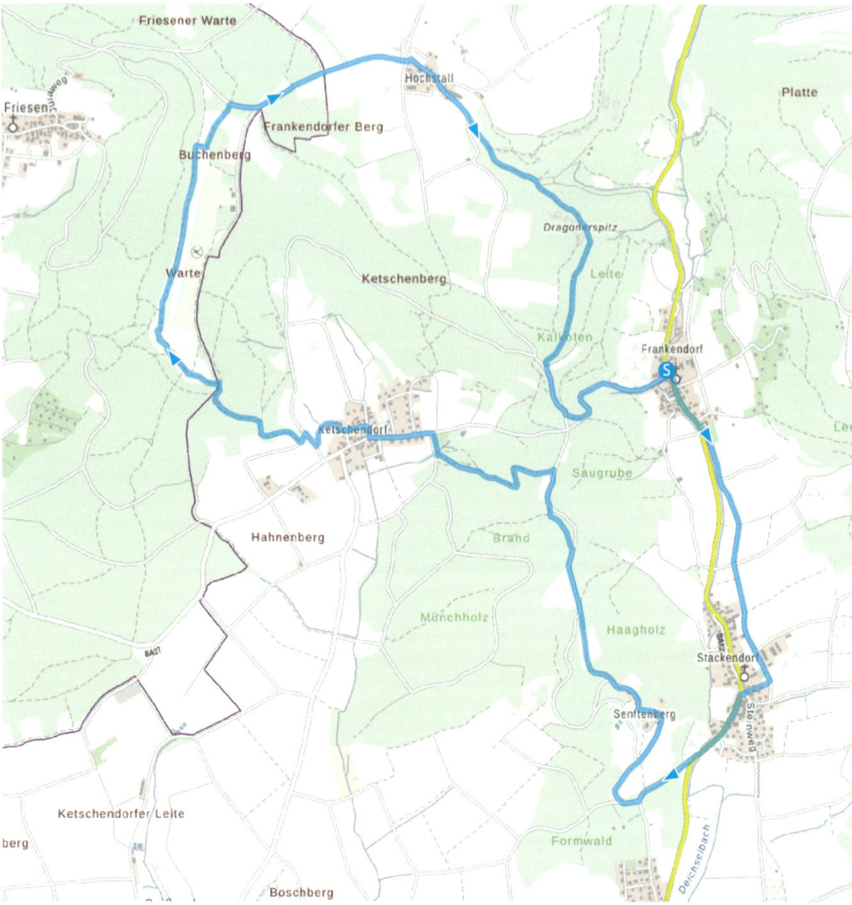

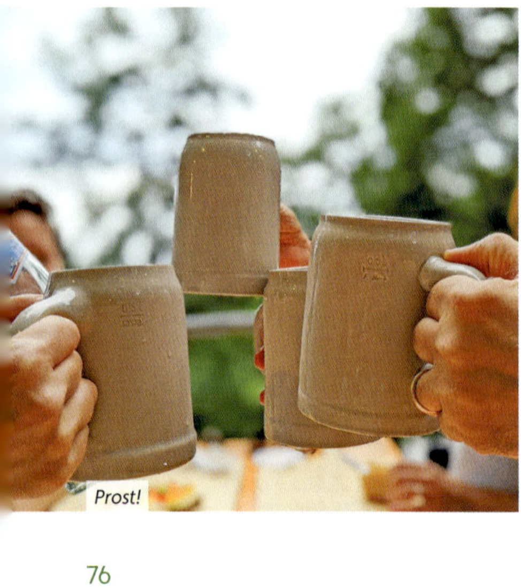

Prost!

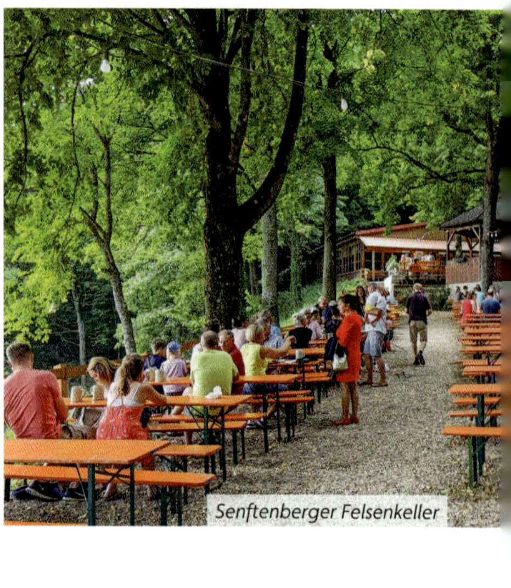

Senftenberger Felsenkeller

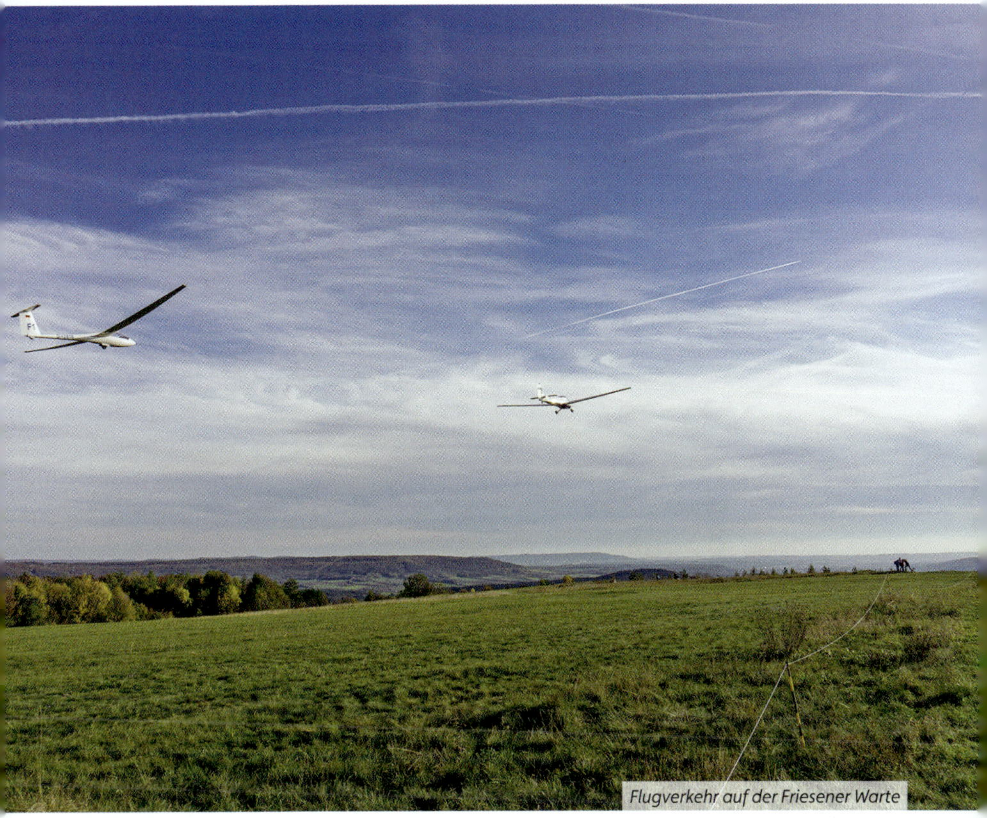

Flugverkehr auf der Friesener Warte

Am Ortsende rechts zum Senftenberger Keller wandern, in der Kurve rechts halten und anschließend wieder rechts den Berg hoch zur Kapelle gehen. Von dort sind es nur wenige Minuten bis zum Senftenberger Keller, einem der schönsten Keller der Region.

Die Tour führt durch den Keller in den Wald und steigt weiter an. Am Scheitelpunkt, bevor es wieder leicht bergab geht, links den Weg nach Ketschendorf wählen. Am Waldrand rechts dem Weg folgen und anschließend links in den Ort gehen. Die Kapelle und das Feuerwehrgebäude passieren und am Ortsausgang rechts zum Wanderparkplatz gehen. Nun folgt der anspruchsvollste Abschnitt der Wanderung mit etwa 150 Höhenmeter hoch zur Friesener Warte. Dazu nach dem Wanderparkplatz links und anschließend rechts halten. Auf einem schmalen Waldweg bis unterhalb des Hochplateaus gehen und in einer Rechtskurve links bis zur Friesener Warte wandern. Die Wanderung führt entlang des Panoramaweges links vom Flugfeld weiter und nachdem nun der anstrengendste Teil geschafft ist, kann auf einer der Bänke oder in der Wiese eine Rast eingelegt werden, um den einzigartigen Ausblick über das Regnitztal zu genießen.

An Wochenenden können zudem startende Segelflugzeuge beobachtet werden. Entlang des Flugfeldes führt die Wanderung weiter, am Ende der Start-

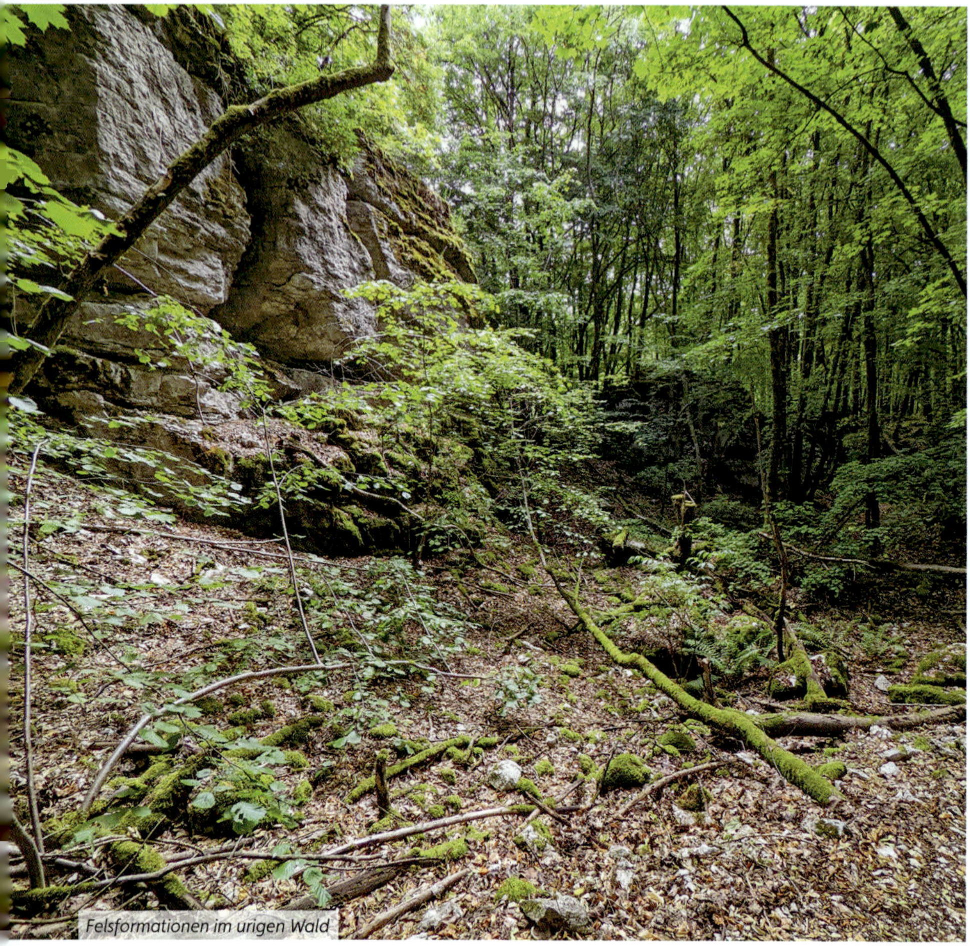

Felsformationen im urigen Wald

bahn rechts halten und dem schmalen Weg zum Gebäude folgen.

Dort links auf den breiteren Forstweg einschwenken und dem Weg bis Hochstall folgen. Am Wanderparkplatz rechts halten und durch den kleinen Ort gehen. An der folgenden Weggabelung muss entschieden werden, ob der linke Weg zur Almadlerhütte und immer am Bach entlang nach Frankendorf oder der rechte Weg etwas erhöht gewählt wird. Zwischen beiden Weg führt ein Kreuzweg entlang der Felsen und lohnt einen Abstecher.

Die Beschreibung folgt dem rechten Weg. Im weiteren Verlauf am Waldrand entlang bis es erneut im Wald weiter bergab geht.

Nachdem mehrere kleinere Weggabelungen passiert werden, an der größeren Kreuzung rechts und anschließend nochmals rechts gehen, um auf den Weg nach Frankendorf zu gelangen. Nun sind es nur noch ein paar Minuten, bis das Ende der Wanderung über den *Hirtenangerweg* erreicht wird.

Durch das Trockental nach Huppendorf

Die Tour führt vom Wanderparkplatz zur Heroldsmühle mit dem eindrucksvollen Mühlrad und anschließend links ins Trockental zur Leinleiterquelle.
Im Wald den linken Weg wählen und kurz darauf wird linkerhand die Quelle erreicht. Je nach Jahreszeit lassen sich mit etwas Glück an den kleinen Wasserstellen Frösche und viele Schmetterlinge beobachten. Die Wanderung führt auf dem Wiesenweg durch das eingebettete Tal, an dessen Ende der große und kleine Tummler liegen, die nur im Frühjahr etwas Wasser führen. Am Waldrand

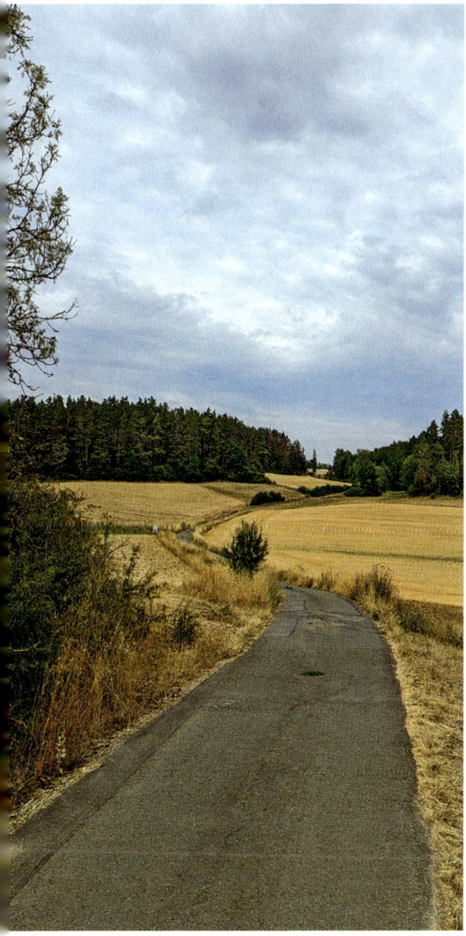

Eine beschauliche Tour entlang Feldern und Wiesen bei der so richtig abgeschaltet werden kann

Heroldsmühle	*Wanderparkplatz Heroldsmühle*
15 km	*170 Hm*
4,5 Std.	*Trockenes Wanderwetter*
1/4 Schatten	*Nein*

Die Tour steigt kontinuierlich, aber sehr moderat an
Teer- und Schotterwege, Wiesen- und Waldwege

Trockental
Heroldsstein (etwas abseits des Weges)

Bus Nr. 975 (von Bamberg), Hs Abzweig Heroldsmühle

Wanderparkplatz Heroldsmühle

Brauerei Grasser
–> Beschreibung ab Seite 116

Gerade mit Kindern ist das Trockental ein herrliches Ausflugsziel, das Teil dieser Wanderung ist. Je nach Zeit und Lust, lässt sich die Wanderung verkürzen oder etwas abwandeln.

Die Strecke ist für eine Gravel- oder Mountainbike-Tour geeignet.

entlang und über die nächste Kreuzung führt die Tour weiter und erreicht die Straße. Kurz auf dieser nach rechts gehen, bevor es nach links Richtung Laibarös weitergeht.
Der Straße weiter nach Hohenpölz folgend, würde die Tour verkürzt werden. Gemütlich und sehr ruhig geht es zwischen Wald, Wiesen und Feldern entlang bis zur nächsten Weggabelung, an der die Wanderung gerade weiterführt. Kurz

vor Laibarös der Straße in den Ort folgen und an der ersten Abzweigung rechts zur Feuerwehr gehen.

Dort erneut rechts abbiegen und Laibarös über diese Straße verlassen und für ein kurzes Stück folgen, bevor nach links der Weg nach Huppendorf abzweigt. Entspannt geht es entlang Feldern, Wiesen und kleinen Waldstücken dem Ort entgegen.

Auf die Straße einschwenken und bis zur Kreuzung im Ort gehen. Dort rechts halten, vorbei an der Huppendorfer Brauerei und am Ende der Straße nochmals rechts weiter, um den Ort zu verlassen. Der Weg folgt nun dem Kapellenweg Königsfeld mit gelbem Kreis.

Kurz nach Verlassen des Ortes führt die Wande-

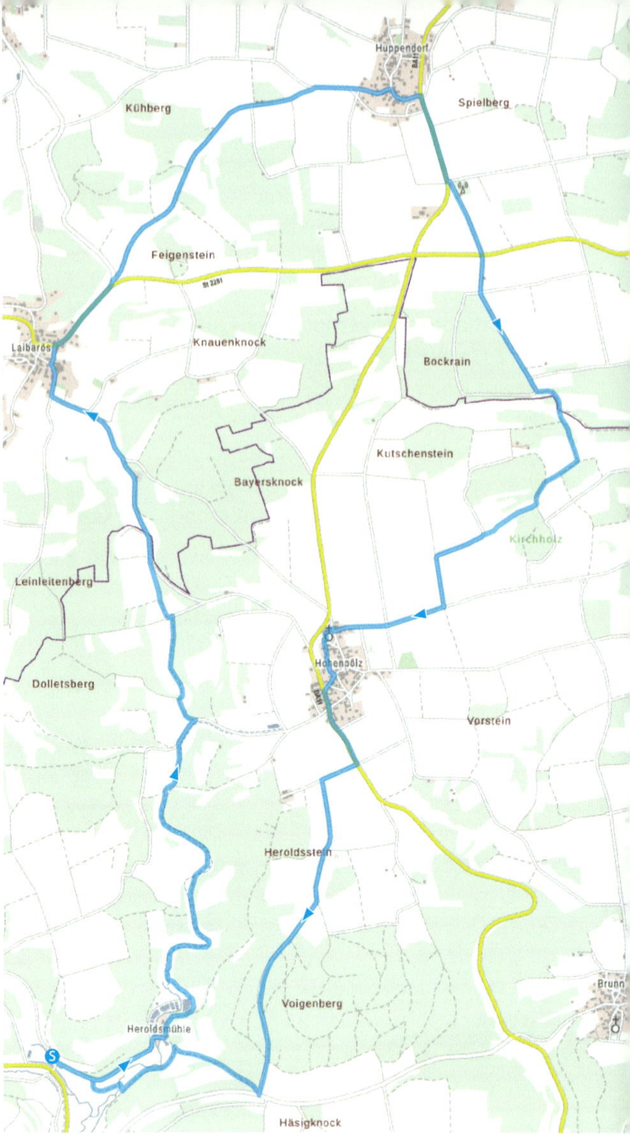

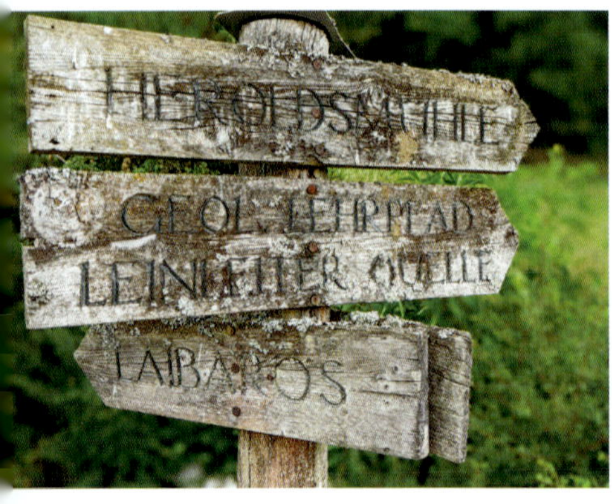

rung nach links auf einem Teerweg weiter. Nach Queren einer Straße am Waldrand entlang, bis zur T-Kreuzung gehen und dort rechts nach Höhenpölz weiter. Im Ort fällt als erstes die große Friedhofslinde ins Auge. An dieser führt die Wanderung vorbei und von der Rückseite des Friedhofs aus geht es ins Gäßla, das auf die Straße mündet. Von dort aus rechts zur *Hauptstraße* und dieser nach links bis zur Kapelle folgen. Nun nach rechts biegen und der schmalen Straße

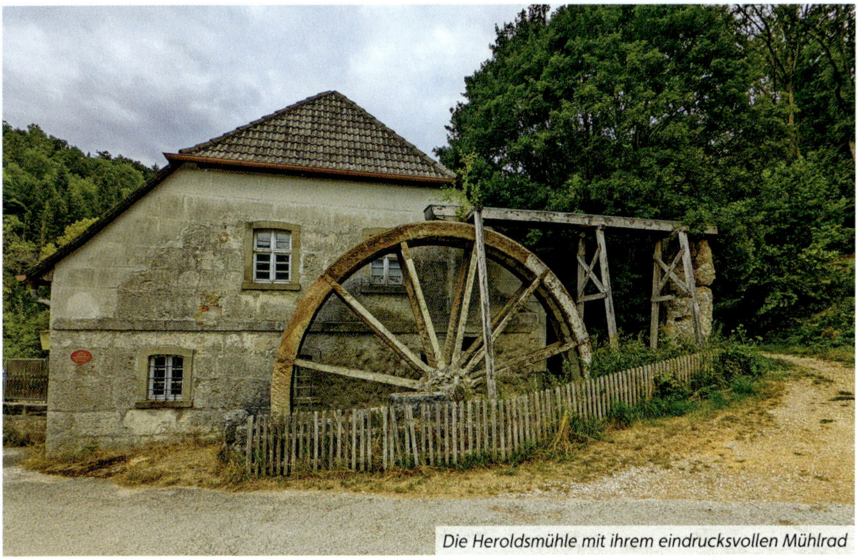

Die Heroldsmühle mit ihrem eindrucksvollen Mühlrad

bis zur ersten Abzweigung auf der linken Seite folgen und auf diesem Weg weitergehen. Wer möchte, kann von hier aus einen Abstecher zum Heroldsstein machen: dazu gerade weitergehen und an der folgenden Abzweigung links halten. Im Anschluss entweder direkt zur Heroldsmühle wandern oder links auf dem beschriebenen Weg gehen.

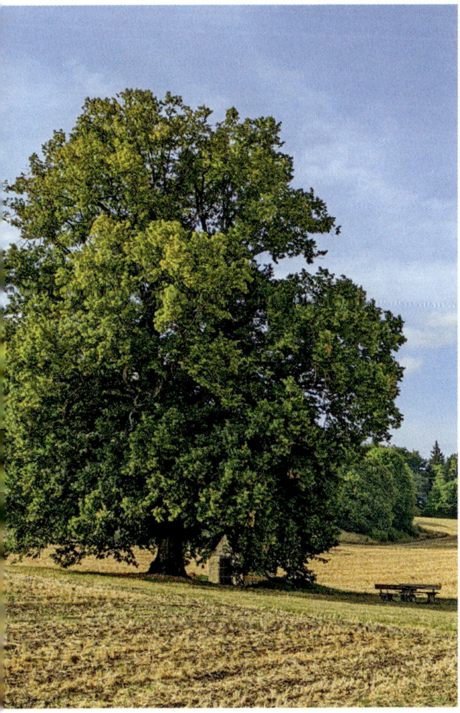

Entlang des beschriebenen Weges ist hier der höchste Punkt der Wanderung erreicht und beim Wenden des Blickes zeigt sich nochmals Hohenpölz zwischen den Feldern. Es geht am Waldrand entlang und anschließend rechts in den Wald und auf einem Forstweg weiter. Dieser endet an einer Straße, an der es scharf rechts weiter bergab Richtung Heroldsmühle geht. Der Weg wird schmaler und kurz vor der Mühle an der Abzweigung links halten und dem Weg entlang der noch jungen Leinleiter gehen. Nach wenigen Minuten zweigt ein Weg nach rechts ab und über die Brücke den Bach überqueren.

Bis zum Ausgangpunkt der Wanderung nur noch über die Wiese gehen und anschließend der Straße zum Parkplatz folgen.

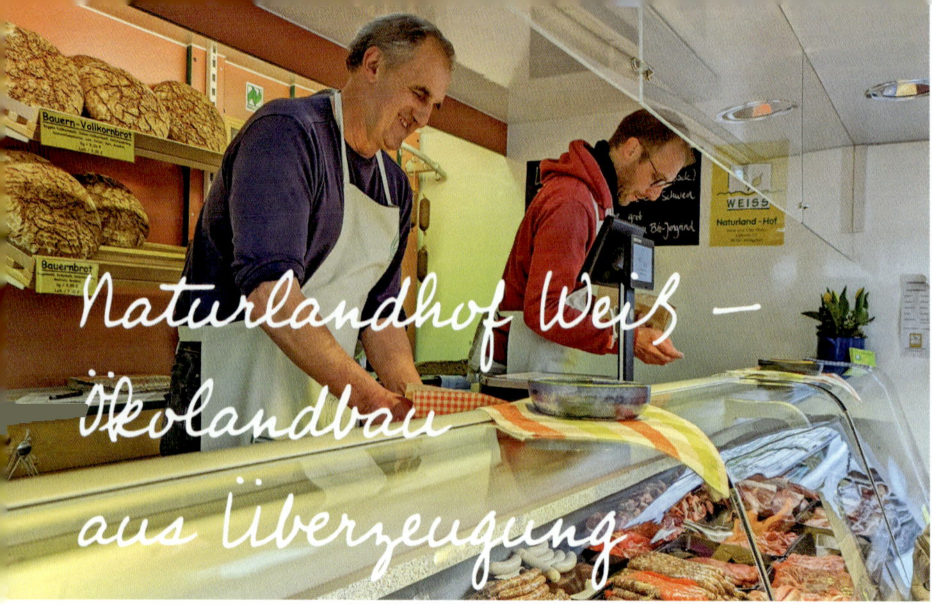

Naturlandhof Weiß – Ökolandbau aus Überzeugung

Der Bauernhof der Familie Weiß liegt hoch über dem Ellertal in Laibarös, einem kleinen Ort, der ruhig in den Ausläufern der Fränkischen Schweiz liegt. Dort betreibt die Familie bereits seit 1989 aus Überzeugung Ökolandbau und erfüllt die strengen Naturland-Auflagen. Otto Weiß hat in Triesdorf studiert und war während dieser Zeit zu Studienaufenthalten in den USA und Kenia. Er stand zu seiner Überzeugung, obwohl der Ökolandbau damals noch nicht sehr verbreitet war. „Wenn ich z. B. unsere Linsen esse, ist es für mich Genuss, weil ich genau weiß, wie diese wachsen."

Auf die Frage, was für ihn denn Genuss sei, antwortet er: „Für mich ist es wichtig, dass Lebensmittel aus ökologischer Erzeugung stammen. Gut sind Lebensmittel, die schmecken und die uns Lust am Genuss bereiten – und die in einem Respekt vor uns und unseren Mitgeschöpfen sowie unserer Umwelt wurzeln.

Genuss setzt für mich Bewusstsein und Verantwortung voraus. Ökolandbau ist für mich der einzige Weg, um die elementaren Lebensgrundlagen und damit die Zukunft unserer Kinder zu bewahren und den sozialen Frieden zu erhalten.

Wie wollen auf unserem Hof im Einklang

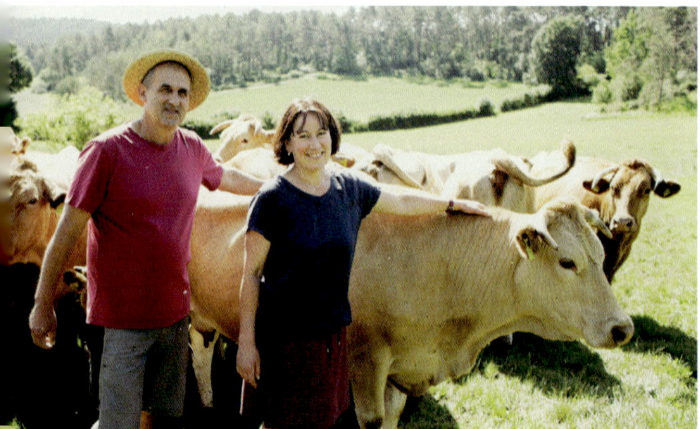

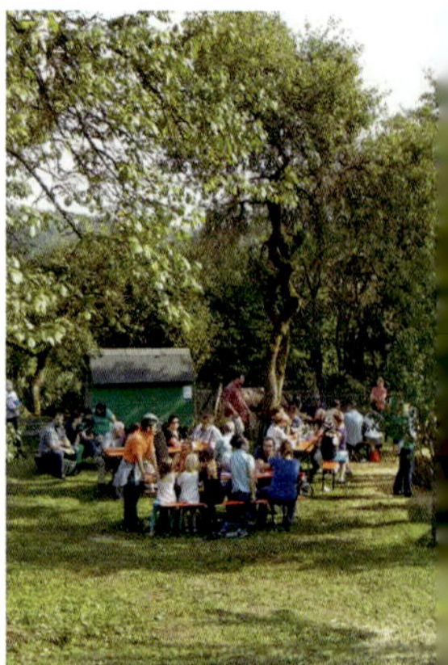

mit der Natur arbeiten und dabei die Ressourcen schonen. Es braucht die Vielfalt auf Feldern und Wiesen, dies macht das Leben bunter – auch dies ist für mich Genuss."

Wertschätzung und Essen sind für Otto Weiß untrennbar, beim Fleischverzehr ist ihm wichtig, dass die Tiere artgerecht gehalten werden. Aber auch das „Verabschieden" von seinen Tieren zählt für ihn zu einem verantwortungsvollen Umgang. Otto Weiß bringt seine Tiere selbst zum Schlachten.

Für die Familie Weiß ist die Größe ihres Hofes genau richtig. „Von ewigem Wachstum bin ich kein Freund". Der Hof soll auch weiterhin als kleiner Familienbetrieb geführt werden.

Neben der Tätigkeit als Landwirt ist Otto Weiß sehr engagiert. „Ich bin bei der Feuerwehr, sitze im Kreistag, war langjähriger Gemeinderat und bin als Naturland-Bundesdelegierter aktiv." Daneben ist er im Bioregio-Netzwerk Bayern und bietet Landwirten, die auf Ökolandbau umstellen wollen, Hilfestellungen. Auch als Ausbilder ist er tätig: „Wir wollen unsere ökologische Leben- und Arbeitsweise auch anderen nahebringen:" „Wichtig ist ein gutes Sauerteigbrot, dazu gehört ein gutes Stück Käse und Wurst und wenn ich einmal Bier dazu trinke, dann ein Weizen der Brauerei Pfister."

Für die Zukunft sieht er den Übergang der Landwirtschaft auf die Kinder, die ähnliche Einstellungen haben und den Ökolandbau fortführen wollen.

Kontakt

Laibarös 12
96167 Königsfeld
Tel.: 09207/667
Web: www.naturlandhof-weiss.de

Öffnungszeiten

Hofladen:	*Fr. 15 – 18 Uhr*
Forchheim (Vor Denn's Biomarkt):	*Fr. 9 – 13 Uhr*
Bamberger Bauernmarkt:	*Sa. 8 – 13 Uhr*

Die Gastwirtschaft Pfister in Weigelshofen verwendet Fleisch und Braugerste der Familie Weiß.

Touren, die am Naturlandhof Weiß vorbeiführen:

- *Tour 20 – Durch das Trockental nach Huppendorf*
- *Tour 27 – 2 Tage durch die Fränkische Schweiz*

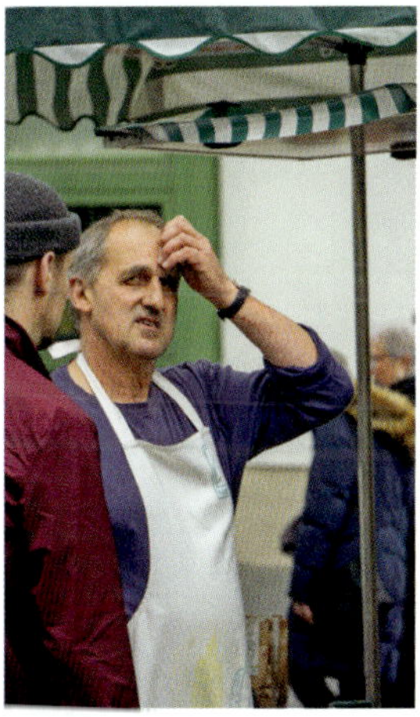

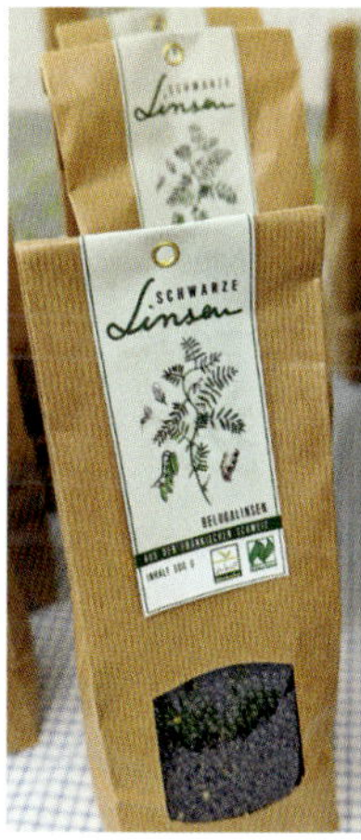

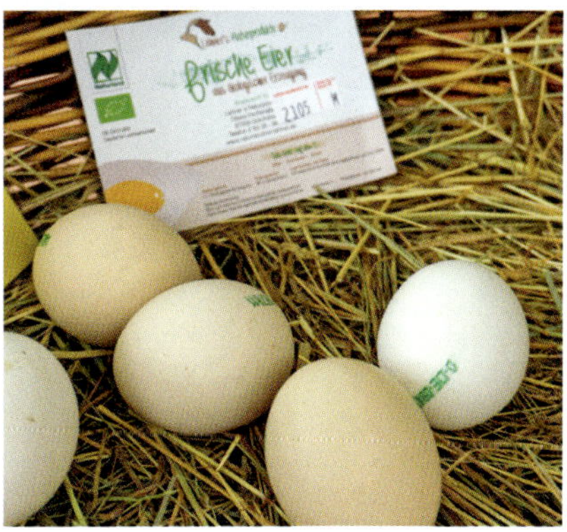

Trotz der Länge eine sehr gemütliche Tour durch das breite Aurachtal und auf schmalen Pfaden im Bruderwald

Strullendorf — *Bahnhof Strullendorf*

16,5 km — *100 Hm*

4 1/4 Std. — *Trockenes Wanderwetter*

0 Schatten — *Nein*

Kaum Steigungen
***Fährverbin**dung über die Regnitz*

An der Pettstadter Fähre
Bänke im Aurachtal

RB, S-Bahn, Hs. Bahnhof Strullendorf

Parkplatz am Bahnhof Strullendorf

Pettstadter Keller, Gasthaus Melber, Waizendorfer Keller, Windfelder am See, Gasthof Heerlein
–> Beschreibung ab Seite 116

Ich mag die schmalen Pfade im Bruderwald besonders gerne. Auf diesen macht das Laufen viel Spaß.
Die Tour lässt sich problemlos Richtung Altenburg und Stephansberg (Tour 4) verlängern.

Die Strecke ist auch als Radtour geeignet.

Zu Beginn der Tour über den *Kachelmannplatz* nach links gehen und am Ende der Straße dem Weg zur *Haselhofstraße* folgen.

Auf dieser gerade bis zum *Nordring*, links über die Brücke und anschließend nach rechts, um Strullendorf zu verlassen. Die schmale Straße führt in einer langgezogenen Linkskurve zum Main-Donau-Kanal und quert diesen. Auf der gegenüberliegenden Seite dem Weg nach links Richtung Pettstadt folgen.

Nahe der *B505* führt der Weg nach rechts und die Fähre ist bereits angeschrieben. Anschließend links halten und kurz darauf führt der Weg unter den alten Bahngleisen hindurch und zur Fähre nun rechts halten. Nach dem Übersetzen über die Regnitz folgt die Wanderung dem Weg zur Straße, quert diese und erreicht Pettstadt. Von der *Sandstraße* aus geht es rechts in die *Schulstraße*, über die Pettstadt gleich wieder verlassen wird.

Im Sommer blühen hier die Sonnenblumen und Bänke am Wegesrand laden zu einer Rast ein, bevor die Rauhe Ebrach und die Straße gequert wird. Der Pettstadter Keller liegt hier schön in dem kleinen Waldstück und empfängt seine Gäste.

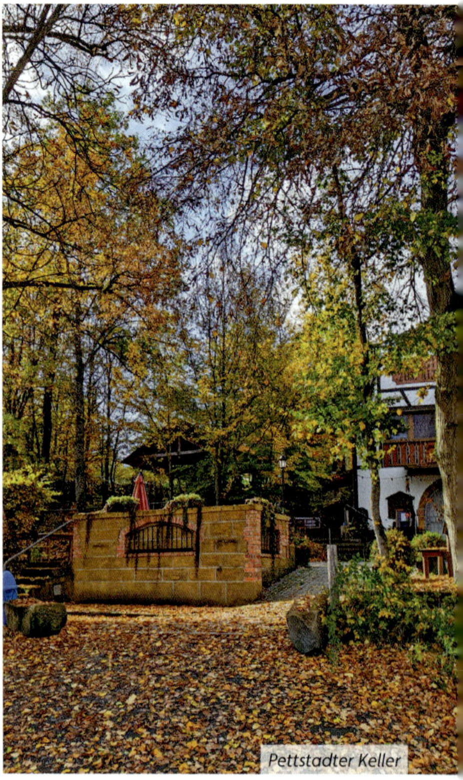

Pettstadter Keller

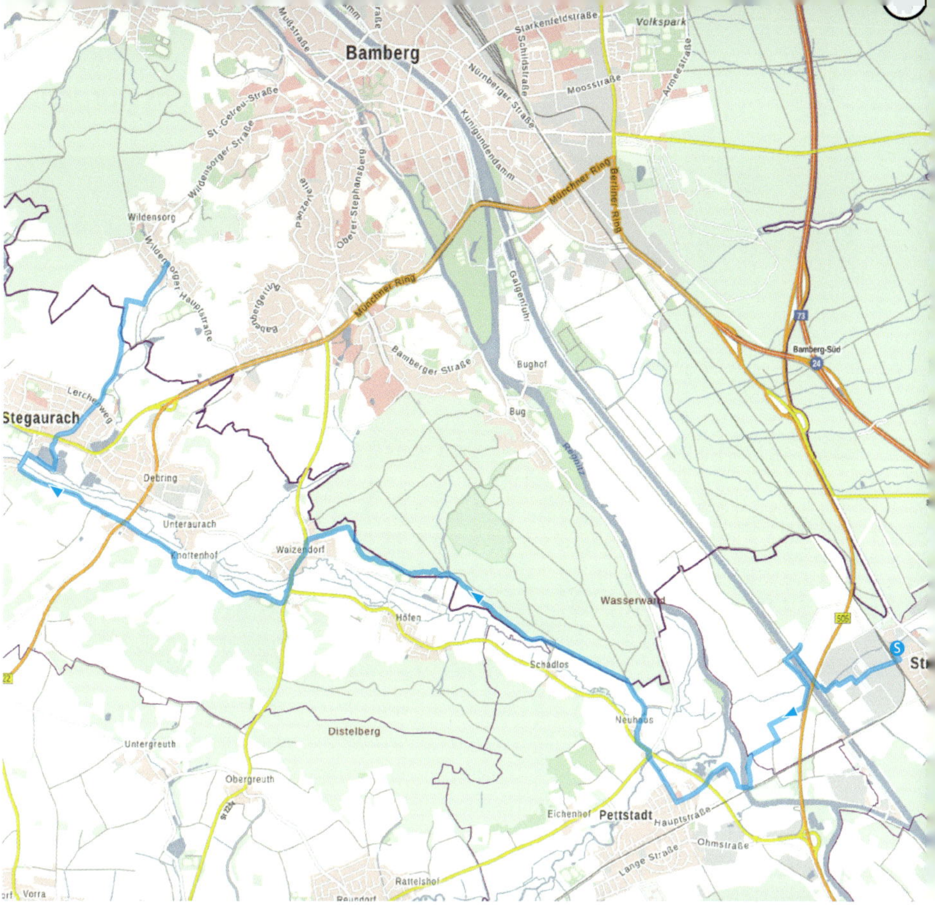

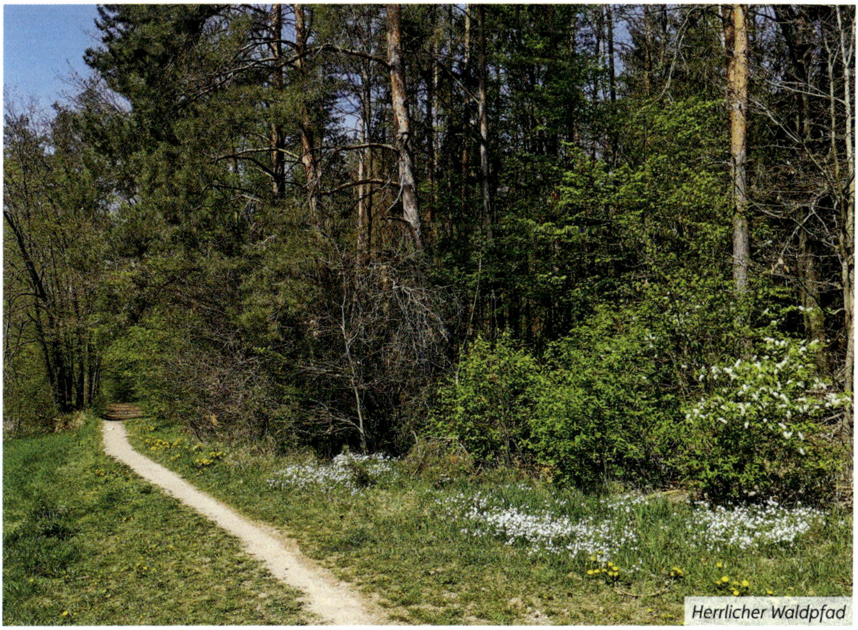
Herrlicher Waldpfad

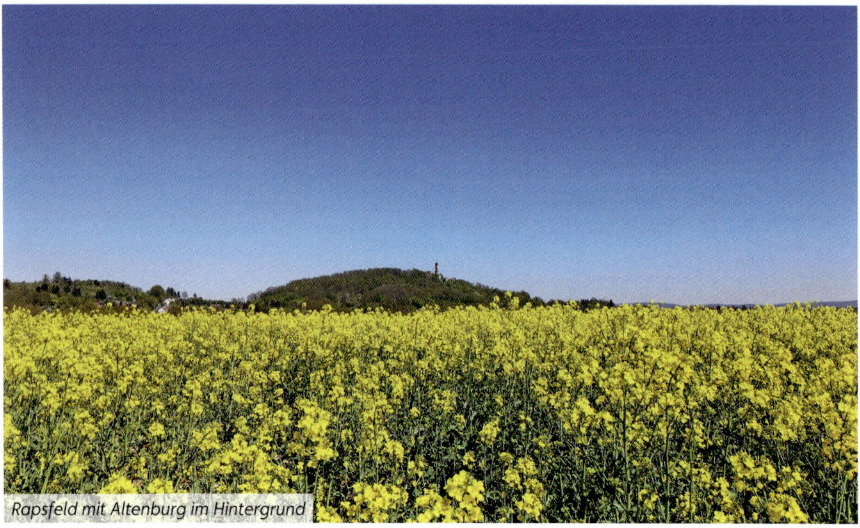
Rapsfeld mit Altenburg im Hintergrund

Die Tour folgt dem Radweg auf die andere Straßenseite und führt links nach Neuhaus. Im Ort der Beschilderung Bamberg folgen und vor der Rechtskurve dem Feldweg nach links folgen, der zum Bruderwald führt.

Anfangs direkt am Waldrand bleiben bis kurz nach Schadlos, das an der Aurach liegt. Kurz danach führt ein schöner Pfad in den Wald und parallel zum Waldrand entlang. An der größeren Kreuzung schräg links gehen, ganz nach links führt der Weg aus dem Wald Richtung Höfen, wo auch das Gasthaus Melber mit einem schönen Biergarten liegt. Anschließend zweigt nach rechts der mit S7 beschilderte Weg ab, der in einem Auf und Ab weiter am Waldrand nach

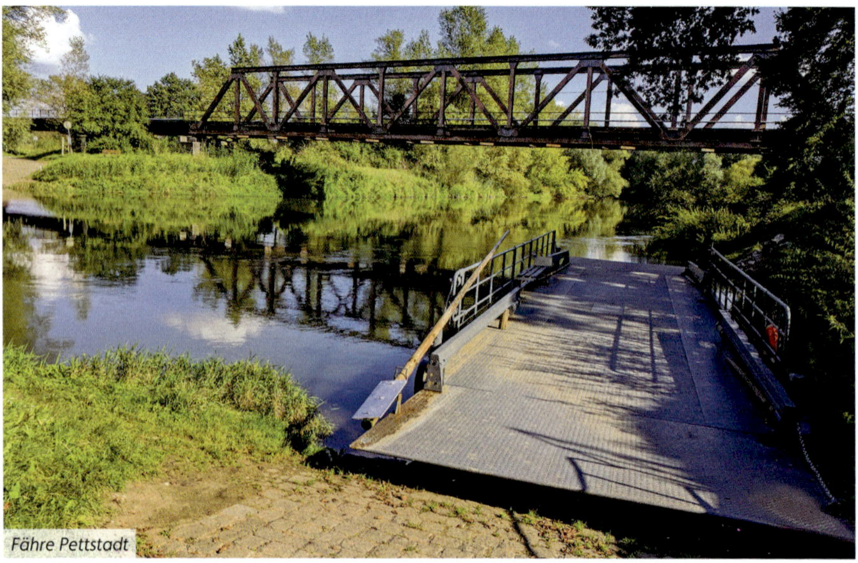
Fähre Pettstadt

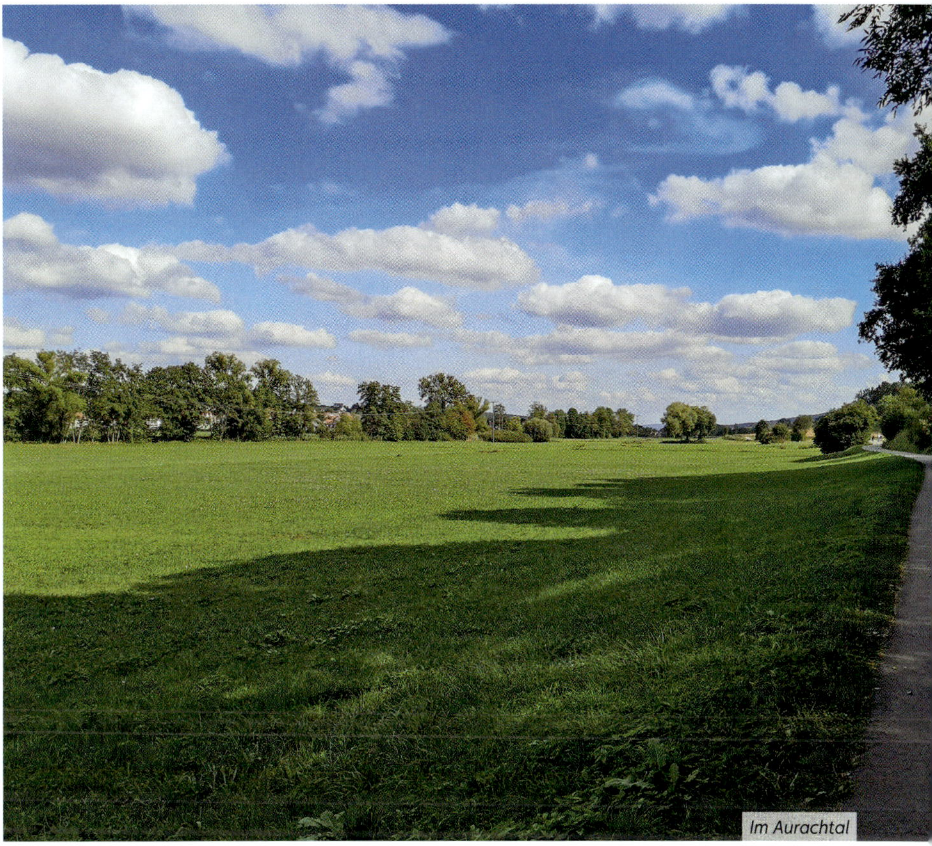

Im Aurachtal

Waizendorf führt. Wer möchte, kann auch den Weg außerhalb des Waldes nutzen, der auch nach Waizendorf führt. Abwechslungsreicher und schattiger ist es allerdings im Wald. Der Ort wird am Waldweg erreicht, von dem aus es links in den *Kirchberg* geht. An dessen Ende gerade der *Frensdorfer Straße* folgen und nach Überqueren der Aurach links der schmalen Straße zum Sportgelände folgen, an dem der Waizendorfer Keller im Wald liegt.

Auf einem Teerweg führt die Wanderung nun gemütlich und sehr sonnig durch das Aurachtal. Nach der Kläranlage macht die Straße eine Rechtskurve, in der es nach links bis zur *B22* weitergeht. Vorsichtig die Straße queren und den Weg gegenüber wählen.

Der *Siebenschläferweg* führt bis zur Siebenschläferkapelle, an der die Wanderung nach rechts geht. Direkt an der erneuten Querung der Aurach rechts abbiegen, vorbei am Hotel Windfelder und zwischen den Weihern links halten. Dieser Weg endet an der *Seegasse*, über die es nach rechts zur *Bamberger Straße* und weiter in die *Wildensorger Straße* geht.

Der Straße folgen und Stegaurach verlassen. Über Wiesen und Felder führt die Wanderung nun nach Wildensorg und endet an der Bushaltestelle Wildensorg Mitte.

Eine ruhige Tour durch die Ausläufer der Haßberge entlang der Baunach

Rentweinsdorf | *Bahnhof Rentweinsdorf*

16,5 km | *200 Hm*

4 1/4 Std. | *Trockenes Wanderwetter*

1/4 Schatten | *Nein*

Eine anspruchsvollere Steigung, sonst eher flach
Teer, Forst- und Pflasterwege

Rastplatz an der Baunach in Reckendorf
Rastplatz am Waldrand oberhalb von Reckendorf
Rastplatz am Kraibergblick

RB Rentweinsdorf

Parkplatz nahe dem Bahnhof

Abkürzung der Wanderung in Reckendorf (RB-Halt) nach 10 km möglich.
Nahe der Kanu-Anlegestelle am Main bietet sich eine sehr schöne Badestelle

Gasthaus am Schloss Rentweinsdorf, Gasthaus Schlossbräu mit Biergarten Reckendorf, Einkehrmöglichkeiten in Baunach
–> Beschreibung ab Seite 116

Entlang der ruhigen Tour gefallen mir die Abschnitte durch das Baunachtal und der Kraibergblick besonders.

Die Strecke ist auch als Radtour geeignet.

Die Tour startet am Bahnhof Rentweinsdorf, der am Ortsrand von Treinfeld liegt. Nach Verlassen des Gebäudes zur Straße gehen, dort rechts halten und anschließend nach links abbiegen.
Entlang der Straße führt die Wanderung durch ein Fachwerktor zur nächsten Kreuzung und rechts weiter durch den Ort. Am Bahnübergang die Gleise queren, danach der Straße nach rechts folgen und gerade auf den Weg gehen. An der Scheune nach links biegen und zwischen den Feldern entlang bis zum Ende des Weges gehen. Es geht nach links wieder zur Straße und über die Gleise, wo der Wanderweg durch die Wiese zu einer kleinen Straße führt.
Dort links Richtung Rentweinsdorf gehen, die Baunach an der kleinen Brücke überqueren und zur B279 wandern. Entlang der Straße in den Ort gehen. Im Zentrum liegt gegenüber der Pfarrkirche das Rokokoschloss Rentweinsdorf, das nicht öffentlich zugänglich ist, aber sehr schön anzuschauen ist. Im Anschluss an den Schlosspark nach links der *Friedrich-Nembach-Straße* bis zur Grundschule folgen. Entlang des Sees wird der Sportplatz an der Treinfeldmühle erreicht, von der aus es nach Treinfeld zum Ausgangspunkt der Wanderung geht. An der Abzweigung zum Bahnhof den schmalen Weg entlang der Felder wählen. Gemütlich führt die Wanderung auf einem sonnigen Weg durch das Tal.

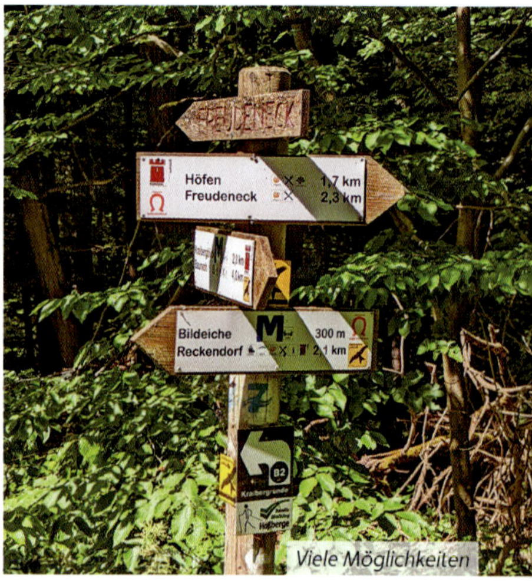

Viele Möglichkeiten

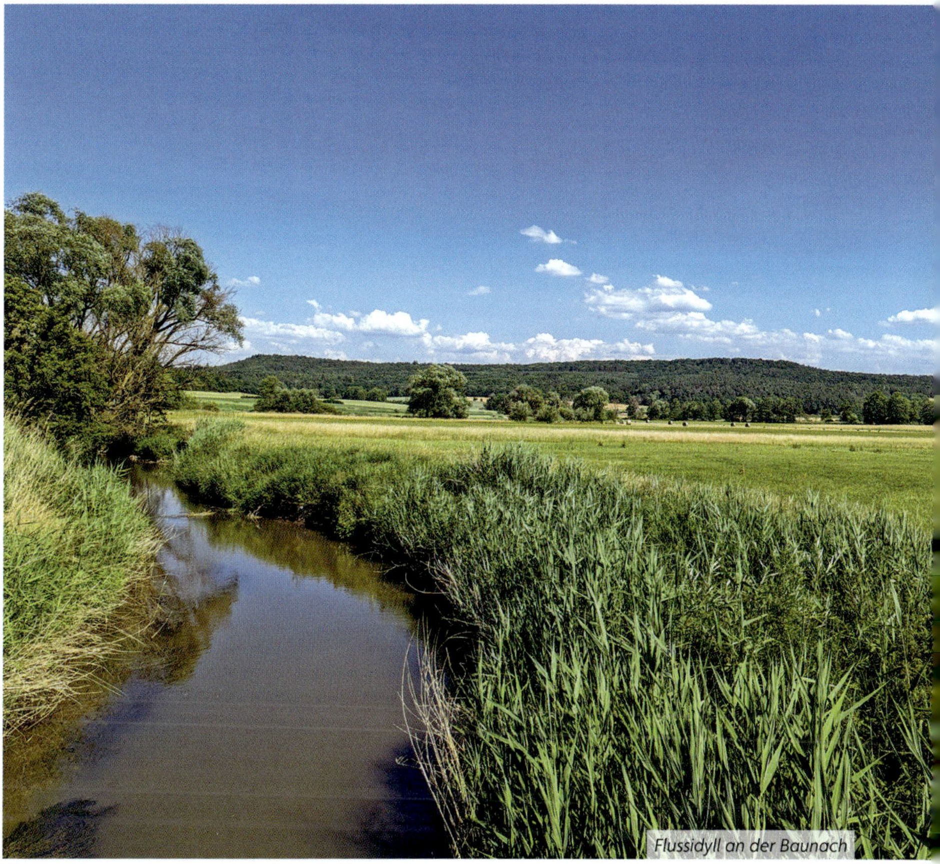

Flussidyll an der Baunach

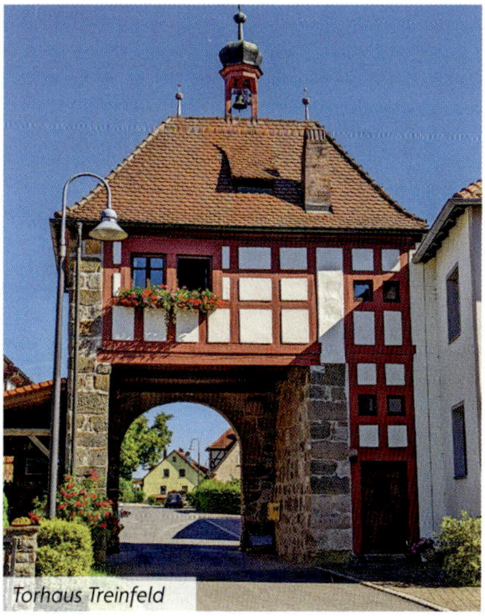

Torhaus Treinfeld

An der Weggabelung zu den Gleisen gehen, diese queren und anschließend nach rechts Richtung Gräfenholz gehen. Am Ort nochmals die Gleise queren und in der Kurve den Weg nach links wählen, bevor die Wanderung rechts auf einem Weg durch das Tal bis Manndorf weiterführt.

Vor dem Ort rechts halten, anschließend nochmals rechts gehen und die Baunach überqueren. In der folgenden Kurve zweigt links ein Weg ab, über den die Wanderung an Laimbach entlang führt. Am Bach rechts halten und bis Reckendorf gehen, das über die *Mühlgasse* erreicht wird. Am Straßenende links über

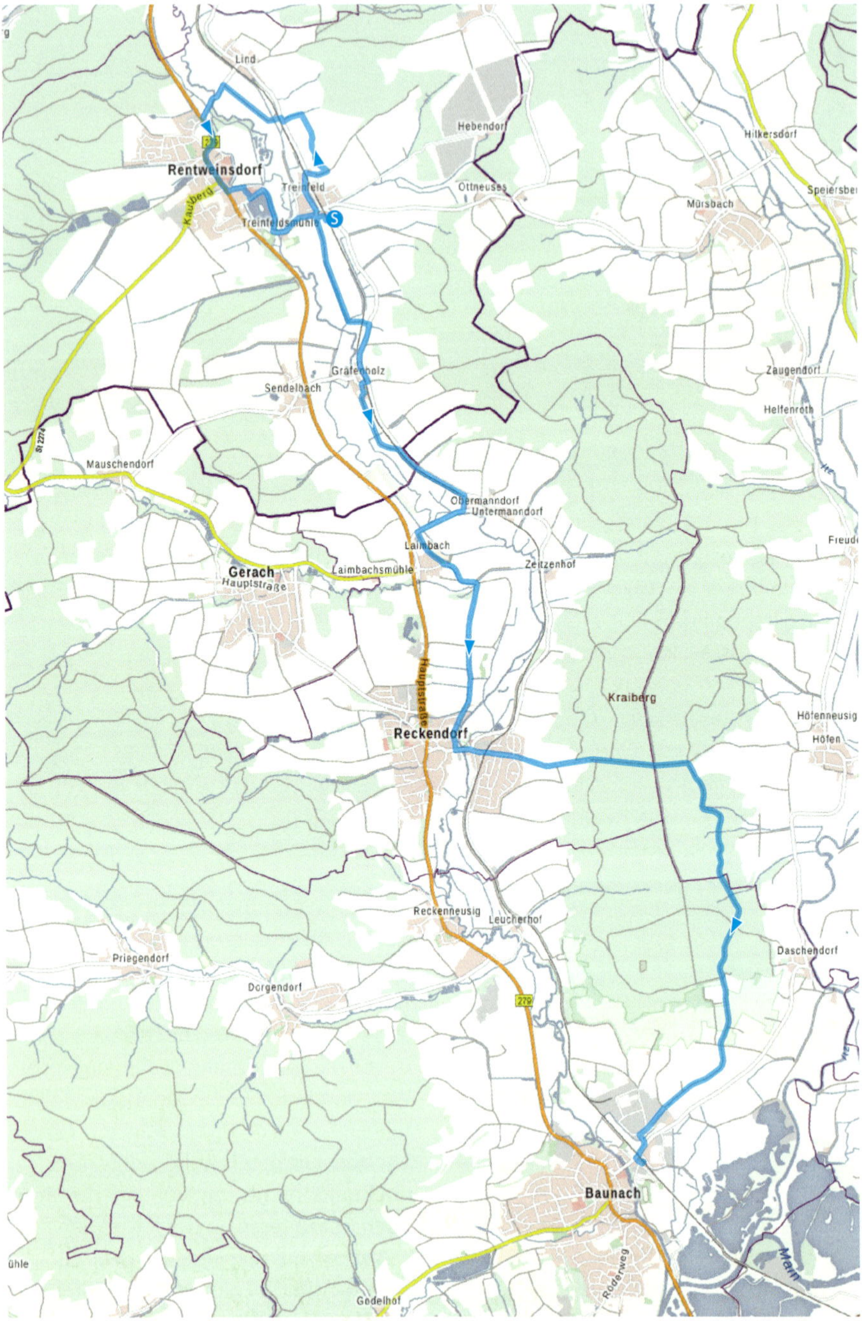

die Baunach, vorbei am Bahnhof gehen und über die Straße *Im Grund* Reckendorf wieder verlassen. Nun steigt die Wanderung zum Wald an, am Waldrand

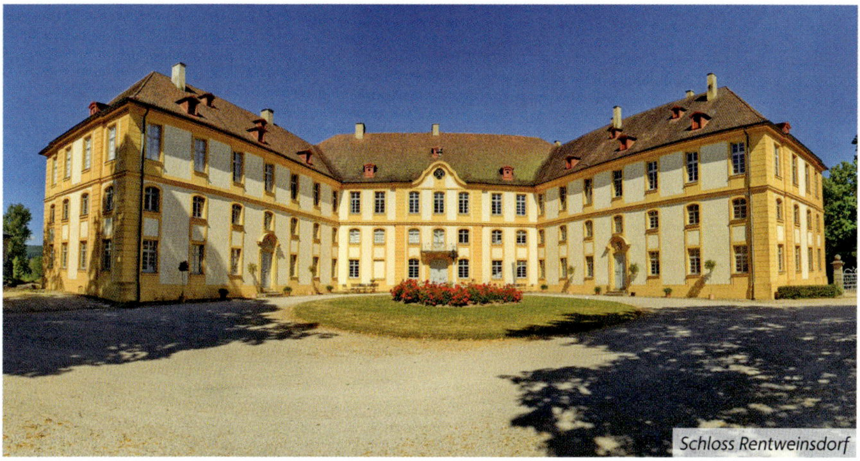

Schloss Rentweinsdorf

lädt ein Rastplatz zu einer Pause ein, von dem aus das Tal um Reckendorf schön überblickt werden kann.

Im Wald führt die Wanderung gerade zur Bildeiche und quert dort einen Weg. Bis zur nächsten Weggabelung gerade weiter und dort nach rechts dem Wegweiser Richtung Baunach folgen. Auf dem Forstweg wird eine Lichtung erreicht, von der aus der Blick bis zum Staffelberg reicht. Über diesen Weg wird bei km 14,5 der Kraibergblick am Waldrand erreicht, wo sich nochmals eine Rast anbietet. Auf sonnigen Wegen führt die Wanderung nun dem Ziel in Baunach entgegen.

Entlang der Wiesen geht es bergab ins Tal und der Ort wird über die *Kraibergstraße* erreicht. Am Straßenende rechts zu den Gleisen gehen, diese überqueren und links zum Ziel der Wanderung am Bahnhof gehen.

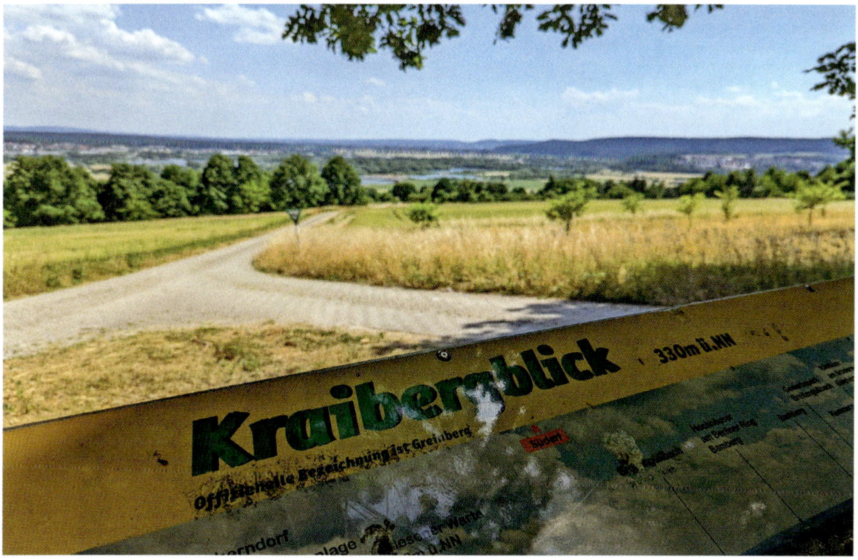

2 Tage *Ein Kurzurlaub über das Wochenende direkt vor den Toren Bambergs, ohne ins Auto steigen zu müssen. In*
3 Tage *zwei bis drei Tagesetappen zeigt die Fränkische Toskana ihre schönsten Seiten.*
Die Tour lässt sich auch in drei Eintagestouren aufteilen.

Bamberg Hain | *P&R Parkplatz Heinrichsdamm*

40 km | *560 Hm*

2–2,5 Tage | *Trockenes Wanderwetter*

1/4 Schatten | *Nein*

Einige anspruchsvollere Steigungen
Teer, Forst- und Waldwege

Botanischer Garten, Hainweiher
Eulenfelsen nahe Tiefenellern
Jungfernhöhle nahe Tiefenellern

Ausgangspunkt: Bus Nr. 909, 930 (Hs. P&R Heinrichsdamm)
Start Tag 2 (Geisfeld): Bus Nr. 970
Start Tag 3 (Lohndorf): Bus Nr. 970

Parkhaus am Heinrichsdamm

Tagesetappe 1:
16 km, Bamberg – Geisfeld
Tagesetappe 2:
13 km, Geisfeld – Lohndorf
Tagesetappe 3:
11 km, Lohndorf - Memmelsdorf

Kühlautomat mit landwirtschaftlichen Produkten direkt am Wanderweg in Lohndorf

Vereinshain, Schwanenbräukeller, Gasthaus Schiller Wernsdorf, Gasthof Sauer Wernsdorf, Landgasthof Büttel Geisfeld, Brauerei Hönig, Brauerei Knoblach, Gasthaus Hoh Meedendorf, Höhnskeller, Drei Kronen, Cafe Schloss Seehof
-> Beschreibung ab Seite 116

Für mich ist es eine schöne und abwechslungsreiche Tour, die immer wieder zum Anhalten und Landschaft genießen einlädt. Besonders schön finde ich den Blick auf Litzendorf und nach Verlassen des Waldes nach Melkendorf über das Ellertal.

Die Strecke ist auch als Radtour geeignet.

Die Tour führt vom P&R Parkplatz entlang der Regnitz in den Hain. Nach der Brücke der *B22* rechts in den Park gehen, anschließend links und geradeaus in den Botanischen Garten wandern. An dessen Ende geht es rechts um den Hainweiher weiter zum Tennisclub und anschließend links zum Wehr im Hain, das überquert wird.
Nach rechts dem Weg bis zur Buger Brücke folgen und dort links zum Schwimmverein abbiegen. Am Parkplatz führt links ein schmaler Weg an einer Schranke vorbei zum Main-Donau-Kanal. Der sonnige Weg führt bis zur nächsten Brücke bei Strullendorf, an der der Kanal überquert wird und die Wanderung in den Ort führt.
Über den *Nordring* die Bahngleise queren und anschließend rechts in die *Haselhofstraße* gehen. In der Kurve zweigt ein Weg ab, über den der Bahnhof Strullendorf erreicht wird. Der *Bahnhofstraße* folgend zur *Bamberger Straße* gehen, dort rechts halten und anschließend links in die *Lindenallee* biegen. Am Ende der Straße gerade weiter der Straße *Am Kairoth* folgen, vorbei am Schwanenbräukeller und den Weg in den Wald wählen. Dieser führt unter der *A73* weiter, verlässt kurz vor Amlingstadt wieder den Wald. Knapp 11 km sind inzwischen

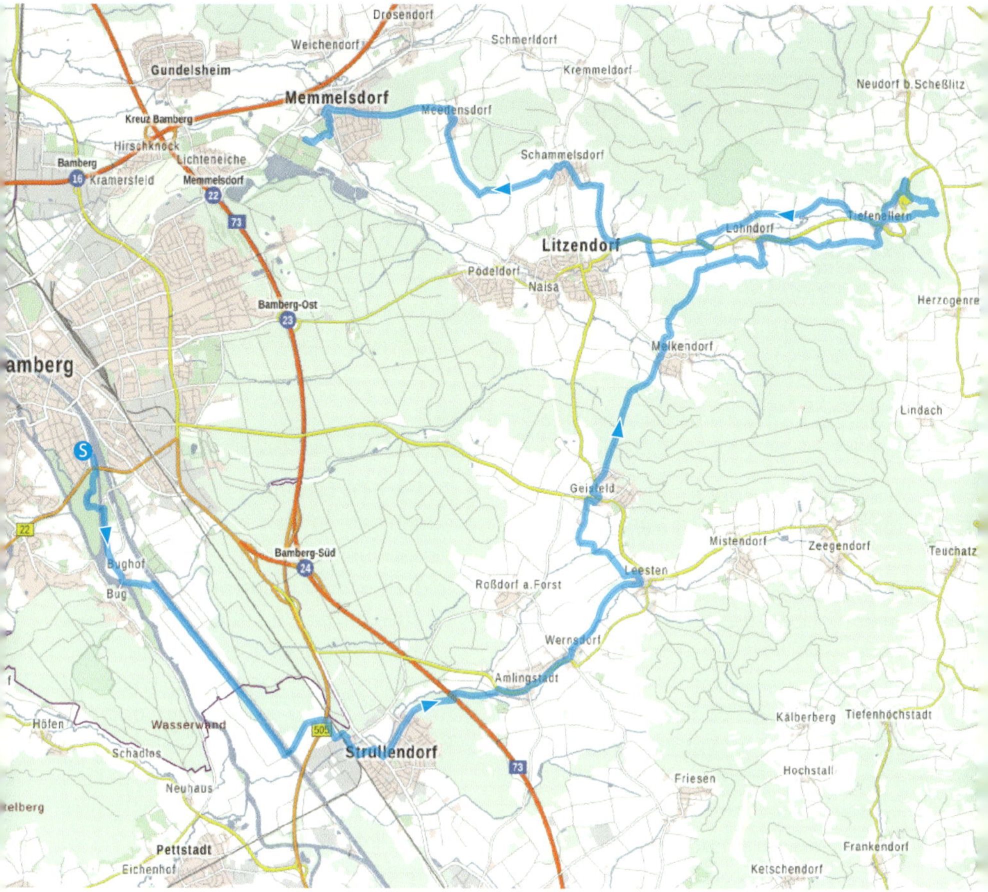
Drosendorf
Weichendorf
Schmerldorf
Gundelsheim
Kremmeldorf
Neudorf b.Scheßlitz
Memmelsdorf
Meedensdorf
Kreuz Bamberg
Hirschknock
Lichteneiche
Schammelsdorf
Bamberg
Kramersfeld
Memmelsdorf
Tiefenellern
Löhndorf
Litzendorf
Pödeldorf
Naisa
Herzogenre
Bamberg-Ost
Melkendorf
amberg
Lindach
Geisfeld
Mistendorf
Zeegendorf
Teuchatz
Bamberg-Süd
Bughof
Leesten
Roßdorf a.Forst
Bug
Wernsdorf
Amlingstadt
Kälberberg
Tiefenhöchstadt
Höfen
Wasserwand
Strullendorf
Schadtes
Friesen
Hochstall
Neuhaus
elberg
Pettstadt
Frankendorf
Eichenhof
Ketschendorf

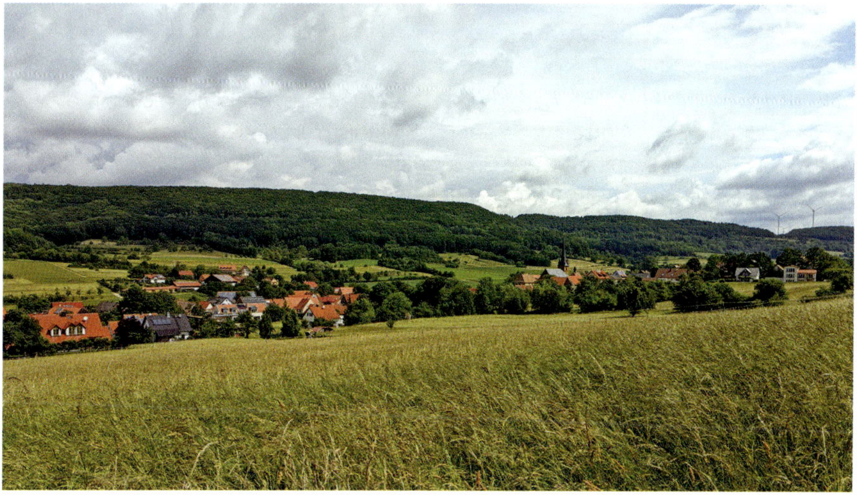

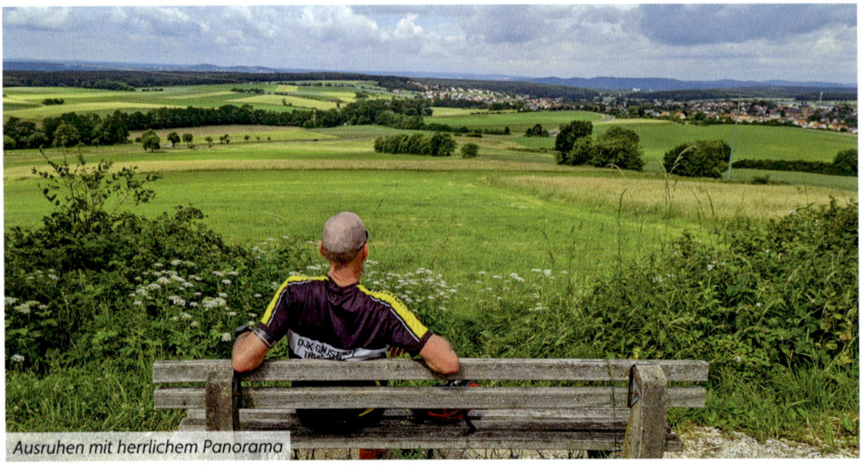
Ausruhen mit herrlichem Panorama

gegangen und entlang der *Hauptstraße* geht es durch den Ort und weiter nach Wernsdorf.

An der Bushaltestelle links zum Schloss gehen. Über die Straßen *Zur Schleifmühle* und *Am Mühlbach* wird Wernsdorf wieder verlassen. Leicht ansteigend führt der Weg entlang des Mühlbachs nach Leesten. Im Ort links in die *Obere Leite* gehen und an der zweiten Straße wieder links halten und den Ort verlassen. Nach den letzten Häusern dem Flurweg nach rechts folgen. Anfangs steigt der Weg noch etwas an, bevor es zu einem Bach bergab geht und die Wanderung anschließend wieder bergauf nach Geisfeld führt. Dabei wird der Griess Keller passiert und die Straße *Zum Steinich* führt in den Ort.

Anschließend rechts halten, vorbei am Friedhof und am Parkplatz links zur *Magdalenenstraße* gehen. Dort rechts halten, sofort wieder links in die *Alte Dorfstraße* biegen und am Ende der Straße der *Litzendorfer Straße* nach rechts folgen. Inzwischen sind 16 km gegangen und Geisfeld könnte eine erste Station für eine Übernachtung sein. An der Abzweigung der *Melkendorfer Straße* der Beschilderung *13 Brauereien Weg* folgen und in den Wald gehen. Durch diesen führt der Weg gerade hindurch und erreicht auf der anderen Seite die *Geisbergstraße* in Melkendorf. Bergab geht es zur *Hauptstraße*, die schräg nach links überquert wird, wo der *13 Brauereien Weg* weiter führt und Melkendorf verlässt.

Entlang Wiesen und Feldern geht es bergauf, eine Bank lädt zu einer Rast ein, bevor links der Kunst- und Besinnungsweg abzweigt. Die Wanderung führt geradeaus durch den Wald und erreicht das Ellertal. Herrlich ist der Blick über das Tal. In der folgenden Kurve rechts halten und dem Tal Richtung Lohndorf und Tiefenellern folgen.

Auf Höhe Lohndorf rechts abbiegen und sofort wieder den Weg links wählen, der nach kurzer Zeit auf den Weg zum Ort stößt. Diesem folgen, nach Lohndorf gehen und dort nach rechts dem *Kirchberg* zur *Ellertalstraße* folgen. Entlang der Straße Lohndorf verlassen und rechts auf den Wanderweg einschwenken. Anfangs entlang des Radwegs, später wieder als *13 Brauereien Weg* führt die Wanderung wieder hoch über das Tal nach

Tiefenellern. An der Bushaltestelle die Straße queren und links der *Schlehenstraße* folgen, die steil ansteigt. An den Abzweigungen nach links vorbeigehen bis zu den Serpentinen am Ellerberg und nach der ersten Kurve dem Weg weiter bergauf folgen. Kurz darauf zweigt nach rechts ein schmaler Weg ab, über den die Felsen der Eulenwand erreicht werden. Links von den Felsen führt der Pfad weiter in den Wald und nach einer Rechtskurve geht es zur Jungfernhöhle.

Von dort den Waldweg nach Tiefenellern wählen: anfangs noch flach geht es kurz darauf wieder bergauf bis zum Waldrand, wo die Straße gequert wird und über den *Lehmweg* das Ortszentrum erreicht wird. Von der Kirche aus die *Ellerbergstraße* bis zum Ortsrand gehen und dort nach rechts dem Wanderweg folgen, der am Parkplatz vorbeiführt. Auf der andern Talseite verläuft nun die Wanderung zurück Richtung Litzendorf. Etwa bei km 29 wird Lohndorf erreicht, das sich für eine zweite Übernachtung anbietet.

Nach dem Parkplatz an der *Lohntalstraße* gerade weiter, vorbei am Kühlautomat des Hofs Veldensteiner Forst geht es durch das Tal bis zur blauen Skulptur. Nach dieser links zur Straße gehen und diese überqueren. Die Wanderung führt nach links bis zum Parkplatz. Dort scharf rechts halten und dem Wanderweg nach Litzendorf bis zur nächsten Abzweigung nach rechts folgen. Hier den Weg zur Straße wählen, diese erneut queren und nach links weiter wandern. Vor den Lagerhallen rechts in den *Martinsanger* abbiegen und anschließend links auf den Weg gehen, der über Felder und Wiesen Richtung Schammelsdorf führt. Am Ende links in den Ort gehen, der Straße *Grubfeld* folgen und rechts in die *Litzendorfer Straße* biegen. An der Brauerei Knoblach links der Pödeldorfer Straße bis zur *Meedendorfer Straße* folgen.

Dort nach der ersten Häuserreihe links den Weg am Ortsrand wählen. Entlang der Felder führt dieser um den Wald herum und erreicht an der *Sandstraße* Meedendorf und folgt dieser. Über den *Kapellenplatz* links in die *Hofstraße* wandern und anschließend links der *Schammelsdorfer Straße* folgen. Entlang des Radweges geht es nach Memmelsdorf und im Ort gerade bis zum Markt.

An der Sparkasse links in die *Filzgasse* biegen und anschließend den schmalen Weg um das Sportgelände nehmen. In einer langgezogenen Linkskurve wird so der Parkplatz und auf der gegenüberliegenden Seite Schloss Seehof erreicht, wo die Wanderung endet. Von dort aus sind es nur wenige Schritte zur Bushaltestelle, um wieder nach Bamberg zu gelangen.

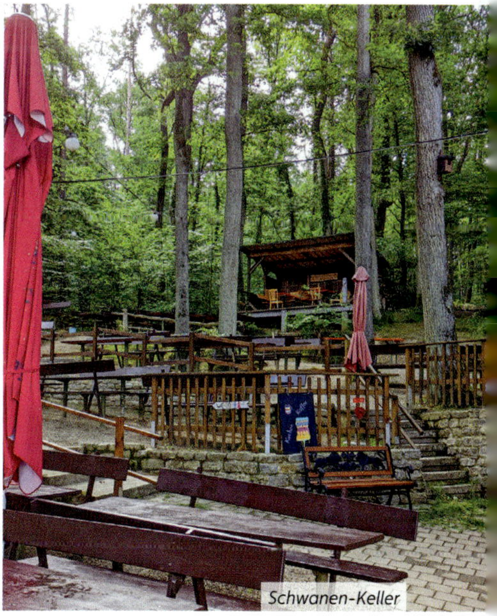

Schwanen-Keller

Dreiflüsse Tour – Baunach, Itz und Main

1 Tag / 2 Tage: *Eine schöne Radtour durch drei Flusstäler, schönen Einkehr- und Rastmöglichkeiten mit wenigen Steigungen. Ideal mit einer Übernachtung, aber bei sportlicher Fahrweise auch für einen Tag geeignet.*

Bamberg | *Konzert- und Kongresshalle*

76 km | *450 Hm*

Tagestour, aber auch mit Übernachtung möglich | *Trockenes Wetter*

1/4 Schatten | *Nein*

Teer, Pflaster- und Schotterwege

Naturbeobachtung am Main (nahe Hallstadt)
Badestelle am Main (bei Baunach)

Bahnhof Bamberg (ICE, RE, S-Bahn)

Parkhaus Konzerthalle, Mußstraße

Bikeshop und Café Messingschlager, Baunach
Reckendorf: Abstecher zum ehemaligen jüdischen Friedhof
Stadtrundgang in Ebern
Raststation bei Unterbrunn am Main mit kurzem Naturlehrpfad

Ladestation E-Bike: Bikeshop Messingschlager, Gasthaus Zur Schwane

Pizzeria Salento Reckenneusig, Brauerei Gasthof Schroll, Schlossbräu Reckendorf, Herzog Ebern, Gasthof Frankenstuben mit Übernachtung, Veracruz Ebern, Gasthof Goldener Adler Mürsbach, Sonnenbräu Mürsbach, Gasthof Jüngling Zapfendorf, Zur Goldenen Krone Rattelsdorf, Landgasthof Leicht Kemmern
–> Beschreibung ab Seite 116

Bei dieser Radtour empfehle ich eine Einkehr im Garten des Goldenen Adler in Mürsbach. Selten habe ich so einen gemütlichen Biergarten erlebt.

Die Tour startet an der Konzerthalle und führt dort über die Regnitz auf den Radweg Richtung Bischberg.
Entlang des Flusses vorbei am Bamberger Hafen bis zur kleinen Brücke radeln. Nach dieser links abbiegen, um nach Bischberg zu gelangen. An der *Hauptstraße* links, Bischberg wieder verlassen und zur Brücke über den Main fahren. Zwischen den Feldern verläuft der Mainradweg bis zur Bahnbrücke nach Hallstadt. Unter dieser führt die Tour und verläuft anschließend auf dem neu angelegten Hochwasserdamm.
Nach Überqueren der Straße an der Mainbrücke führt der Radweg am Damm weiter und es wird eine kleine Brücke gequert. Nach dieser rechts weiter dem Mainradweg folgen und an der nächsten Abzweigung links fahren und Hallstadt verlassen. Flach verläuft die Strecke bis Kemmern weiter und führt direkt durch den Ort, vorbei an der Kirche und Schule, und zweigt anschließend links in den *Wacholderweg* ab.
Am Ortsende geht die Straße in einen Schotterweg über, hier den rechten wählen, der zum Gewerbegebiet in Breitengüßbach führt. Zweimal die Straße unterqueren und gerade der Straße bis zur Wendeplatte folgen. Links an der Schranke den Weg nehmen und zwischen den Seen Richtung Main und weiter nach rechts zur Mainbrücke radeln. Auf der anderen Seite bietet sich ein schöner Abstecher an: Links am Main, kurz hinter der Anlegestelle Baunach, bietet sich eine sehr schöne Badestelle.

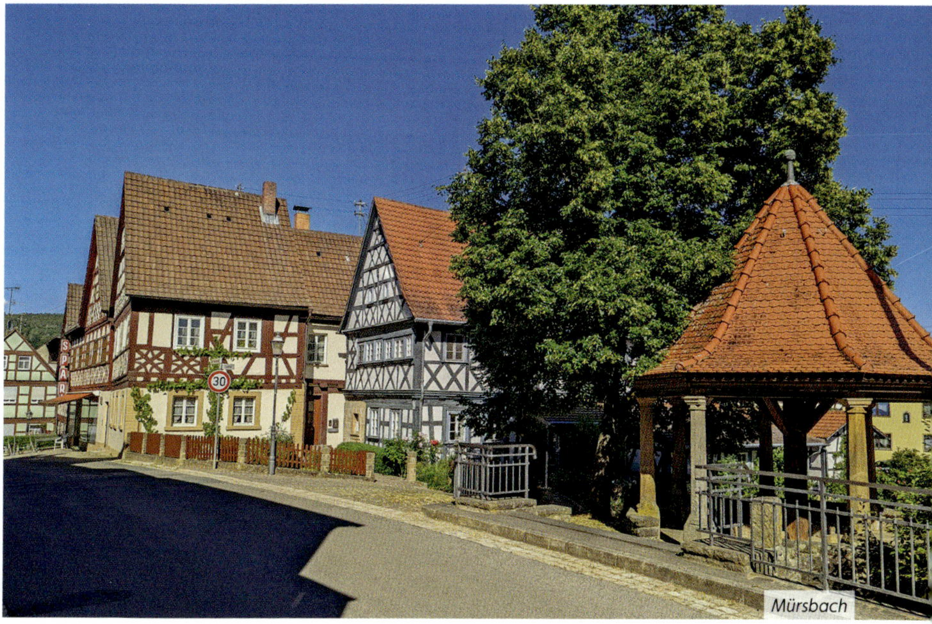

Mürsbach

Es geht am Südsee entlang und weiter auf einem schmalen Wiesenpfad, bis nach links ein Weg abzweigt. Diesem folgen und zum Sportgelände und weiter zur Brücke über die Baunach fahren. Nach queren dieser rechts in die Hauptstraße biegen und bis zum Ortsausgang der *B279* folgen.

Der Radweg führt um eine kleine Kapelle, an der der Weg nach links gewählt wird, der von der Straße weg führt. Leicht steigt die Tour nun an, zweigt an der nächsten Möglichkeit rechts ab und verläuft erhöht durch das Tal Richtung Reckenneusig.

In Kurven geht es wieder bergab zum Radweg an der Bundesstraße entlang, der die Tour durch Reckenneusig bis Reckendorf führt. Im Ort an der zweiten Abzweigung die Bundesstraße wieder verlassen und rechts der *Seitenbachstraße* bis zur *Bahnhofstraße* folgen. Es geht nach rechts über die Baunach und anschließend links in die *Zeitzenhofer Straße*, über die Reckendorf wieder verlassen wird.

Vorsichtig die Bahngleise überqueren und rechterhand vorbei an Zeitzenhof, Unter- und Obermanndorf bis Treinfeld radeln und dort wieder die Gleise queren. Anschließend rechts halten, durch

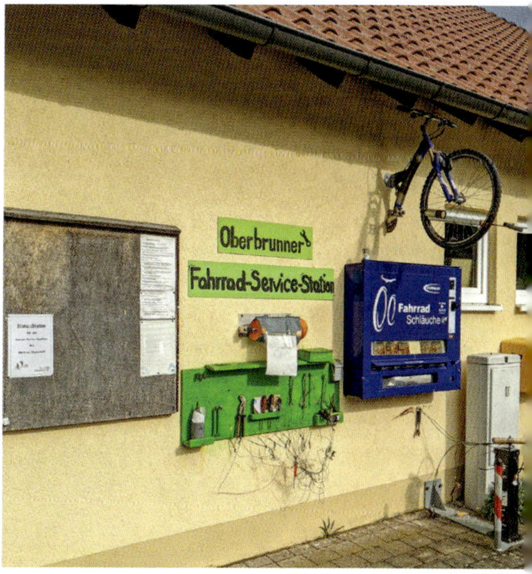

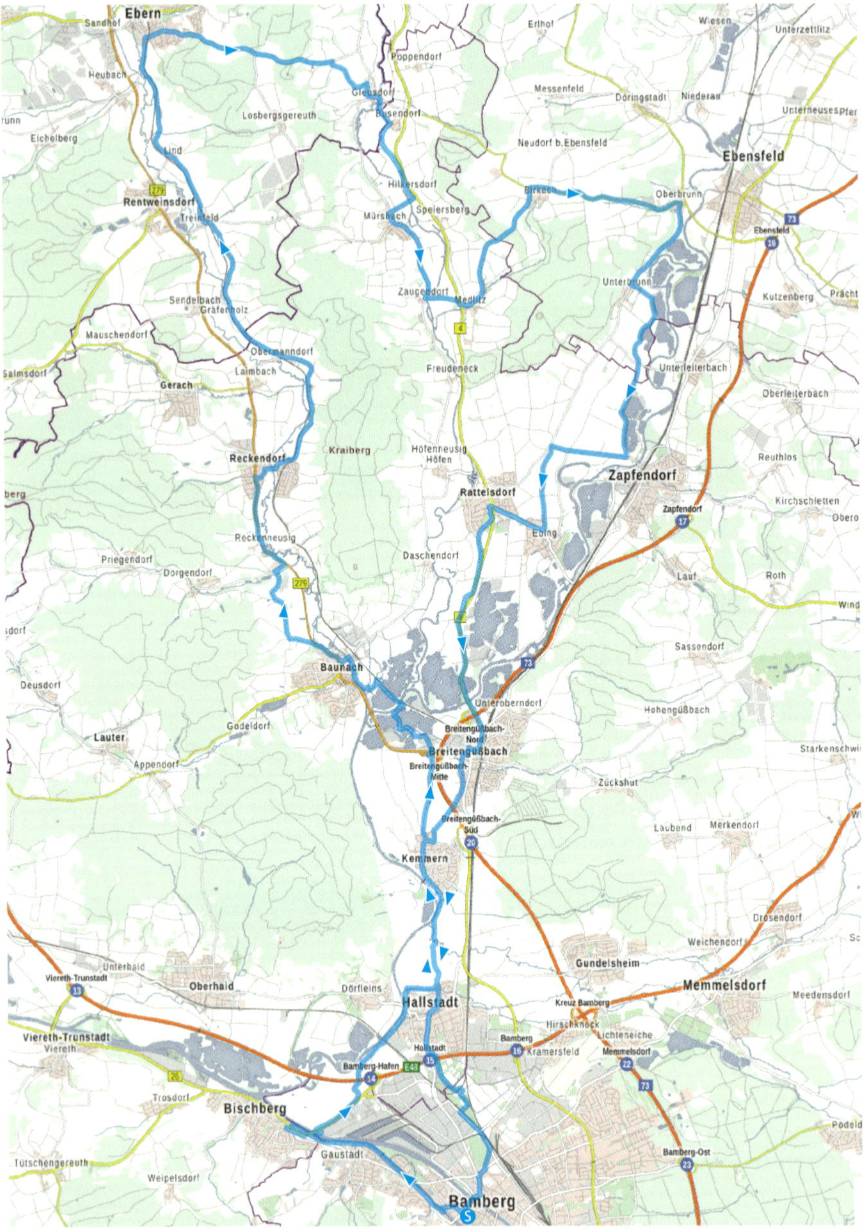

das Tor fahren und gerade durch den Ort fahren. Weiter den Gleisen folgen, den kleinen Ort Lind und die Hetschingsmühle passieren bevor es rechts nach Ebern geht. Inzwischen sind etwa 32 km Strecke zurückgelegt und bei einer Aufteilung der Tour auf zwei Tage bietet sich Ebern als Übernachtungsmöglichkeit an. Von der Straße *Klein Nürnberg* aus rechts der *Gleusdorfer Straße* folgen, über die es schnell wieder aus Ebern hinausgeht und ein steiler Anstieg folgt. Kurz nach den Einmündungen nach Landsbach zweigt rechts ein Weg ab, der über die Felder nach Gleusdorf führt. Alternativ der Straße zum Ende folgen und anschließend rechts nach Gleusdorf fahren. Im Ort wird die Itz erreicht, an der die Tour nach rechts weiter führt. In der andere Richtung liegt Schloss Gleusdorf.

Anfangs führt der Weg direkt an der Itz entlang, zweigt aber bald Richtung Busendorf ab. Direkt vor dem Ort rechts abbiegen und dem Rodach-Itzgrund-Radweg bis Hilkersdorf folgen. Dort rechts über die Itz und weiter nach Mürsbach radeln. Der Straße bis zum *Marktplatz* folgen und dort in die *Zaugendorfer Straße* biegen. Nach verlassen von Mürsbach der Straße bis Zaugendorf folgen und links nach Medlitz fahren, die B4 überqueren und gerade durch den Ort radeln. Nun folgt nochmals ein Anstieg, bevor Birkach erreicht wird. Am Ende der Straße rechts in die *Busendorfer Straße* biegen und dieser bis Oberbrunn, das am Main liegt, folgen. Nun bleibt die Tour bis zum Ende nahezu flach. An der Kirche rechts dem Wiesenweg folgen. Auf dem Main-Radweg verläuft die Tour nun nahe dem Wasser entlang bis Unterbrunn. Dort an der ersten Möglichkeit nach links in den *Angerweg* fahren und weiter am Fluss bzw. den Seen entlang nach Süden treten. An der Abzweigung Richtung Unterleiterach gerade weiter Richtung Zapfendorf fahren.

Am Wegende rechts bis zur Abzweigung des Main-Radwegs fahren. Dort erneut rechts fahren und dem Weg nach Ebing folgen und in die *Ebinger Hauptstraße* Richtung Rattelsdorf biegen. Nach Queren der *B4* in einer scharfen Linkskurve zuerst in die *Weiße-Kreuz-Straße*

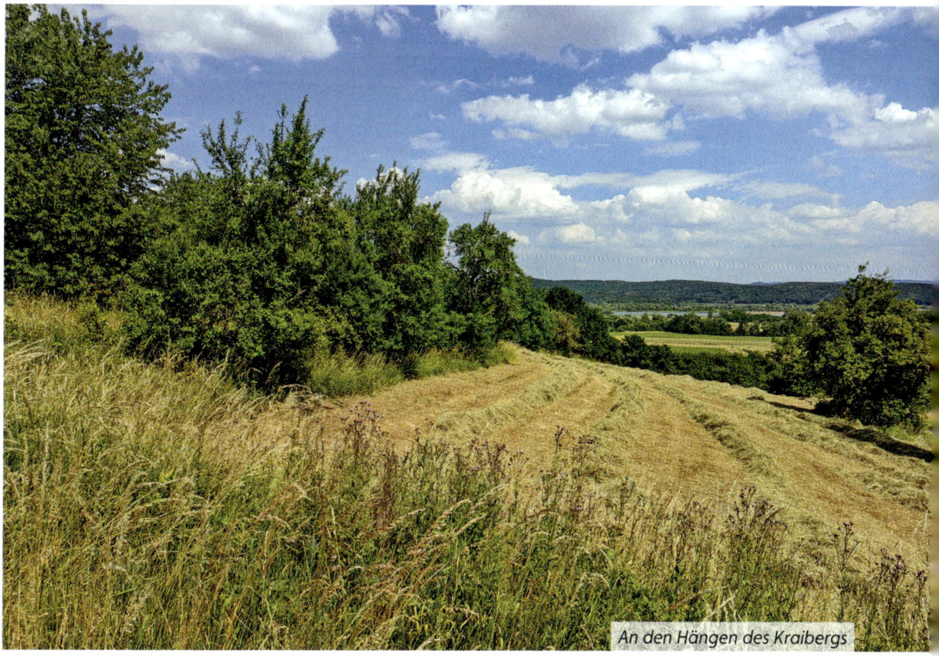

An den Hängen des Kraibergs

und anschließend in die *Joseph-Babo-Straße* weiterfahren. An der folgenden Abzweigung links halten und zwischen den Sportplätzen bis zur Kreuzung an der *B4* fahren. Kurz davor den Radweg nutzen, der nach Beitengüßbach führt. An der *Lichtenfelser Straße* der Beschilderung Main-Radweg folgen, von der *Nassachstrasse* links in die *Rattelsdorfer Straße* biegen und an der *Baunacher Straße* schräg gegenüber der *Bühlstraße* folgen. Entlang der Straße wird Breitengüßbach verlassen, die Autobahn unterquert und über die Felder führt die Tour nach Kemmern. An der *Breitengüßbacher Straße* rechts abbiegen und wie bei der Hinfahrt durch Kemmern bis Hallstadt radeln.

An den ersten Häusern rechts, anschließend links und gleich wieder rechts über den Bach fahren. Am Ende der Straße geht es nach rechts in die *Killianstraße* und kurz darauf links in den *Seelagraben*. Entlang der *Lichtenfelser und Bamberger Straße* bis zur Ampel am Ortsende, vor der Autobahn fahren und dort links auf den Radweg einschwenken, der unter der Autobahn hindurchführt. Weiter geht die Tour entlang von Kleingärten, immer geradeaus bis zu den Gleisen. Dort der Straße folgen und am Aufseßhöflein die Bahnlinie queren und nach links Richtung *Coburger Straße* radeln. Ein letztes Mal werden die Gleise gequert und es geht nach rechts an der Straße Richtung Bahnhof. Erst wird die *Kronacher Straße* passiert und gegenüber der Tankstelle rechts in die *Gundelsheimer Straße* vorbei am Friedhof fahren.

An der Kreuzung mit der *Memmelsdorfer Straße* dieser nach rechts folgen und an der Ottokirche links in die *Siechenstraße* biegen. An der folgenden Ampel links abbiegen, den Main-Donau-Kanal überqueren und am *Markusplatz* rechts fahren.

Nun sind es nur noch ein paar Hundert Meter, bevor das Ziel an der Konzerthalle Bamberg erreicht wird.

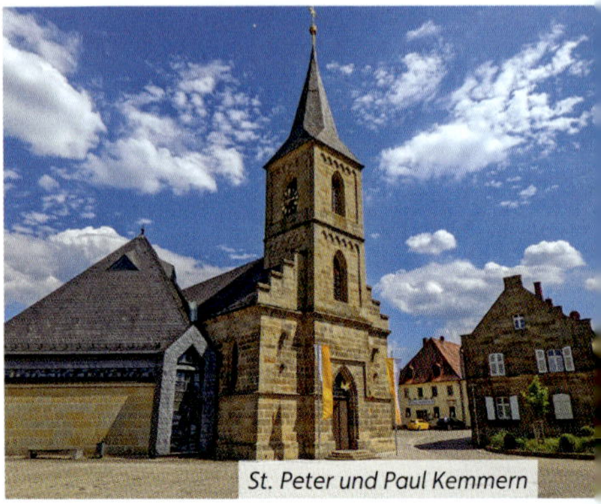
St. Peter und Paul Kemmern

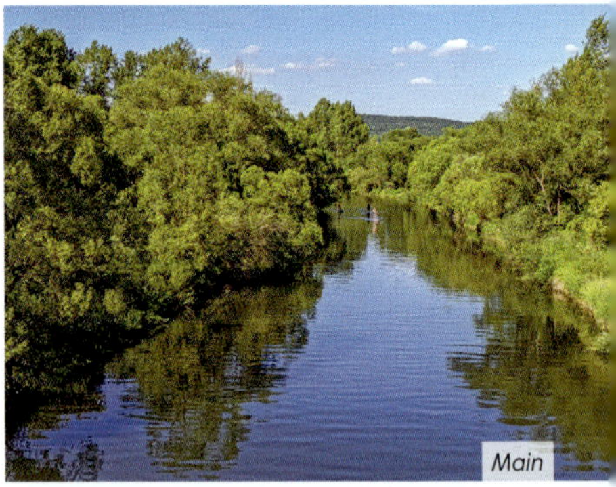
Main

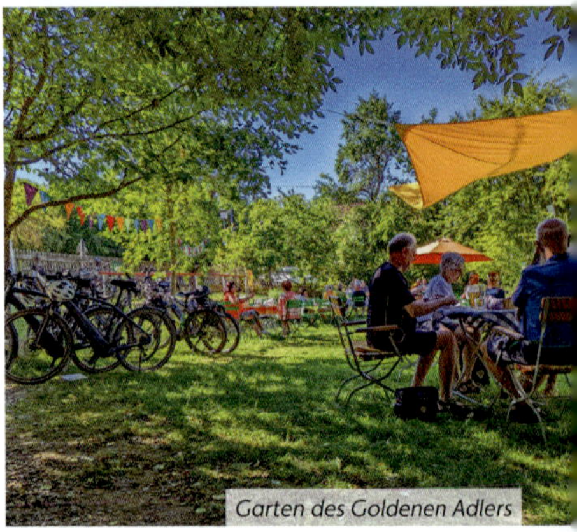
Garten des Goldenen Adlers

1 Tag: Eine sehr sonnige Radtour, die durch das Maintal von Bierfranken nach Weinfranken führt

2 Tage

Bamberg

ERBA-Park Bamberg

61 km

240 Hm

1 Tag

Trockenes Wetter

3/4 Schatten

Ja (2 Tage)

Nur mäßige Steigungen
Teer, Pflasterwege

Mainlände Eltmann, direkt am Main
Wallfahrtskirche Maria Limbach
Sander Baggersee
Stadtsee Zeil am Main
Biotop Mainaue, Ziegelanger
Rastplatz mit Reparaturstation zwischen Unter- und Oberhaid
Naturbeobachtungsturm am Main (kurz nach Hallstadt, etwa 200 Meter abseits der Strecke)

Bahnhof Bamberg (ICE, RE, S-Bahn), Wegverlängerung einfach ca. 3 km

Tiefgarage auf der ERBA-Insel (kostenpflichtig)

Ladestation E-Bike: Gasthaus Zur Sonne Bischberg, Gambrinus Keller Unterhaid, Rastplatz zwischen Unter- und Oberhaid, Diller-Keller Dörfleins
Schöne Bademöglichkeiten am Sander Baggersee mit Übernachtungsmöglichkeiten am angrenzenden Campingplatz
Abstecher von Ziegelanger in das Biotop Mainaue

Weingut, Gasthaus und Hotel Goger, Camping am See Sand, Zeiler Esszimmer (nur Übernachtung!), Weinstube Martinsklause, Adler Bräu Stettfeld, Gambrinius Keller Unterhaid, Weinstube Altes Rathaus Unterhaid, Brauerei Wagner Oberhaid, Hannla Keller Oberhaid, Brauerei Eichhorn Dörfleins
–> Beschreibung ab Seite 116

An dieser Tour gefällt mir besonders gut, dass sie auch mit Kindern in 2 Tagen leicht zu fahren ist und sich mit verschiedenen kürzeren Wanderungen kombinieren lässt.

Mit der Kombination aus Radtour und den Wanderungen „Zeiler Weinwanderung" und „Um Ebelsbach" lässt sich ein perfekter Wochenendausflug gestalten.

Die Tour startet auf der ERBA-Insel und führt an der Schleuse zum Radweg am *Leinritt*.

Dort rechts halten und Richtung Bischberg radeln. Die Tour verläuft direkt am Wasser entlang und führt als Main-Radweg weiter, entsprechend gut ist die Ausschilderung. Bis Trunstadt verläuft der Radweg nahe der Bundesstraße und führt dort durch den Ort.

Kurz nach dem Ort wird eine kleine Kapelle erreicht, an der ein Markierungsstein auf den Landkreis- und Regierungsbezirkswechsel hinweist. Von Oberfranken geht es nach Unterfranken

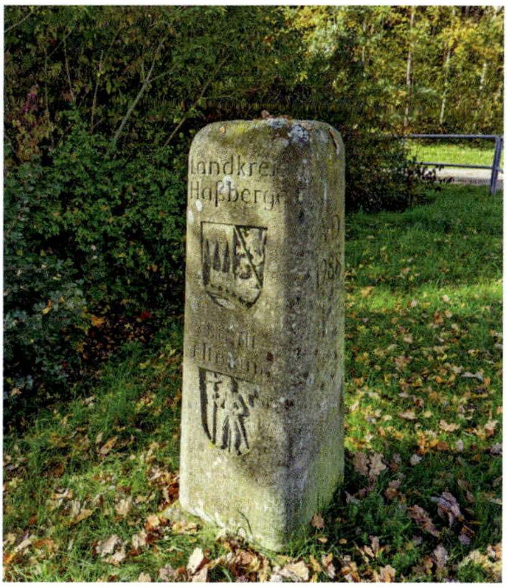

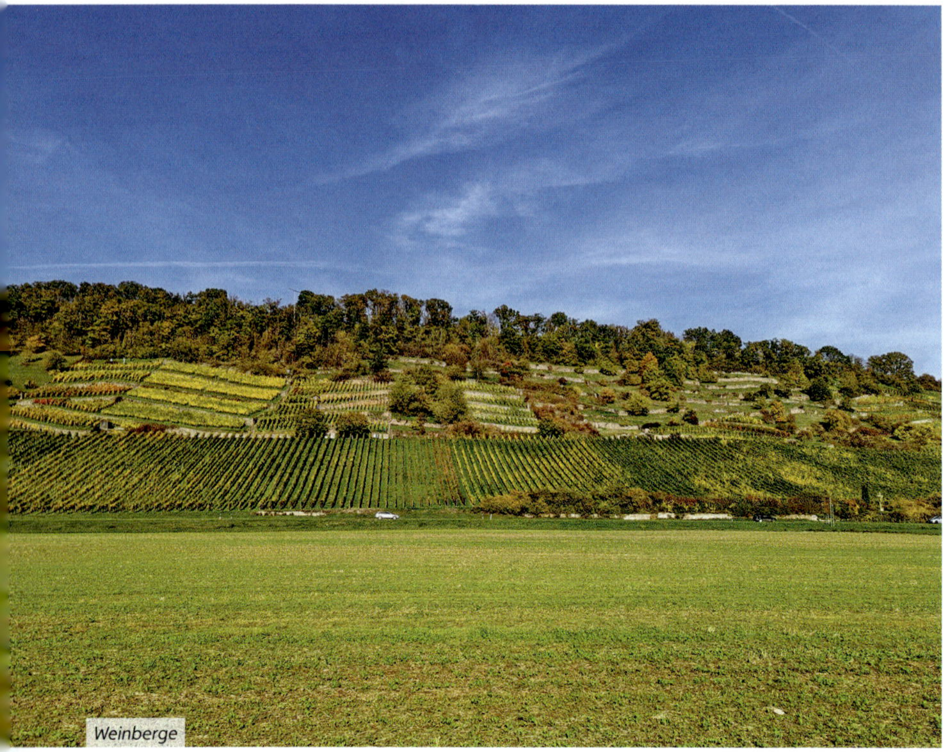

Weinberge

in den Landkreis Haßberge. Der Radweg verläuft weiter nach Roßstadt und Dippach. Vor dem Ort führt der Radweg auf die Ortsdurchfahrt und es lohnt sich ein Abstecher auf die gegenüberliegende Seite der Bundesstraße zum Main. Dort befindet sich ein Naturbeobachtungsturm an einem Altwasser des Mains und es können Vögel beobachtet werden.

Die Tour verläuft durch Dippach und weiter nach Eschenbach. Der Ort wird auf der *Eltmanner Straße* durchquert, bevor es weiter nach Eltmann geht. Am Ortseingang die Straßenseite wechseln und weiter dem Radweg direkt am Main entlang folgen. Falls es die Zeit zulässt, lohnt in Eltmann eine kurze Wanderung hoch zur Wallburg, die über die Schlosssteige und Treppenstufen erreicht wird. Es geht entlang der Mainlände weiter, an der Bänke zu einer Rast am Fluss einladen. Weiter dem Main-Radweg folgend wird die Staustufe Limbach-Eltmann erreicht, an der das Schleusen der Schiffe beobachtet werden kann.

Über den *Flößerweg* zur *Hauptstraße* radeln, diese queren und weiter auf dem Radweg bis zur Wallfahrtskirche Maria Limbach. Nach Sand am Main sind es nur noch ein paar Minuten. Von der *Hauptstraße* rechts in die *Zeiler Straße* und anschließend links auf den *Kirchplatz* biegen.

Von dort rechts in die *Maingasse* fahren und dieser bis zum Straßenende folgen. Mit Kindern bietet sich Sand als Zwischenstation an, da am Sander Baggersee schöne Badestellen liegen und ein Naturerlebnispfad durch den Auenwald führt. Die Radtour führt wei-

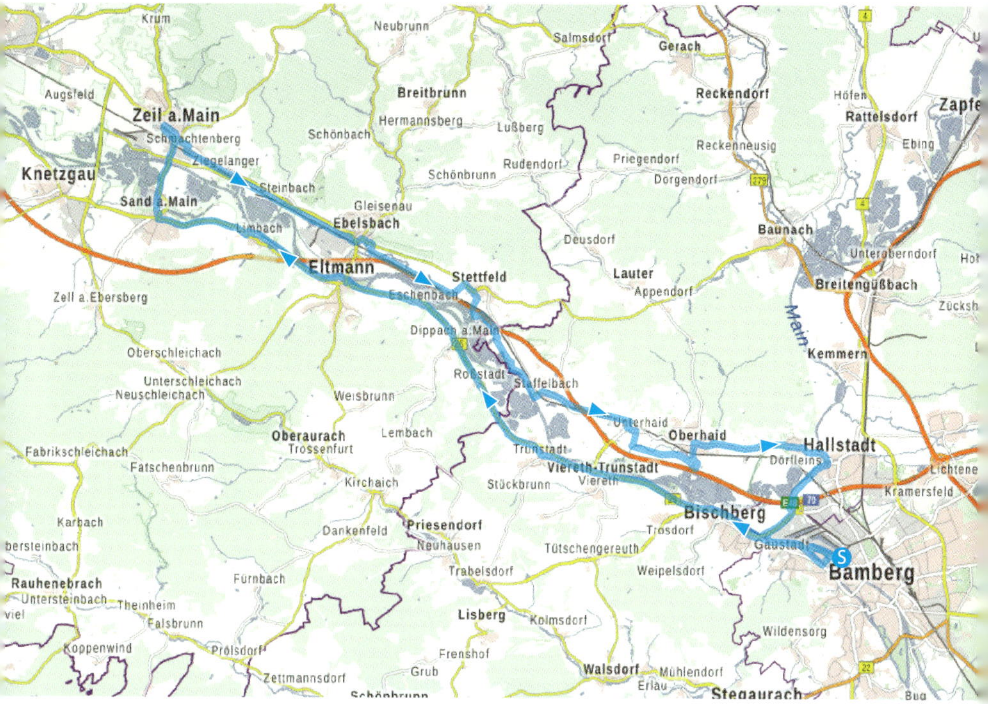

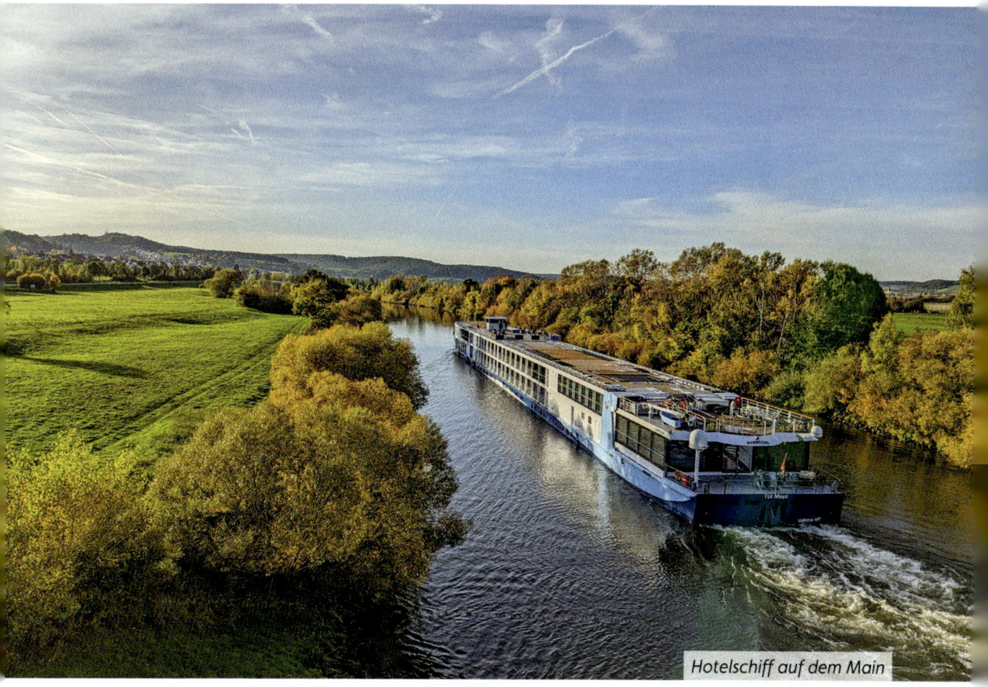

Hotelschiff auf dem Main

ter entlang der *Zeiler Straße*, quert den Main und erreicht nach der nächsten Kreuzung Zeil am Main. Der Straße geradeaus folgen, die Bahnlinie queren und anschließend links in die *Oskar-Winkler-Straße* radeln. Der Straße um den Stadtsee folgen, dort rechts in die Straße *Am Stadtsee* und nochmals rechts in die *Obere Torstraße*, die am *Marktplatz* vorbeiführt.

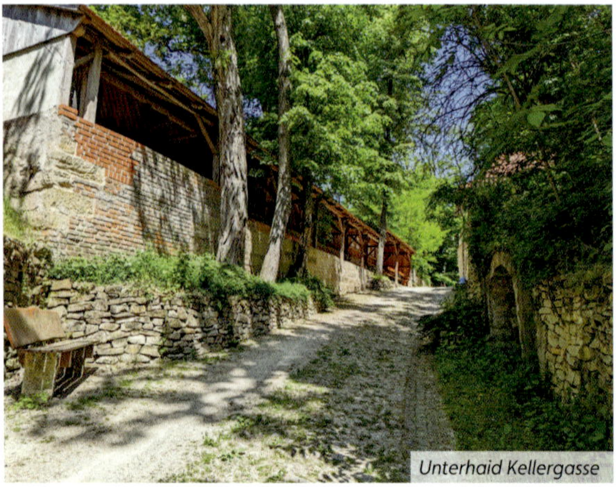
Unterhaid Kellergasse

Falls es die Zeit erlaubt, kann von dort aus eine Wanderung zum Zeiler Käppele unternommen werden. Der Straße weiter folgen und rechts in die *Bahnhofstraße* fahren. Von dort aus führt der Radweg an den Bahngleisen entlang Richtung Ziegelanger. Mit Blick auf die Weinberge an Steinbach vorbei und weiter nach Ebelsbach radeln. Der Radweg geht in die *Bahnhofstraße* über, passiert diese und führt nach links zur *Georg-Schäfer-Straße*.

An der Eisdiele rechts in die *Stettfelder Straße* biegen, am Schloss vorbeiradeln und rechts in der *Maingasse* fahren. Der Radweg führt nun wieder nahe der Gleise weiter bis Stettfeld. Dort geht es in den Ort, die *Hauptstraße* entlang und am *Raiffeisenplatz* in die *Bahnhofstraße*, über die der Ort verlassen wird. Die Tour führt über die Gleise und die *A70* zum Kieswerk, vor dem der Weg links abzweigt und an mehreren Baggerseen vorbeiführt, die sich gut zu einer kurzen Rast anbieten. Kurz vor Staffelbach wird der Main erreicht und an der Kanu-Anlegestelle geht es links in den Ort und zur *Hauptstraße*. Hier rechts fahren,

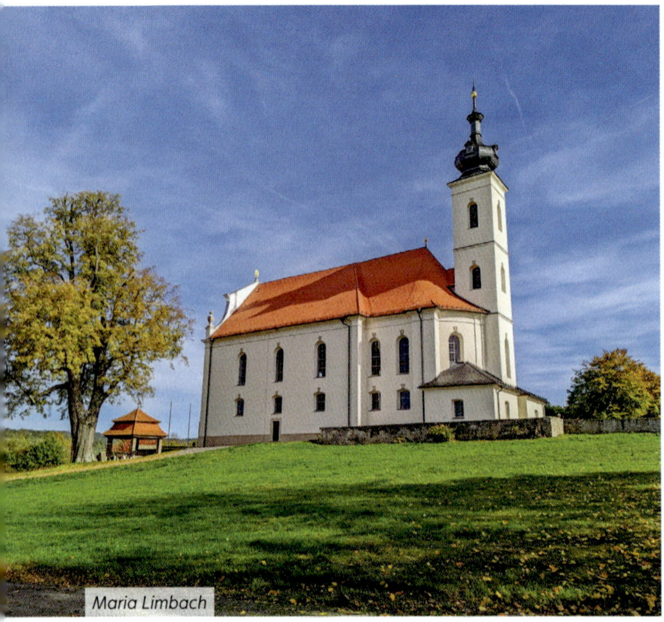
Maria Limbach

Staffelbach verlassen und dem Radweg entlang der Felder und Wiesen folgen. Es wird Unterhaid erreicht und von der Bahnunterführung lohnt ein Abstecher zum Weinberg und zur historischen *Kellergasse*, in der natürlich auch eine Einkehr möglich ist. Die Route führt durch die Unterführung und links in die *Hauptstraße*. An der *Austraße* wird sie nach rechts verlassen, vorbei an der Kapelle bis zur nächsten Abzweigung, an der sich ein Rastplatz mit Fahrradreparaturstation, Getränkeautomat und Ladestation befindet. Dort links halten und auf dem sehr sonnigen Weg bis zur nächsten Abzweigung radeln. Es geht links weiter in den Ort bis zur *Hauptstraße*, an der die Tour nach rechts weiterführt.

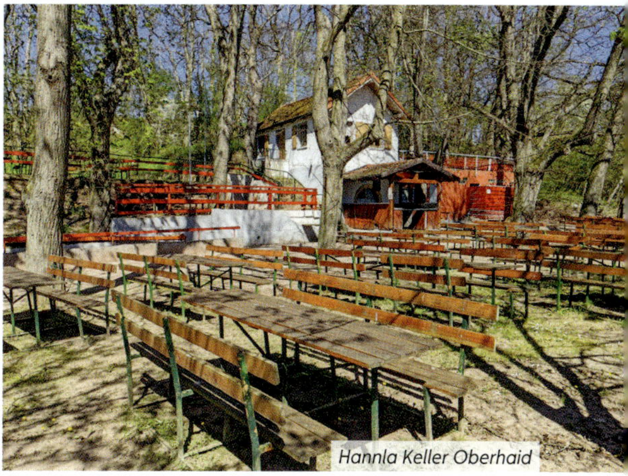

Hannla Keller Oberhaid

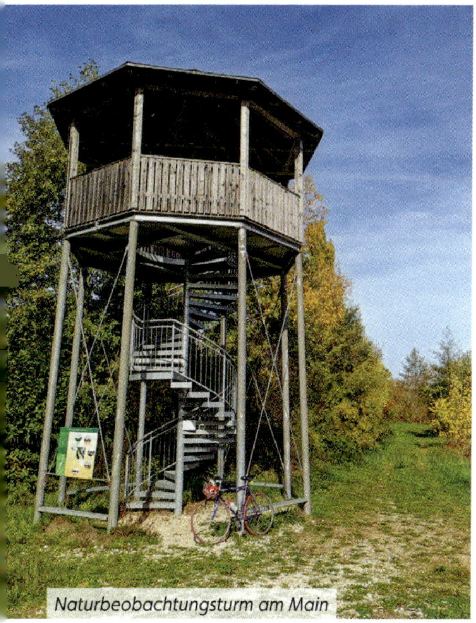

Naturbeobachtungsturm am Main

Am Friedhof die Straßenseite wechseln und auf dem Radweg geht es weiter Richtung Hallstadt. Der folgende Hannla Keller lädt nochmals zu einer Rast ein und bietet einen sehr schönen Ausblick über das Maintal. Weiter wird nach Dörfleins geradelt, das entlang der *Hauptstraße* durchquert wird. Nach Hallstadt nun über die Mainbrücke radeln und sofort rechts auf den *Maindamm* biegen, zur Mainbrücke der Bahn fahren und anschließend rechts am Main weiter. Dem Teerweg folgend links zur Brücke über die *A70* und dem Radweg weiter folgen. Dieser führt zum Main-Donau-Kanal und in einer Kurve auf die Brücke über diesen. An der Straße angekommen, diese queren und rechts nach Bischberg fahren.

Nach der Bushaltestelle die Straße wieder queren und die schmale Straße zum Radweg am *Leinritt* wählen. Am Wasser rechts Richtung Bamberg bis zur *Schwarzen Brücke* an der ERBA-Insel fahren.

Nun ist es nicht mehr weit, nur noch über die Brücke und gerade am Spielplatz vorbei zum Kanal und rechts weiterfahren. Nach der Senke rechts abbiegen und am großen ERBA-Spielplatz wird das Ziel der Radtour erreicht.

Hallerndorfer Kreuzbergrunde

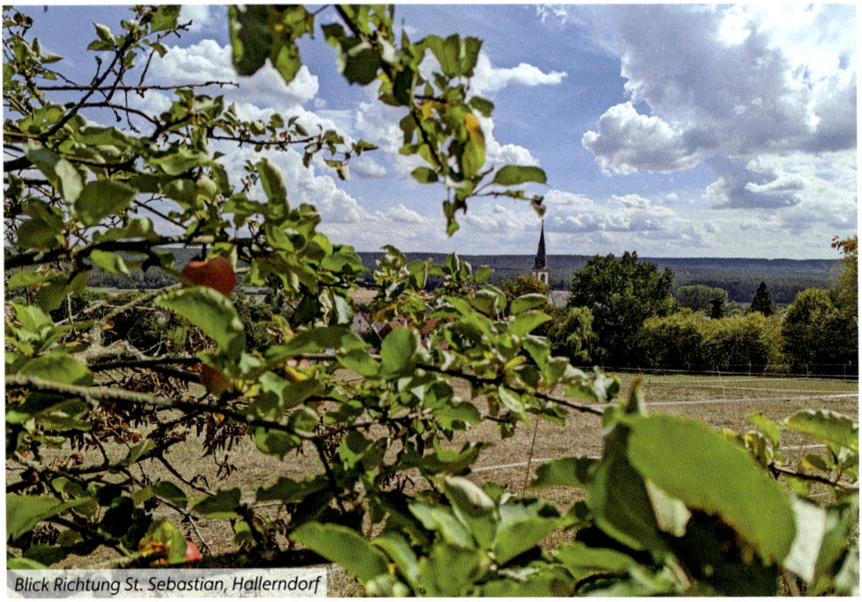

Blick Richtung St. Sebastian, Hallerndorf

Eine Wanderung zum Kreuzberg mit mehreren Kellern und einer Brauerei

Hallerndorf

Parkplatz an der Kirche St. Sebastian

12,5 km

150 Hm

3,5 Std.

Trockenes Wanderwetter

1/4 Schatten

Ja (kurze Variante)
Spielplatz mit großer 3er-Rutsche am Kreuzberg
Spielplatz am Roppelt's Keller

Bis zum Kreuzberg einige Steigungen, danach eher flache Wanderung
Forst- und Waldwege, Wiesenwege, Teer

Bus Nr. 265 Hallerndorfer-Keller-Express (Forchheim – Eggolsheim – Hallerndorf), Hs Sparkasse oder Kindergarten

Parkplatz an der Kirche

Ladestation E-Bike: Brauhaus am Kreuzberg, Rittmayer Keller

Die Tour kann auf knapp 7 km verkürzt werden: Dazu in Stiebarlimbach an den Weihern links abbiegen und dem Weg folgen. An der Weggabelung links halten und zum „Kreuzbergweg" gehen. Anschließend der „Kreuzbergstraße" in den Ort folgen und über die „Schnaider Straße" zum Ausgangspunkt wandern.

Gartenkeller Rittmayer, Brauhaus am Kreuzberg, Rittmayer Keller, Gasthaus zum Grünen Baum, Landgasthof Rittmayer, Kellerwaldschänke Lunz
–> Beschreibung ab Seite 116

Eine sehr abwechslungsreiche Tour mit tollen Einkehrmöglichkeiten am Kreuzberg. Für mich bietet die Brauerei Rittmayer eines der besten alkoholfreien Biere in der Region an.

Die Strecke ist auch als Radtour geeignet.

Die Wanderung startet an der Kirche und führt rechts am Friedhof über einen schmalen Pfad aus Hallerndorf.

An der folgenden Kreuzung rechts halten und auf dem Weg weiter bergauf bis zur Straße bleiben. Nach Überqueren dieser geht es leicht bergab und nach einer Linkskurve an der nächsten Möglichkeit rechts abbiegen. Von dieser Höhenlage bieten sich schöne Ausblicke auf den Ort und die Landschaft, bevor links ein schmaler Pfad über die Wiese nach links abzweigt.

Diesem bergab bis zum Weiher folgen und nach rechts auf den Schotterweg gehen. Nun steigt die Wanderung wieder etwas an, führt an mehreren kleinen Weihern vorbei und zweigt anschließend nach links ab.

Am Waldrand gerade in den Wald gehen bis zum Parkplatz am *Kreuzbergweg* und rechts diesem Weg folgen, über den die Kreuzbergkapelle und die Keller am Kreuzberg erreicht werden. Nach einer

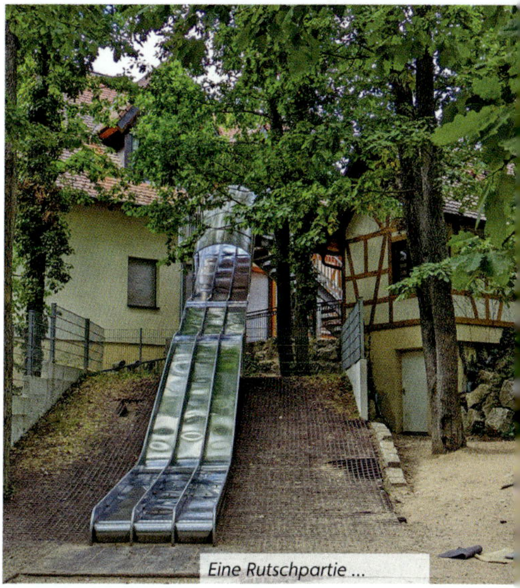

Eine Rutschpartie …

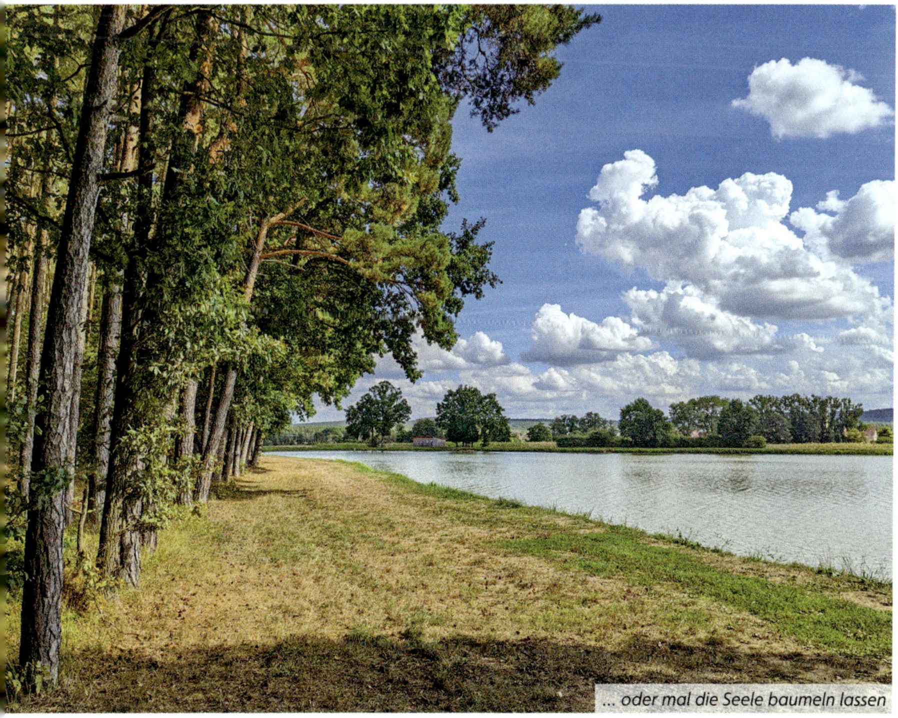

… oder mal die Seele baumeln lassen

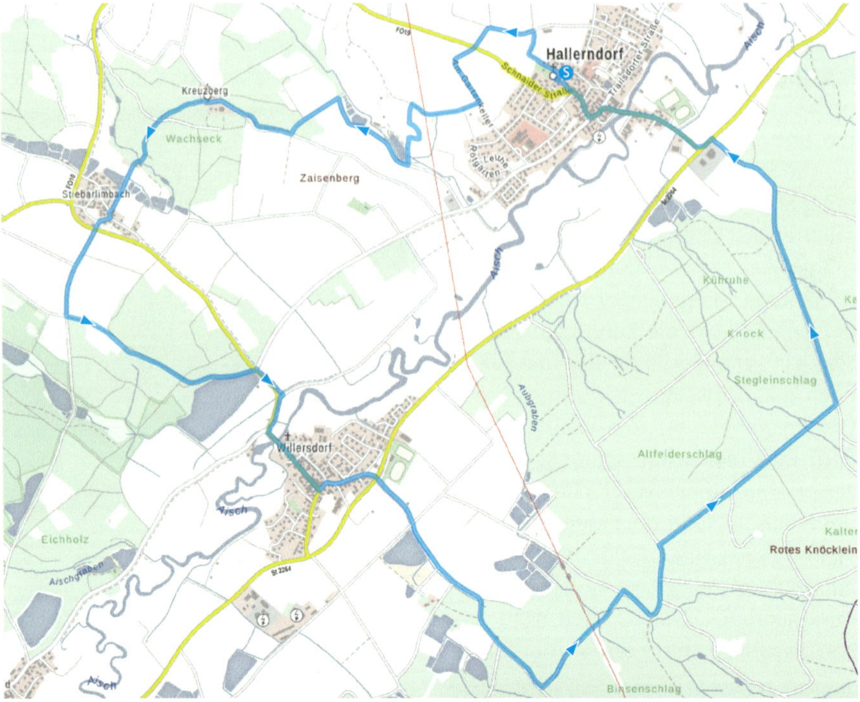

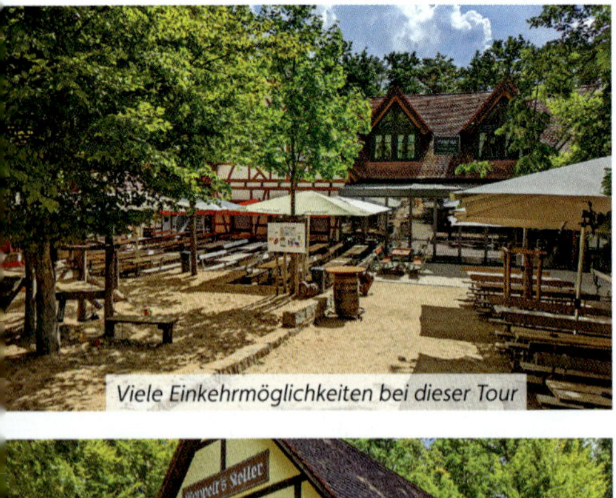

Viele Einkehrmöglichkeiten bei dieser Tour

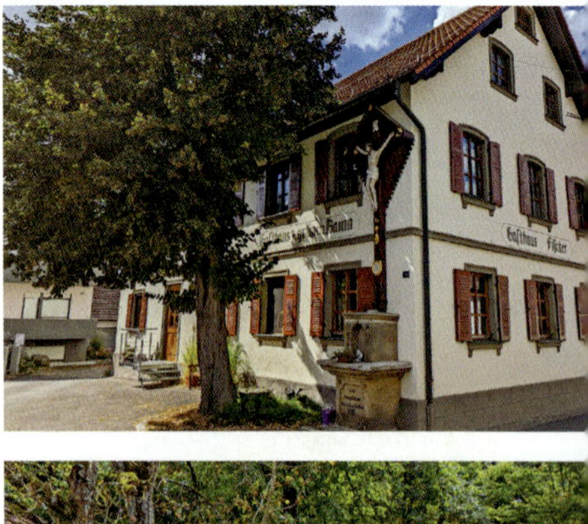

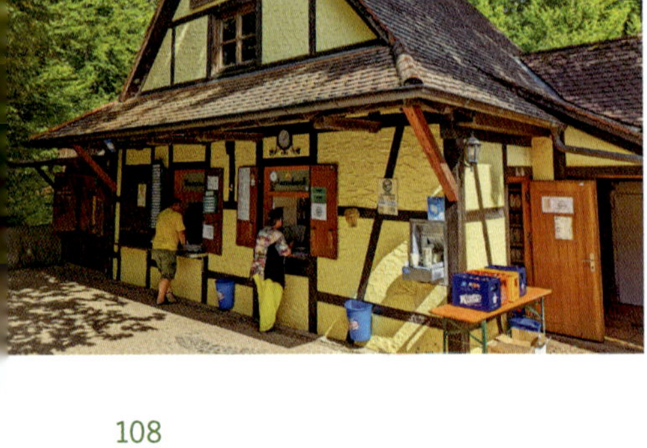

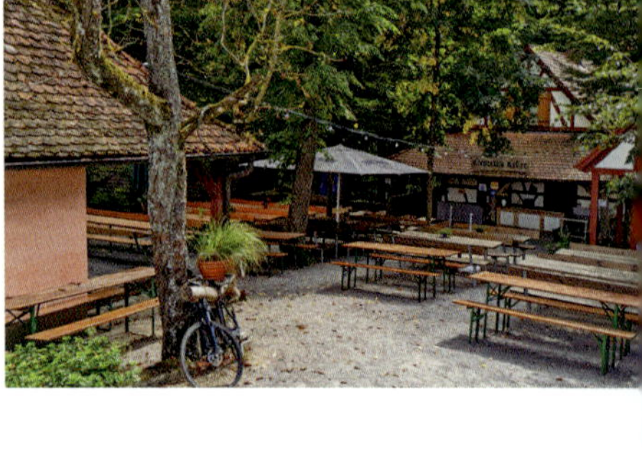

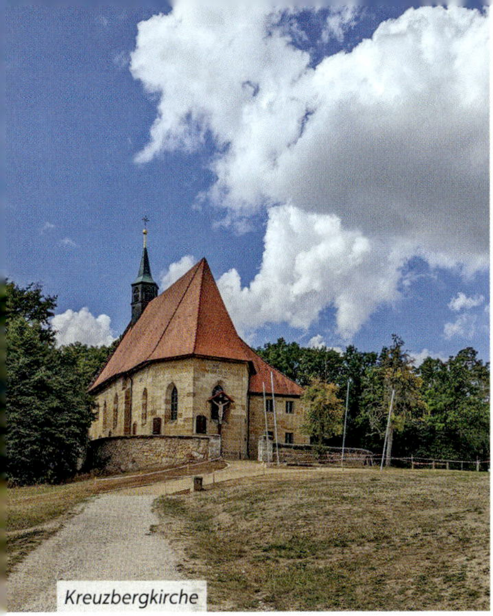

Kreuzbergkirche

Rast führt die Wanderung an den Kellern entlang und zweigt sofort nach links ab. Bergab führt der Waldweg direkt auf den Roppelt's Keller, der auf der anderen Seite des Waldes liegt. Über den Parkplatz geht es gerade nach Stiebarlimbach.

Im Ort rechts, sofort links weitergehen und anschließend wieder rechts, um die Straße zu überqueren. Auf der anderen Seite geht es auf einem Landwirtschaftsweg weiter bis zum Wald. Dort links gehen und am Jägerstand direkt in den Wald weiter. Auf der anderen Seite des Waldes wird ein größerer Weiher erreicht und geht weiter zur Straße. Dieser nach rechts folgen und auf dem Radweg wird Willersdorf erreicht.

Im Anschluss an den Kindergarten links halten und bis zum Sportgelände gehen. Auf der gegenüberliegenden Straßenseite den *Forchheimer Weg* vorbei an der Waldschänke Lunz wählen und im Wald die erste Möglichkeit links gehen. Am Ende des Weges rechts und nach der Linkskurve die dritte Abzweigung erneut nach rechts gehen.

Dem Weg bis zur *Lothar-Kunzmann-Straße* folgen und an der Bank (Laufparadies Strecke F2 / F3) links in diesen Weg abbiegen, der bis zum Abfüllzentrum der Brauerei Rittmayer am Ortseingang von Hallerndorf führt.

Dort in die gegenüberliegende *Forchheimer Straße* gehen, die Aisch überqueren und anschließend der *Schnaider Straße* folgen, von der die Straße zum Ausgangpunkt an der Kirche führt.

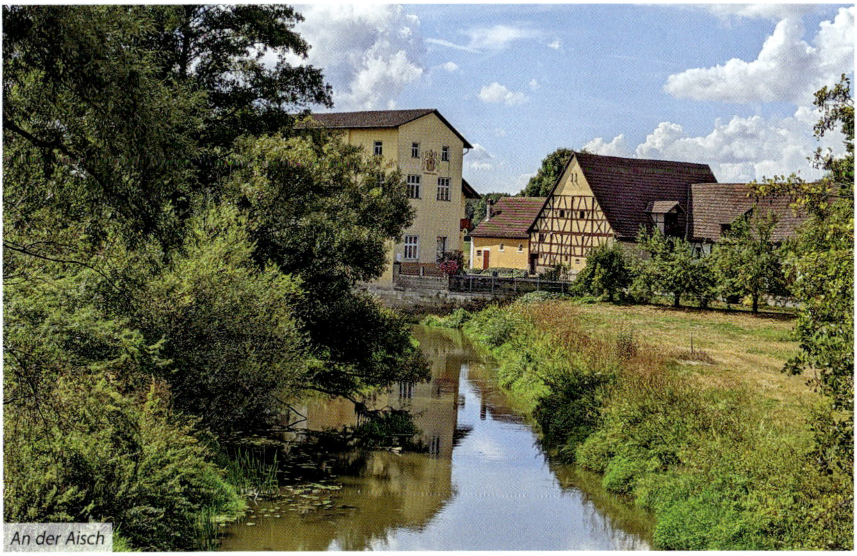

An der Aisch

2 Tage durch die Fränkische Schweiz

1 Tag / 2 Tage / 3 Tage: Raus aus dem Alltag und ein entspanntes Wochenende bei einer gemütlichen Radtour im Bamberger Land genießen

Bamberg	Bahnhof Bamberg
80 km	800 Hm
2 Tage	Trockenes Wetter
1/4 Schatten	Nein

Teer, Schotterwege, Kopfsteinpflaster (Altstadt Bamberg)

Regnitzfähre Pettstadt
Schlosspark Sassanfahrt
St. Georg Kapelle Senftenberg
Heiligenstädter See
Felsen an den Serpentinen kurz vor Tiefenellern
Schloss Seehof

Bahnhof Bamberg (ICE, RE, S-Bahn)

Parkhaus Atrium, Parkhaus Luipoldstraße (gegenüber Bahnhof)

Ladestation E-Bike:
Schloss Sassanfahrt, Egloffsteiner Hof (Altendorf), St. Georgen Bräu (Brauereiwirtschaft & Keller Buttenheim), Naturfreundehaus Veilbronn, Landhotel Heiligenstadter Hof, Brauerei Reh (Lohndorf), Restaurant HAY26 (Litzendorf), Brauerei Knoblach (Schammelsdorf), Gasthaus Hoh (Meedendorf), Höhns Keller (Memmelsdorf), Drei Kronen (Memmelsdorf), Gasthof Höhn (Memmelsdorf), Café Schloss Seehof (Memmelsdorf)

Gärtner- und Häckermuseum, Mittelstr. 34, 96052 Bamberg

Elisabethenkirche mit Lüpertz-Kirchenfenstern, Obere Sandstr. 29, 96049 Bamberg

Zentrum Welterbe Bamberg, Untere Mühlbrücke 5, 96047 Bamberg

Pettstadter Regnitzfähre: www.pettstadt.de/pettstadt-erleben/sehenswertes/regnitzfaehre

Levi-Strauß-Museum Buttenheim, Marktstr. 31-33, 96155 Buttenheim

Kletterpark Veilbronn, Veilbronn 17, 91332 Heiligenstadt

Löwenbräu Buttenheim, St. Georgenbräu Keller Buttenheim, Senftenberger Keller Buttenheim, Naturfreundehaus Veilbronn, Brauerei Ott mit Biergarten, Brauerei Hönig Tiefenellern, Brauerei Knoblach Schammelsdorf, Gasthaus Hoh Meedensdorf, Gasthof Höhn Memmelsdorf

–> Beschreibung ab Seite 116

Für mich ist der Abschnitt durch das Leinleitertal immer wieder ein Highlight. Besonders im Herbst, wenn sich das Laub bunt färbt und die Sonne das Tal in ein schönes Licht taucht, bin ich hier gerne unterwegs und kehre im Naturfreundehaus Veilbronn ein, um den Blick über das Tal schweifen zu lassen.

Kombinationsmöglichkeit mit der Wanderung von der Heroldsmühle durchs Trockental

Als Eintagesradtour: In Buttenheim zu den Kellern und über Unterstürmig (Lias-Grube) zum Bahnhof Eggolsheim radeln. Rückfahrt mit der S-Bahn. Gesamtlänge: 35 km

Vom Bahnhof aus startet diese Tour mit einer Sightseeing-Runde durch die Welterbestadt. Nach rechts in die *Ludwigstraße* und an der Ampel links der *Klosterstraße* folgen.

Am Ende rechts und gleich wieder links in die *Spitalstraße*. In der *Mittelstraße* führt die Tour am Gärtner- und Häckermuseum vorbei und zweigt links in die *Färbergasse* ab. An der Ampel schräg gegenüber in die *Löwenstraße* fahren und den Main-Donau-Kanal überqueren. Über den *Markusplatz* geht es zur *Markusbrücke* und links in die *Untere Sandstraße*.

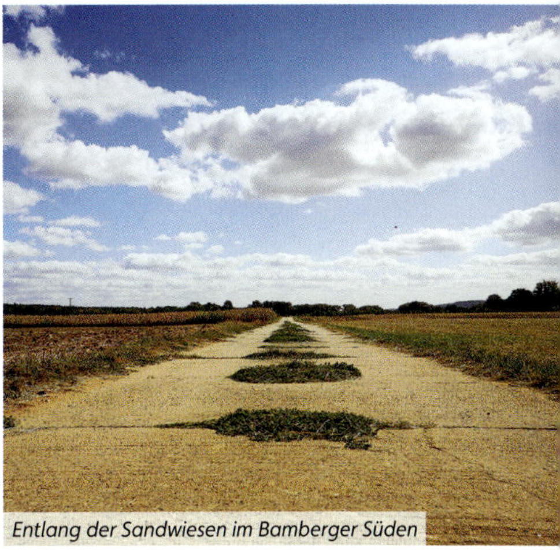

Entlang der Sandwiesen im Bamberger Süden

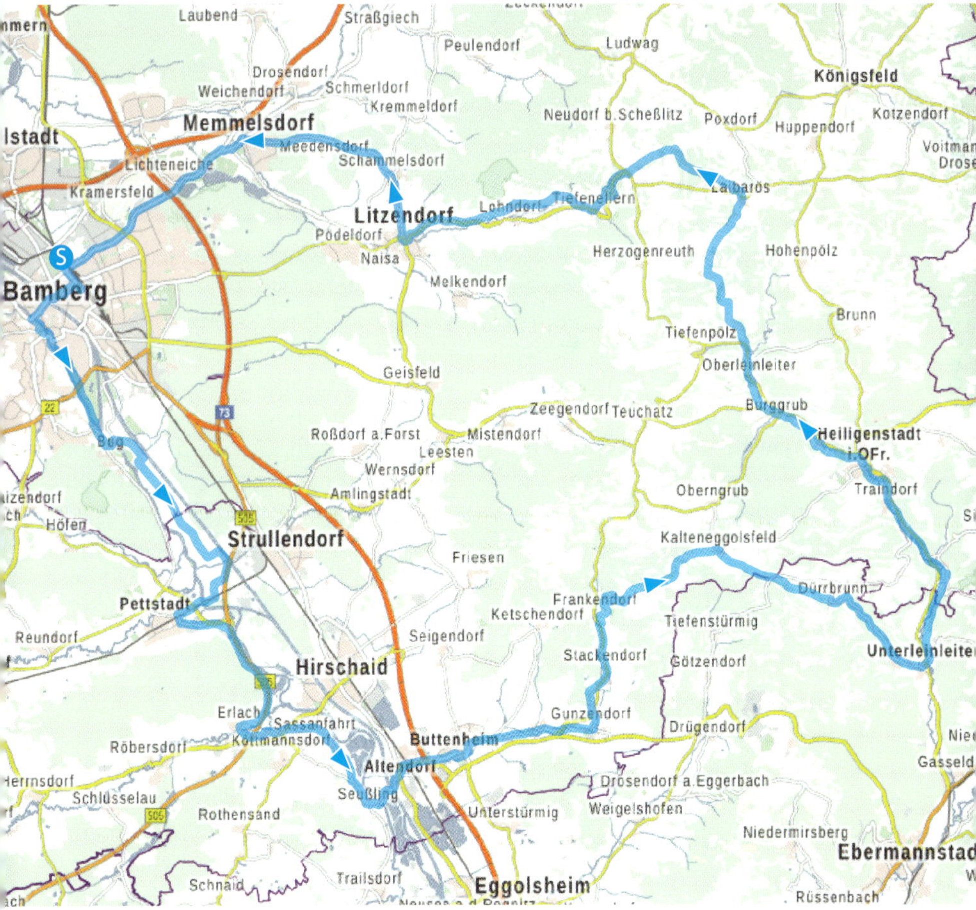

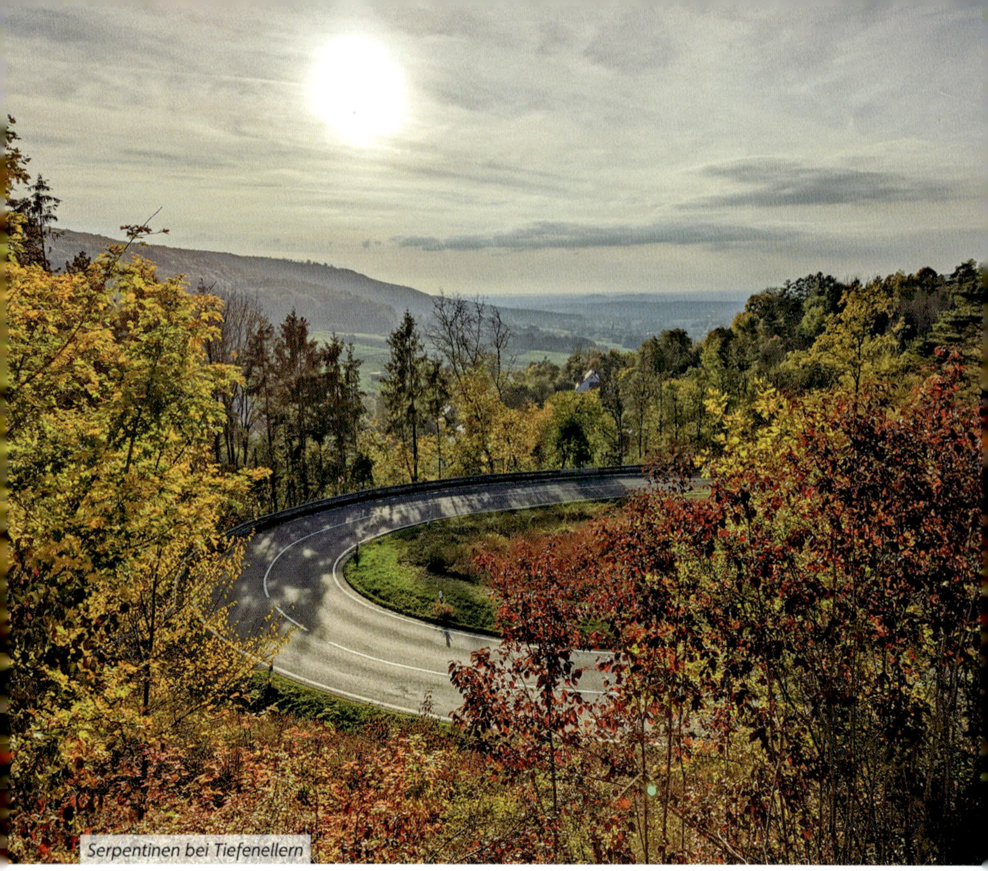

Serpentinen bei Tiefenellern

Vor dem *Elisabethenplatz* links zur Regnitz fahren und rechts am Fluss weiter. Der Straße bis zur *Oberen Sandstraße* folgen, dort links halten. In der *Herrenstraße* Richtung *Obere Brücke* radeln und rechts zur *Schranne* abbiegen. Schräg gegenüber führt die Brücke zum Schloss Geyerswörth und weiter nach rechts wird der Rosengarten Geyerswörth erreicht. Der Straße bis zur Kurve folgen und dort rechts zur Regnitz abbiegen. Über den *Mühlwörth* geht es zur Schleuse 100 und in den Hain. Durch den Park immer am Fluss entlang radeln, vorbei am Hainbad und unter dem *Münchner Ring* durch, bevor an der *Buger Spitze* die Brücke erreicht wird, über die die Flussseite gewechselt wird. *Am Regnitzufer* bis zur nächsten Abzweigung fahren, dort links halten und erneut die Regnitz überqueren. Anschließend rechts in den *Bughof* und der Straße folgen. Als Betonweg geht es entlang der Buger Sandwiesen bis zur nächsten Brücke über den Kanal. Vor dieser rechts dem Wegweiser nach Pettstadt folgen und zur Pettstadter Regnitzfähre radeln. Dort wird die Regnitz überquert und es geht nach Pettstadt. Am kleinen Kreisverkehr links halten und der Beschilderung RegnitzRadweg folgen. Über die *Ohmstraße* den Ort verlassen und für einen kurzen Abschnitt nahe der *B505* radeln, bevor es leicht bergauf in den Wald geht. So wird als nächstes der kleine Ort Erlach erreicht. An der Kreuzung links halten und nach der Brücke über die Reiche Ebrach links auf den Weg durch den Wald fahren. Es geht unter der B505 durch und nach Köttmannsdorf. An der Kreuzung zur *Köttmannsdorfer Hauptstraße* erwartet die Radler*innen ein besonderer Garten mit einem geparkten Hubschrauber.

Der Straße folgend geht es weiter Richtung Sassanfahrt, am Kreisverkehr vorbei und anschließend rechts durch eine Unterführung, über die Sassanfahrt erreicht wird. Der Hauptstraße folgen und rechts in die *Pfarrer-Hopfenmüller-Straße* biegen.

Am Schloss sind etwa 20 km zurückgelegt und die Tour führt entlang der Straße Richtung Seußling. Durch den Ort fahren und in die *Regnitzstraße* biegen, um die Regnitz zu queren und nach Altendorf zu fahren. An der Kreuzung mit der *Bamberger Straße* links halten und anschließend rechts in die *Schulstraße* fahren. An der *Jurastraße* wieder rechts, die Bahngleise überqueren und den Ort Richtung Buttenheim verlassen. In Buttenheim rechts in die *Schloßstraße* und weiter in die *Marktstraße* fahren. Buttenheim eignet sich gut als Abschluss des ersten Tages.

Die Tour verläuft direkt am Levi-Strauß-Museum vorbei und erreicht wieder die Hauptstraße, an der es nach rechts weitergeht und Buttenheim verlassen wird. Der Radweg neben der Straße führt nach Dreuschendorf, am Ortsende schräg gegenüber dem Radweg nach Gunzendorf folgen. Von der *Mühlleite* links in die *Jurastraße* biegen und die *Hauptstraße* queren. Kontinuierlich ansteigend führt die Tour Richtung Senftenberger Kapelle und Keller, zu denen sich ein Abstecher lohnt!

Der Straße folgend wird Stackendorf erreicht. Im Ort nach der Kapelle rechts hoch und anschließen links halten und auf den landwirtschaftlichen Weg nach Frankendorf radeln. Der Weg führt auf die Straße, die sofort nach rechts wieder verlassen wird. Es geht wieder nach links und anschließend nach rechts bergauf. Nun beginnt der anspruchsvollste Anstieg der Tour! Am Waldrand links der Straße folgen und in Serpentinen geht es durch den Wald, an dessen Ende das schwierigste Stück geschafft ist. Entlang von Feldern und Wiesen bleibt die Tour auf der Höhe und erreicht Kalteneggolsfeld.

Im Ort zweimal links halten und der Straße Richtung Dürrbrunn folgen. Auf halber Strecke ist an der Kreuzung Vorsicht geboten, da die Ausschilderung etwas verwirrend ist. Links entlang der Straße ist Dürr-

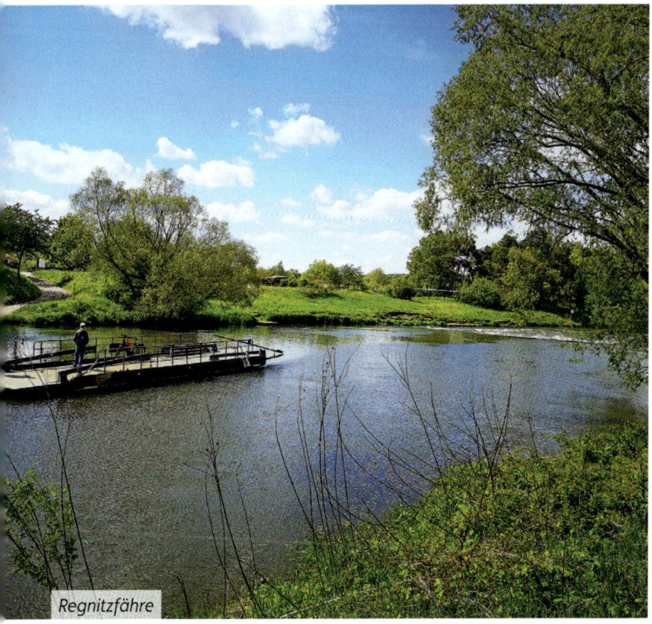

Regnitzfähre

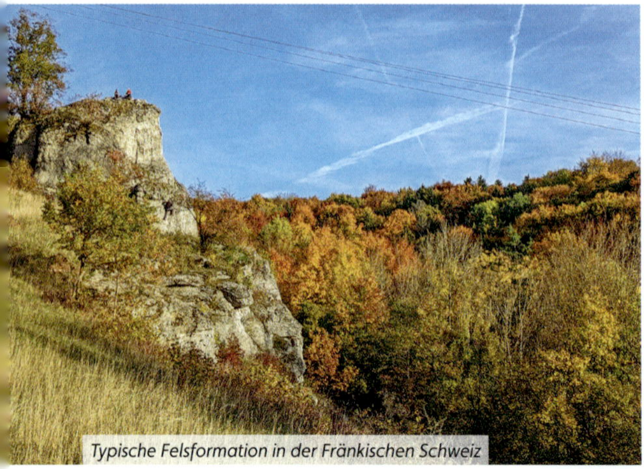
Typische Felsformation in der Fränkischen Schweiz

über die Brücke auf die gegenüberliegende Seite der Leinleiter radeln. Dem Leinleiter-Radweg folgend geht es sanft ansteigend durch das Tal bis Veilbronn. Veilbronn, das etwa in der Mitte der Tour liegt, wäre auch als Übernachtungsort gut geeignet, da es verschiedene Möglichkeiten bietet. Lohnenswert ist hier ein Abstecher zum

brunn erreichbar, aber die Tour führt gerade weiter über den Schotterweg, der wieder in einen Teerweg übergeht, in den Ort. Es geht bergab und nach der Anstrengung des Bergauffahrens tut die Entspannung gut. Im Ort rechts und sofort wieder links in die *Dorfstraße* fahren, über die Dürrbrunn verlassen wird. Bis Unterleinleiter geht es bergab, so dass nochmals Kraft gesammelt werden kann. Im Ort links in die *Kirchenstraße* biegen, die *Hauptstraße* queren und

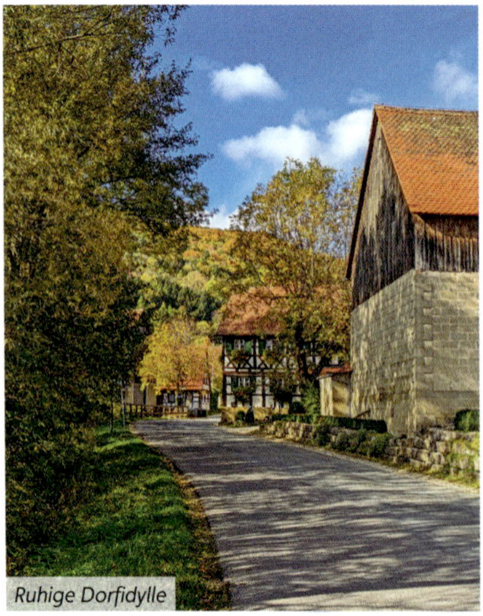
Ruhige Dorfidylle

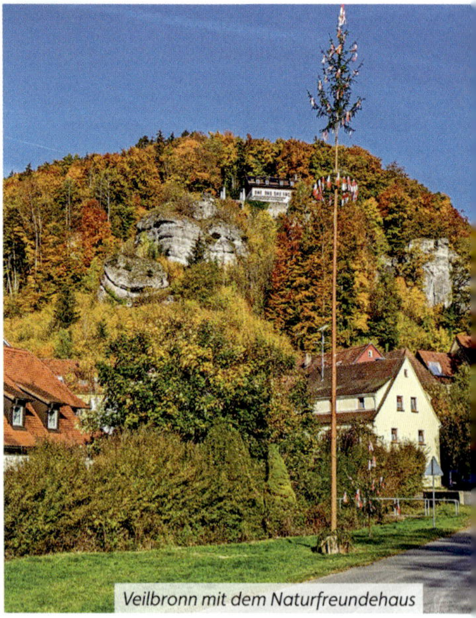
Veilbronn mit dem Naturfreundehaus

Naturfreundehaus für eine Rast auf der Aussichtsterrasse, von der das Tal überblickt werden kann. Zudem würden sich schöne Wandermöglichkeiten durch das Leidingshofer Tal bieten.
Dem Leinleiter-Radweg folgend wird nach Heiligenstadt geradelt. Zum Marktplatz die Leinleiter queren und anschließend erneut die Flussseite wechseln, um rechts in die *Mühlengas-*

se zu fahren. Über Zoggendorf geht es weiter am Waldrand entlang durch das beschauliche Tal nach Burggrub. Im Ort zur Hauptstraße radeln und an der Feuerwehr rechts den Radweg weiter bis Oberleinleiter und weiter Richtung Heroldsmühle fahren. An der Abzweigung rechts der Beschilderung nach Laiberös folgen.

Der folgende Abschnitt wird erneut etwas steiler, der Straße immer weiter folgen und kurz vor Geisdorf rechts nach Laiberös radeln. Am Ortseingang liegt der Naturlandhof Weiß, der hier im Buch auch vorgestellt wird. An der Hauptstraße links und anschließend rechts bis zum Ortsausgang fahren, wo es erneut rechts auf einen Weg mit dem letzten größeren Anstieg geht.

Bis zur T-Kreuzung am Windrad auf diesem bleiben, im Verlauf geht der Untergrund in einen Schotterweg über. Hier links abbiegen und bis zur Straße radeln. Schräg gegenüber in die Straße nach Tiefenellern biegen und den Serpentinen ins Ellertal folgen. Durch den Ort radeln und am Ortsausgang rechts auf den Radweg biegen. Dieser führt etwas erhöht durch das Tal, an einigen Skulpturen vorbei, über Lohndorf nach Litzendorf. Dort der Hauptstraße folgen, rechts abbiegen und nach der Linkskurve erneut rechts Richtung Schammelsdorf fahren. Es folgt nochmals ein kurzer Anstieg, bevor der Radweg entlang der Straße weiterführt. In Schammelsdorf kürzt der Radweg durch die *Lindenstraße* ab, zweigt an der Brauerei Knoblach links ab und anschließend rechts in die *Meedensdorfer Straße*. Auf dem Weg nach Memmelsdorf wird Meedensdorf gerade durchfahren. In Memmelsdorf der Straße, vorbei am Höhnskeller, folgen bis zur Hauptstraße und links in die *Bamberger Straße* biegen.

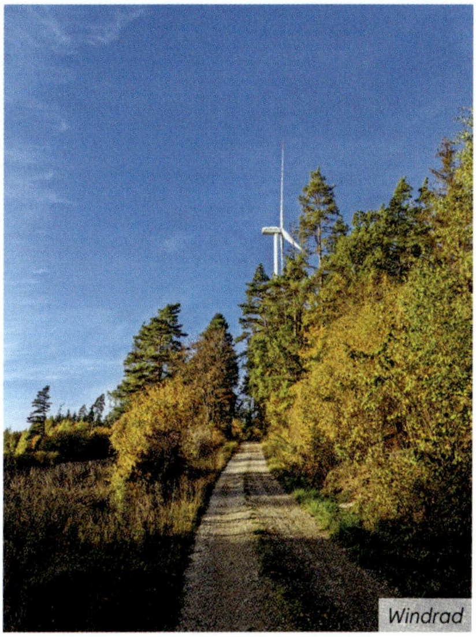
Windrad

Dieser bis zur Ampel folgen, dort die Straße queren und links dem Radweg Richtung Bamberg folgen. Vorbei an Lichteneiche und der Gartenstadt zum *Berliner Ring* fahren und gerade weiter der *Memmelsdorfer Straße* entlang. Nach der Bahnunterführung links in die *Ludwigstraße* biegen, die zum Ausgangspunkt am Bahnhof führt.

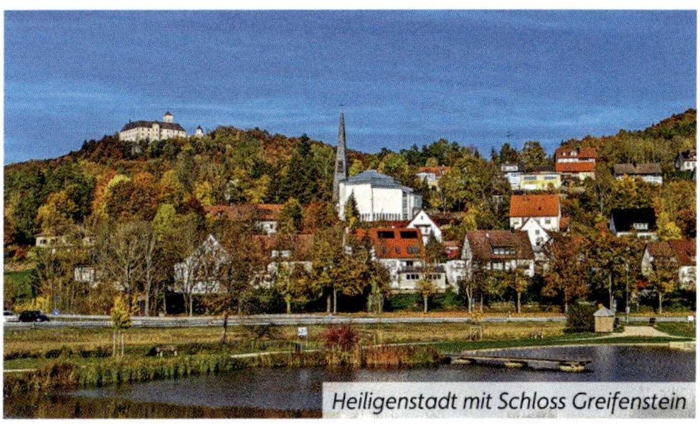
Heiligenstadt mit Schloss Greifenstein

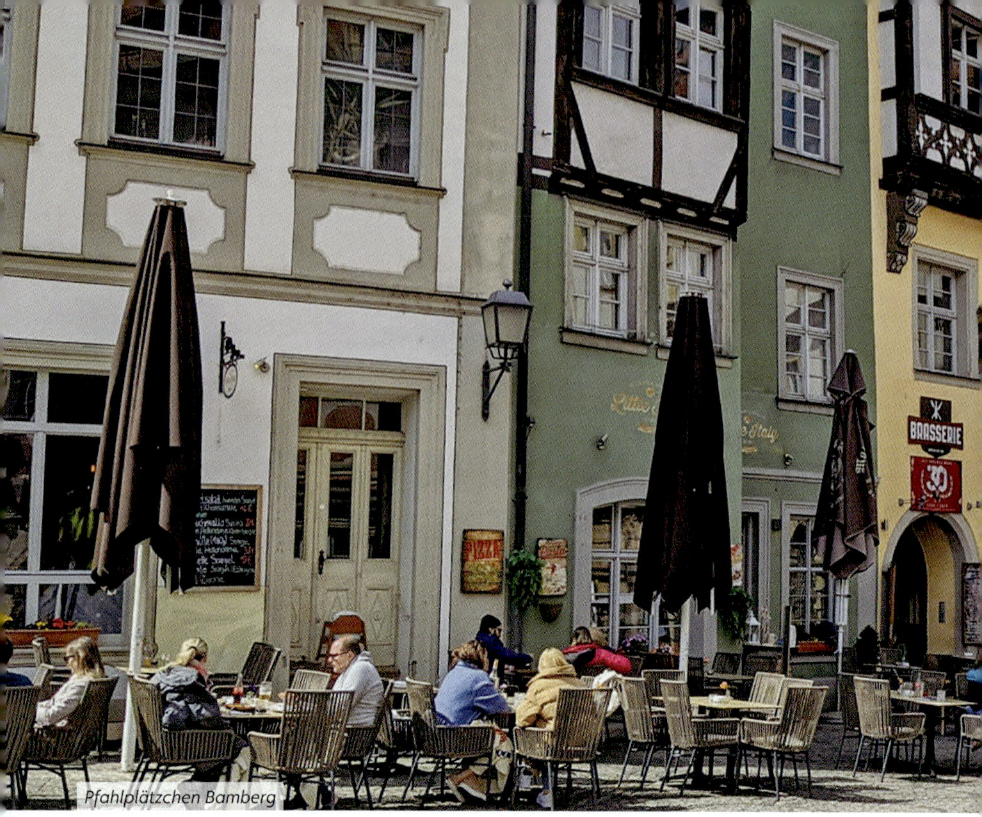

Pfahlplätzchen Bamberg

Gastronomie von A–Z

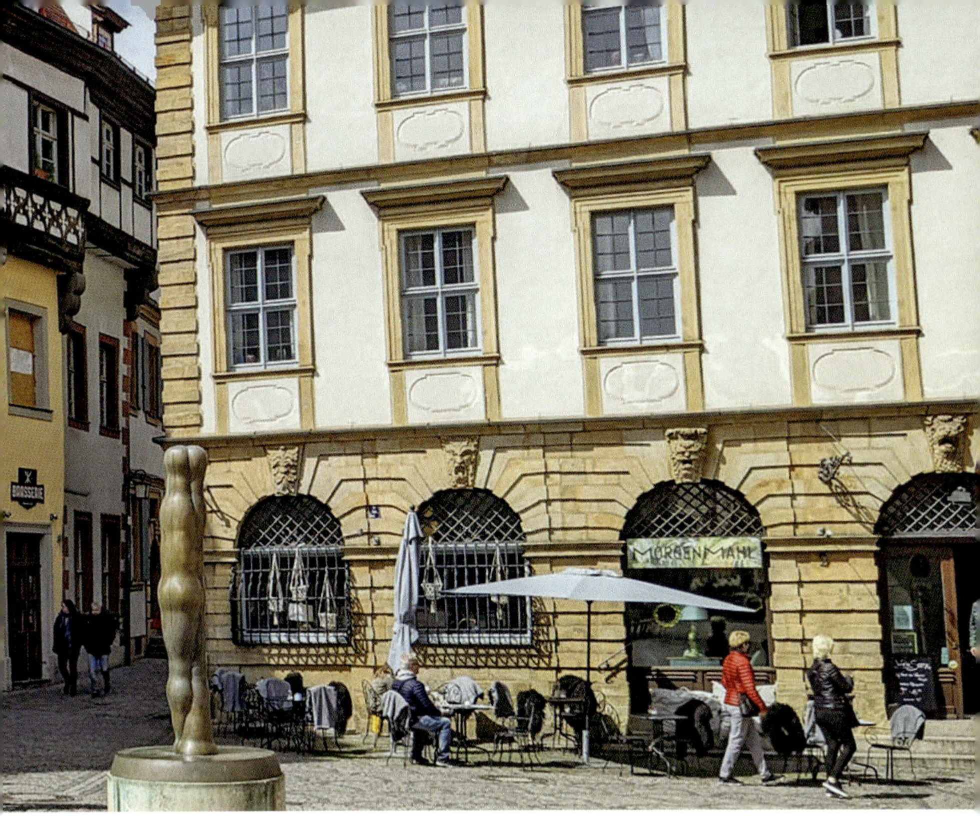

1. Adler Bräu

Hauptstr. 19, 96188 Stettfeld
09522/369
www.adlerbraeu-stettfeld.de

2. Almrauschhütte Amlingstadt

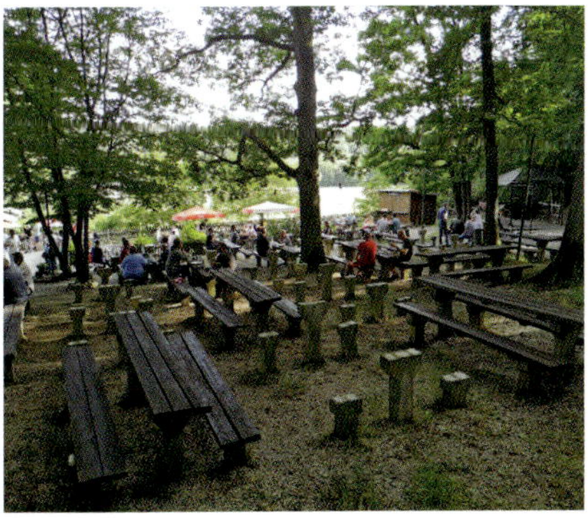

Am Hauptsmoorwald 3,
96129 Strullendorf
09543/441799

3. Berghospitz Zeiler Käppele

Kapellenberg 2, 97545 Zeil am Main
09524/1009

4. Bergschlösschen

Am Bundeslhof 2, 96049 Bamberg
0951/51912555
https://dasbergschloesschen.de
Schöne Terrasse mit Blick über Bamberg

5. Bootshaus im Hain

Mühlwörth 18a, 96050 Bamberg
0951/24485
https://bootshaus-restaurant.de
Eine Institution in Bamberg. Direkt an der Regnitz sitzen, den Ruderbooten zusehen und einfach das Leben genießen.

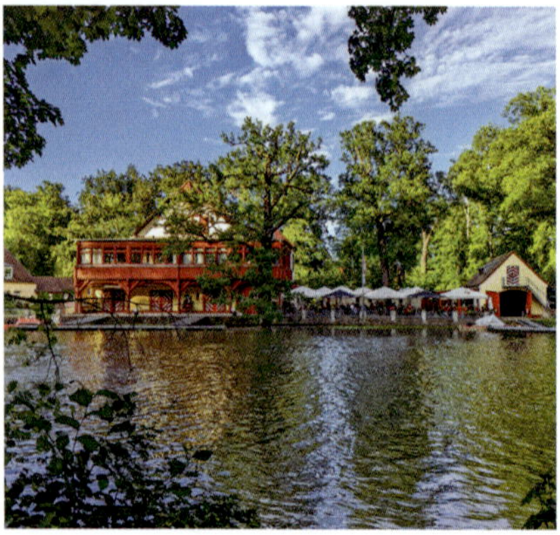

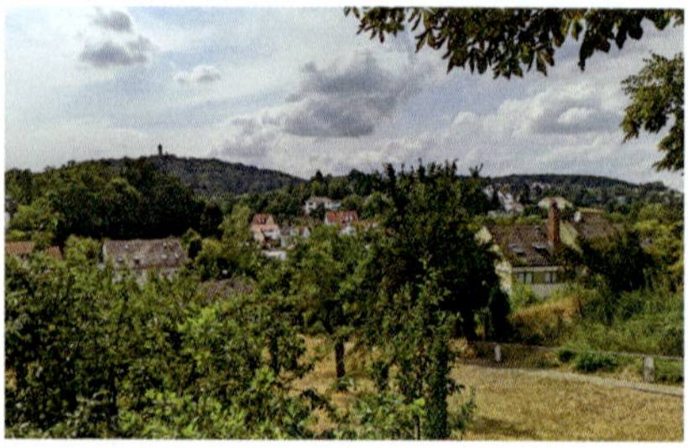

Einer der ältesten Biergärten der Stadt, der sich hinter den Mauern der Gaststätte versteckt mit tollem Ausblick bis zur Altenburg.

6. Brauerei Eichhorn
Dörfleinser Str. 43, 96103 Hallstadt
0951/75660
https://brauerei-eichhorn.de

7. Brauerei Fässla
Obere Königsstr. 19-21, 96052 Bamberg
0951/26516
www.faessla.de

8. Brauerei Greifenklau
Laurenziplatz 20, 96049 Bamberg
0951/53219
www.greifenklau.de

9. Brauerei Grasser
Huppendorf 25, 96167 Königsfeld
09207/27
https://huppendorfer-bier.de

10. Brauerei Griess
Magdalenenstr. 6, 96129 Geisfeld
09505/1624
www.brauerei-griess.de

siehe Seite 70

11. Brauerei Hoh
Köttensdorf 4, 96110 Scheßlitz
09542/627

Legende

- Ladestation E-Bike
- Spielplatz
- Übernachtung
- Biergarten/Keller/Freischank
- Gasthaus
- Brotzeiten und warme Gerichte
- Vegetarisch
- Vegan

12. Brauerei Hönig

Ellerstr. 15, 96123 Litzendorf
09505/391,
www.brauerei-hoenig.de

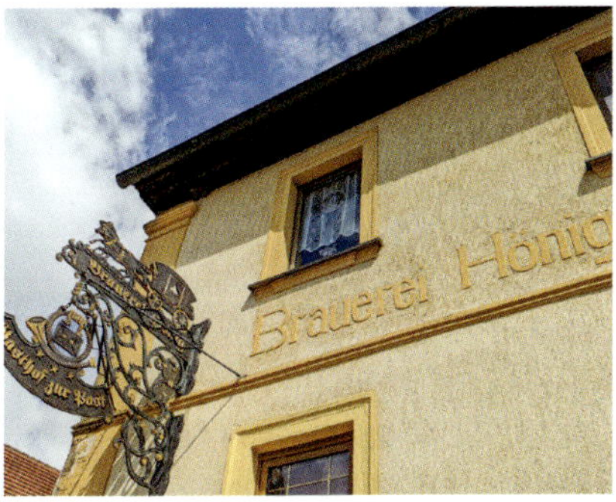

13. Brauerei Keesmann

Wunderburg 5, 96050 Bamberg
0951/9819810

Eine der beiden Traditionsbrauereien in der Wunderburg.

14. Brauerei Knoblach

Kremmelsdorfer Str 1,
96123 Schammelsdorf
09505/267
www.brauerei-knoblach.de

15. Brauerei Kundmüller

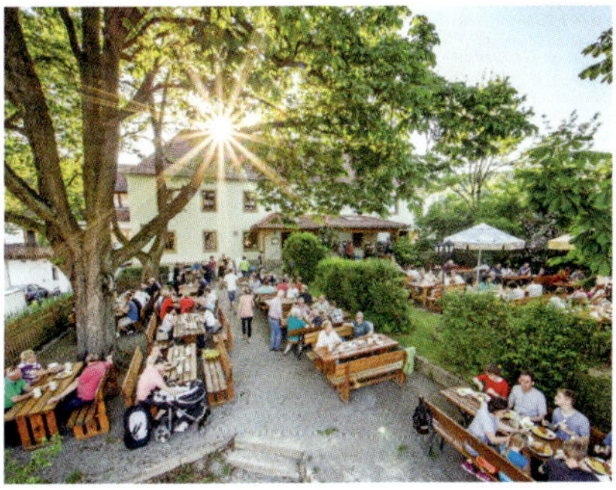

Weiher 13, 96191 Viereth-Trunstadt
09503/4338
www.brauerei-kundmueller.de

Die Brauerei bietet mehr als 30 verschiedene Biere und wurde mehrfach ausgezeichnet – u. a. mit dem Future Award für nachhaltige Betriebsführung.

16. Brauerei Mahr

Wunderburg 10, 96050 Bamberg
0951/9151715
www.mahrs.de

Zweite Wunderburger Brauerei mit einem urigen Wirtshaus und einer typischen Schwemme.

17. Brauerei Ott

Oberleinleiter 6, 91332 Heiligenstadt
09198/271
www.brauerei-ott.de

18. Brauerei Sauer

Sutte 5, 96129 Roßdorf a. Forst
09543/1578
https://brauerei-sauer.de

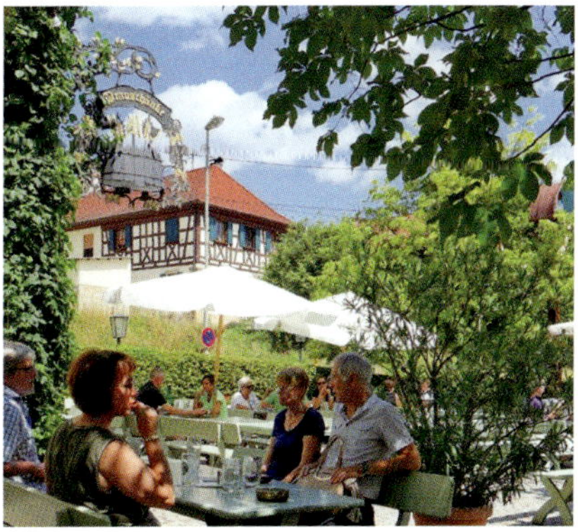

Hausgemachte grobe Bratwürste in denkmalgeschütztem Gasthof aus dem Jahr 1784.

19. Brauerei Schroll

Hauptstr. 38, 96182 Reckendorf
09544/20338

20. Brauerei Spezial

Obere Königsstr. 10, 96052 Bamberg
0951/24304
https://brauerei-spezial.de
Fränkische Spezialitäten
Speisen mitbringen außerhalb der Essenszeiten erlaubt.

21. Brauerei Wagner

Bamberger Str. 2, 96173 Oberhaid
09503/229
www.brauerei-wagner-oberhaid.de
In der Gaststätte lässt sich die Musik an der Jukebox wählen.

22. Brauhaus am Kreuzberg

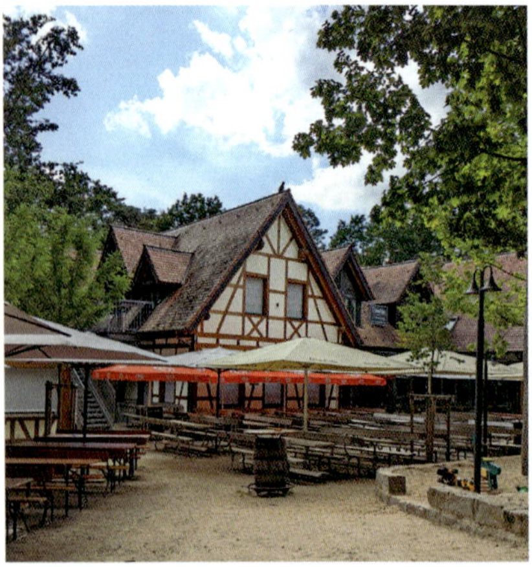

Kreuzberg 1, 91352 Hallerndorf
09545/4736
www.brauhaus-am-kreuzberg.de
Brauereiführung und Bierverkostung möglich, eigene Brennerei mit Edelbränden und Whiskys.

23. Brudermühle

Schranne 1, 96049 Bamberg
0951/955220
https://www.brudermuehle.de/

24. Café im Rosengarten

Domplatz 8, 96049 Bamberg
0951/5090792
www.caferosengartenbamberg.de
Kaffee und Kuchen unter großen Sonnenschirmen genießen und den Blick auf die blühenden Rosen und das Kloster Michelsberg genießen. Ein Traum!

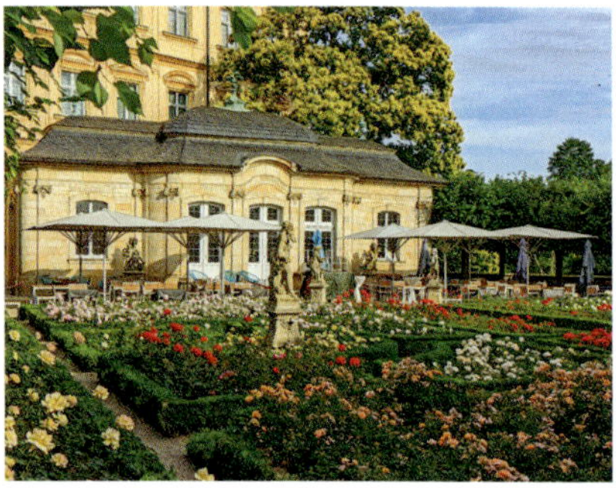

25. Café Restaurant Michaelsberg

Michelsberg 10e, 96049 Bamberg
0951/57484
https://www.restaurant-michaelsberg.de/

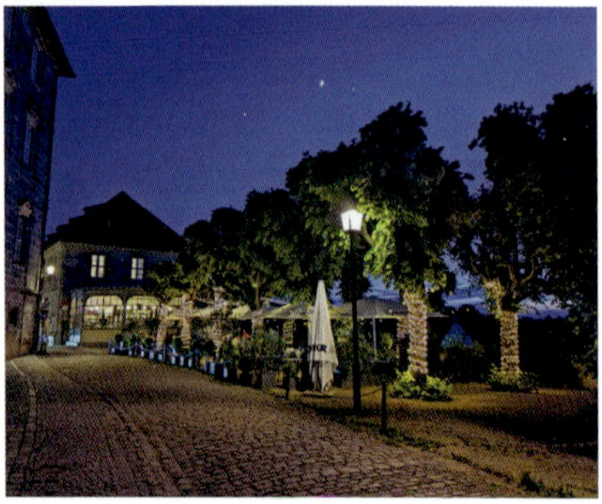

26. Café Schloss Seehof
Schloss Seehof 14, 96117 Memmelsdorf
0951/4071640
www.schloss-seehof.com

27. Camping am See
Pappelallee, 97522 Sand am Main
09524/822270
www.campingplatz-sand-am-main.de

28. Diller-Keller

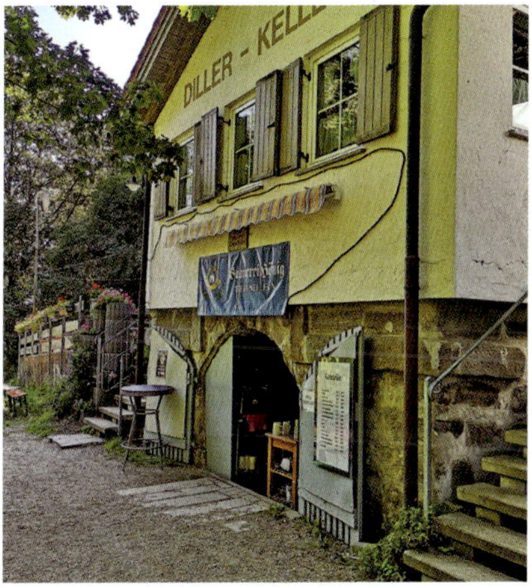

Am Kreuzberg, 96103 Hallstadt
0175/5280071

Ein kleiner, schattiger Keller mit großem Spielplatz

29. Domterrassen
Unterer Kaulberg 36, 96049 Bamberg
0951/27484
www.domterrassen-bamberg.de

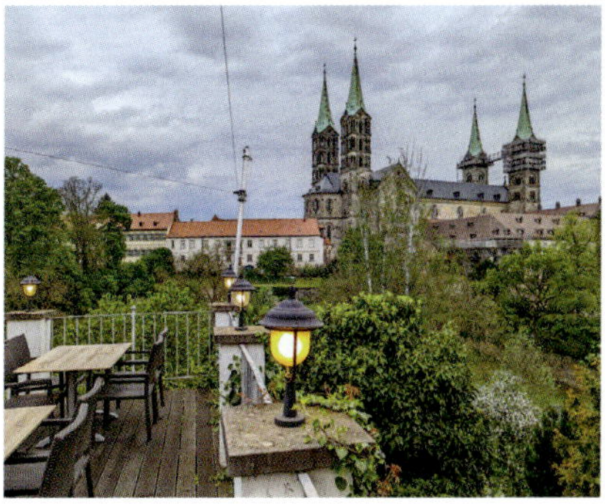

Terrasse mit dem schönsten Blick auf den Bamberger Dom!

30. Drei Kronen
Hauptstr. 19, 96117 Memmelsdorf
0951/944330
www.drei-kronen.de

Führungen durch die Brauerei buchbar

31. Drei Linden
Memmelsdorfer Str. 87, 96052 Bamberg
0951/31847
https://dreilinden-bamberg.de

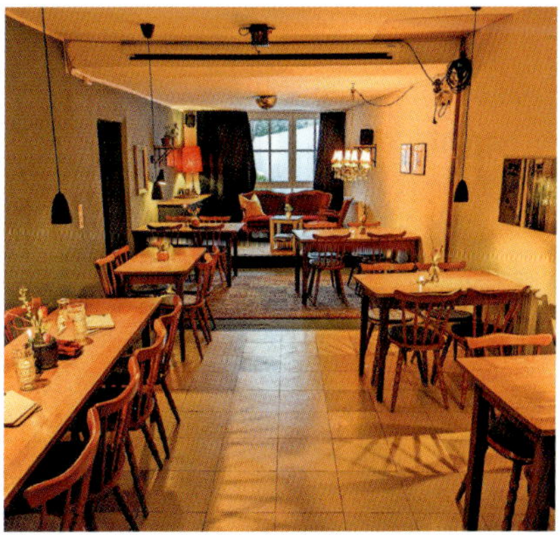

Ein renoviertes altes Wirtshaus, in dem es sehr lecker Essen gibt. Zusammen mit der gemütlichen Einrichtung einfach zum Wohlfühlen.

32. Egloffsteiner Hof
Egloffsteiner Ring 2, 96146 Altendorf
09545/313
www.egloffsteiner-hof.de

33. Einhornskeller
Jakobsberg 8, 96049 Bamberg
0951/18565305
www.einhornskeller.de

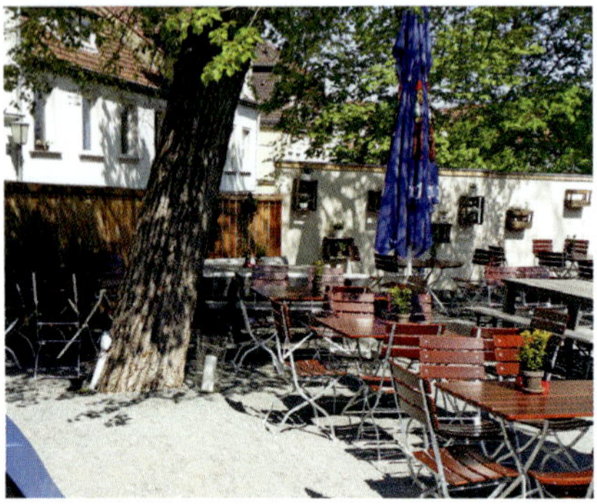

34. Galerie am Stephansberg
Unterer Stephansberg 5,
96049 Bamberg
0951/56000

Treffpunkt für Kulturschaffende, im Sommer einige Sitzplätze im Freien

35. Gambrinius Keller Unterhaid

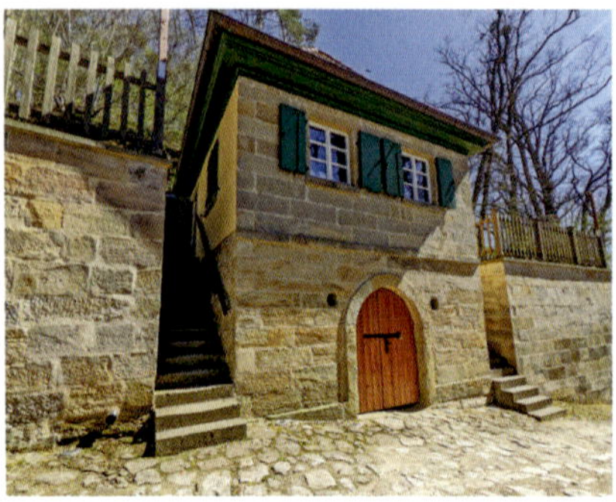

Weinbergstr. 13, 96173 Oberhaid
01520/3100484
www.gambrinus-keller.de

Etwas außerhalb des Ortes liegt die knapp 200 Meter lange Kellergasse sehr schön am Hang.

36. Gartenkeller Rittmayer
Am Gartenkeller 2, 91352 Hallerndorf
0175/8381367
https://rittmayer.de/gartenkeller

37. Gasthaus am Schloss Rentweinsdorf
Planplatz 8, 96184 Rentweinsdorf
09531/332
Griechische Spezialitäten

38. Gasthaus Goger
Hauptstr. 28, 97522 Sand am Main
09524/227
www.hotel-weingut-goger.de

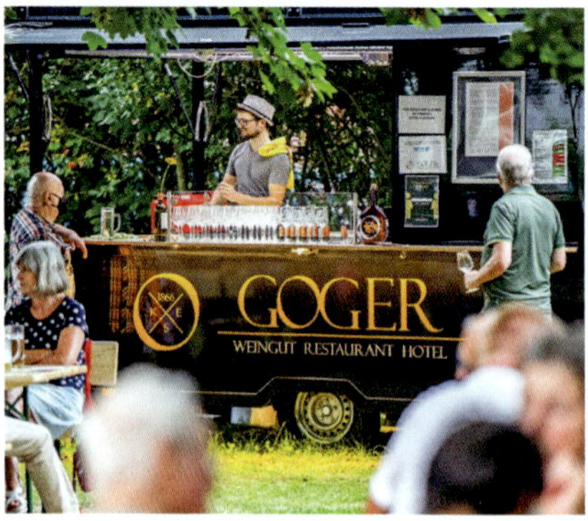

Fränkische und internationale Küche aus regionalen Produkten.
Biergarten: Live-Musik, Pfingstweinfest, Hofschoppenfest, Countryfest
Eigenes Weingut, Weinproben, Schlepperfahrten in die Weinberge

39. Gasthaus Hoh
Kapellenplatz 5, 96117 Meedendorf
09505/1443
https://gasthaus-hoh.eatbu.com/

40. Gasthaus Kramer
Ketschendorf 19, 96155 Buttenheim
09545/7432
www.gasthaus-kramer.de

Eigene Landwirtschaft mit eigener Schlachtung.

41. Gasthaus Lindenbräu
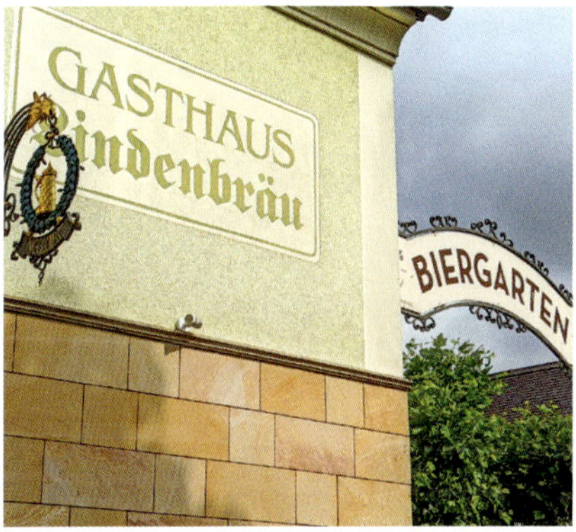

Lindenallee 17, 96129 Strullendorf
09543/226
www.linden-braeu.de

42. Gasthaus Melber
Höfener Hauptstr. 18, 96135 Stegaurach
0951/29127
https://gasthausmelber.de

Schöner Biergarten, der leicht aus dem Bruderwald zu erreichen ist

43. Gasthaus Saffer
Frankendorf 28, 96155 Buttenheim
09545/8845

44. Gasthaus Sauer Wernsdorf
Schlossplatz 1, 96129 Strullendorf
09543/3042
www.gasthof-sauer.de

45. Gasthaus Schlossbräu Reckendorf
Mühlweg 8, 96182 Reckendorf
09544/94950
www.gasthausschlossbraeu.de

46. Gasthof Schiller
Amlingstadter Str. 14, 96129 Strullendorf
09543/44020
www.gasthof-schiller.de

47. Gasthaus Stöcklein
Lindenallee 9, 96110 Scheßlitz
09542/8234
www.gasthaus-stoecklein.de

48. Gasthaus Wachter
Trosdorfer Hauptstr. 31, 96120 Bischberg
09503/7520
www.gasthaus-wachter.de

49. Gasthaus Zehender
Obere Eichenleite 2, 97500 Ebelsbach
09522/1831
www.gasthaus-zehender.de

Eigene Landwirtschaft mit Weinbergen und Streuobstwiesen

50. Gasthaus zum Grünen Baum

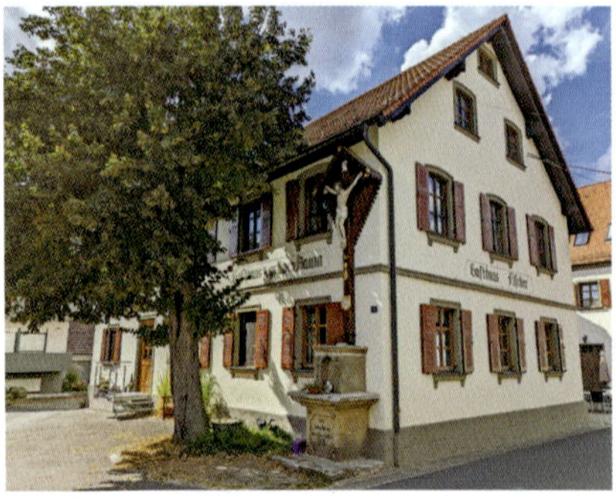

Willersdorf 151, 91352 Hallerndorf
09545/7724
https://gasthaus-fischer.de

51. Gasthaus zur Sonne

Ziegelanger 19, 97545 Zeil am Main
09524/5460
https://weinhaus-zimmermann.business.site

52. Gasthof Frankenstuben

Klein-Nürnberg 20, 96106 Ebern
09531/8430
www.gasthof-frankenstuben.de

53. Gasthof Goldener Adler

Am Marktplatz 12, 96179 Rattelsdorf
09533/982200
https://goldener-adler.info

Der Garten des Goldenen Adler lädt zum Verweilen ein. Eigentlich will man die Tour hier ausklingen lassen …

54. Gasthof Heerlein

Wildensorger Hauptstr. 57,
96049 Bamberg
0951/53137
https://heerlein.de/

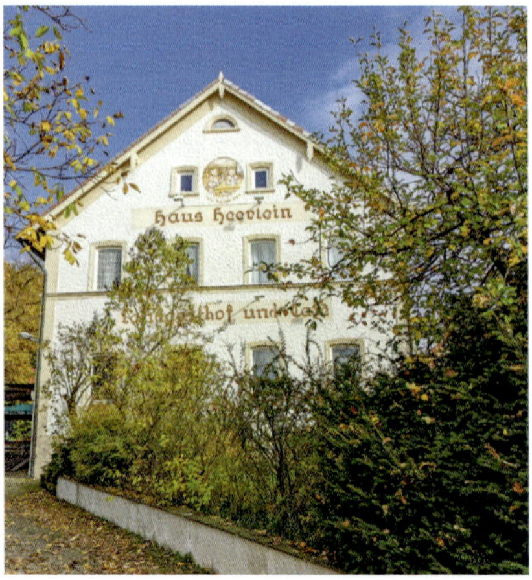

Ruhig gelegener Gasthof am Fuße der Altenburg in Wildensorg.

55. Gasthof Höhn

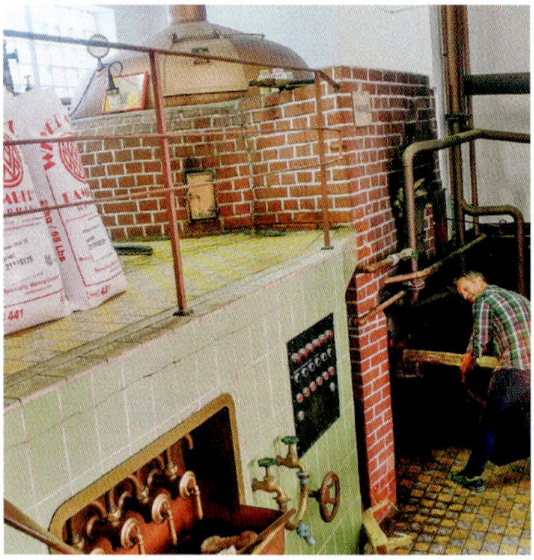

Hauptstr. 11, 96117 Memmelsdorf
0951/406140
https://hotel-gasthof-hoehn.de

Die Brauerei und der Gasthof befinden sich im Ortskern, der Keller liegt schön am Ortsrand Richtung Meedensdorf. Die Brauerei wird mit Holz und Kohle befeuert, Führungen nach Voranmeldung möglich.

56. Gasthof Jüngling Zapfendorf

Hauptstr. 20, 96199 Zapfendorf
09547/422

57. Gasthof zur Sonne

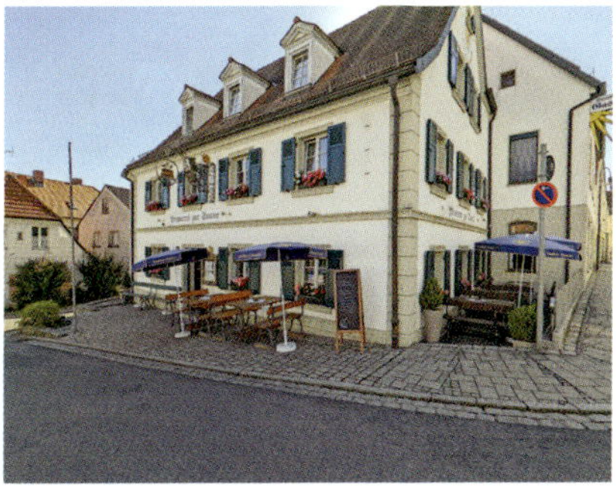

Regnitzstr. 2, 96120 Bischberg
0951/62571
www.sonnenbier.de

Der Gasthof bietet fränkische Spezialitäten und saisonale Gerichte. Durch die Nähe zum Mainradweg ideal bei Radtouren.

58. Gaststätte Giechburg

Giechburg 1, 96110 Scheßlitz
09542/424
www.giechburg-gaststaette.de

Schöner Biergarten im Innenhof der Giechburg

59. Gaststätte Mainlust

Hauptstr. 9, 96191 Viereth-Trunstadt
09503/7444
https://www.mainlust.com/

60. Griess Keller

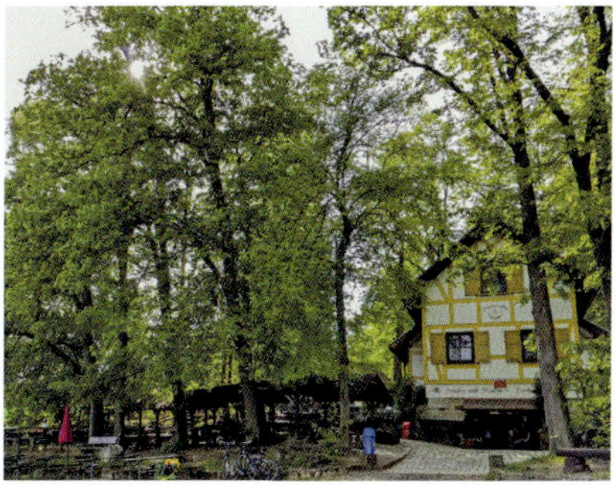

Kellerweg, 96129 Geisfeld
09505/4300719
https://www.griesskeller.net/

Schön gelegener Keller, etwas außerhalb von Geisfeld, direkt am Radweg. Fränkische Spezialitäten, So./Feiertag kl. Fränkischer Mittagstisch

61. Hannla Keller

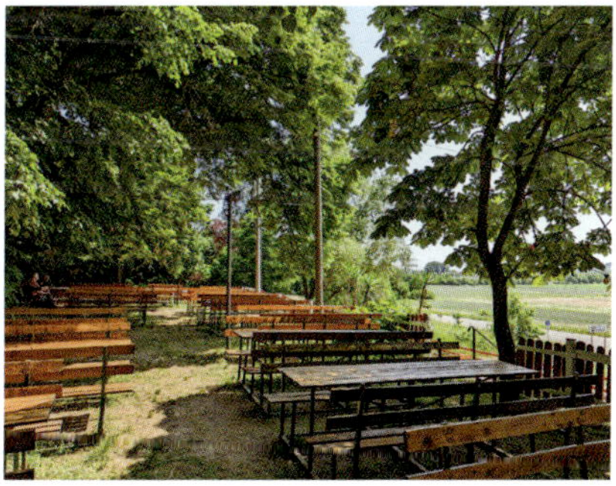

Zwischen Oberhaid & Dörfleins, 96173 Oberhaid
09503/229
www.brauerei-wagner-oberhaid.de

62. Henrietta

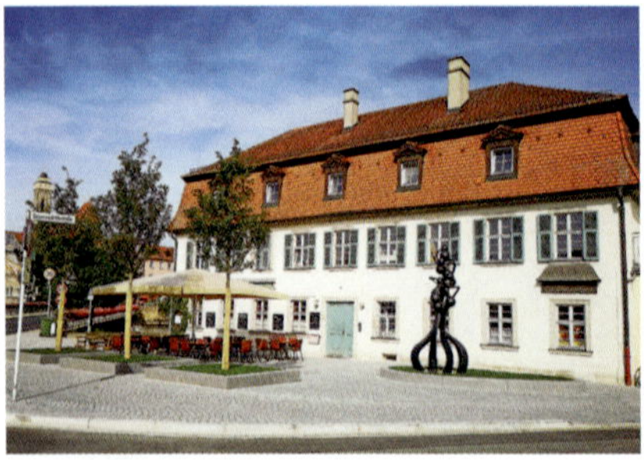

Geyerswörthstr. 4, 96047 Bamberg
0951/99395522
https://henrietta-bamberg.de/

63. Henrii am Welterbezentrum

Untere Mühlbrücke 5, 96047 Bamberg
0951/29993429
www.henrii-bamberg.de

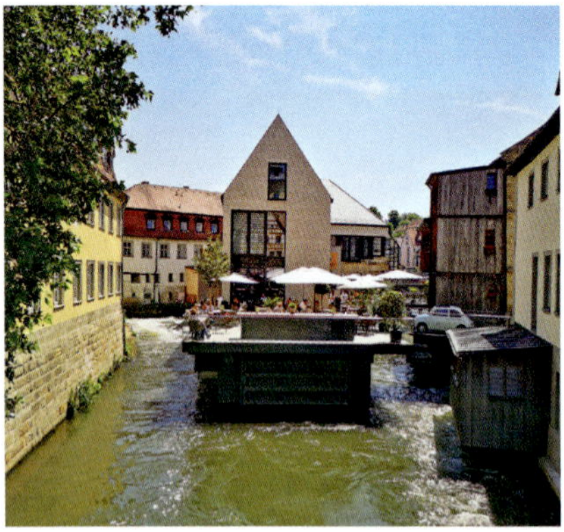

64. Herzog – Bier & Wein

Rittergasse 5, 96106 Ebern
09531/9443558

Kleiner Biergarten im ehemaligen Gefängnis von Ebern.

65. Hofbräu

Karolinenstr. 7, 96049 Bamberg
0951/53321
www.hofbraeu-bamberg.de

66. Höhnskeller

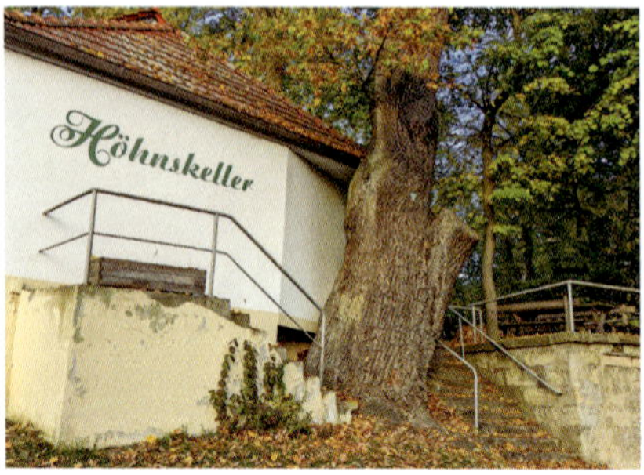

Meedensdorfer Str. 9,
96117 Memmelsdorf
https://hotel-gasthof-hoehn.de/bierkeller

Schön gelegener Biergarten am Ortsrand von Memmelsdorf.

67. KaffeeGlück

An der Spinnerei 27, 96047 Bamberg
0951/96436177

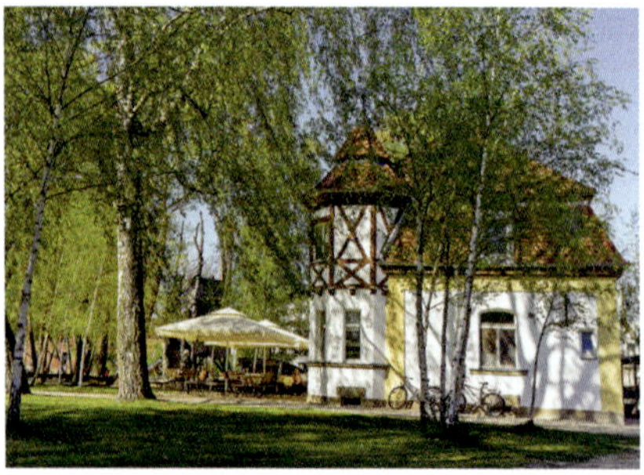

Das ehemalige Schleusenwärterhäuschen auf der ERBA-Insel wurde zu einem Café umgebaut. Durch den großen ERBA-Spielplatz eine perfekte Anlaufstelle für Eltern.

68. Kellerwaldschänke Lunz

Willersdorf 273, 91352 Hallerndorf
09195/3271
https://kellerwaldschaenke-lunz.de

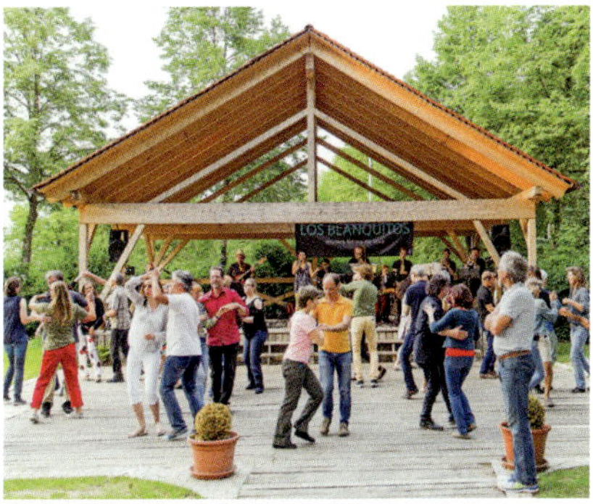

69. Kiosk Kunni

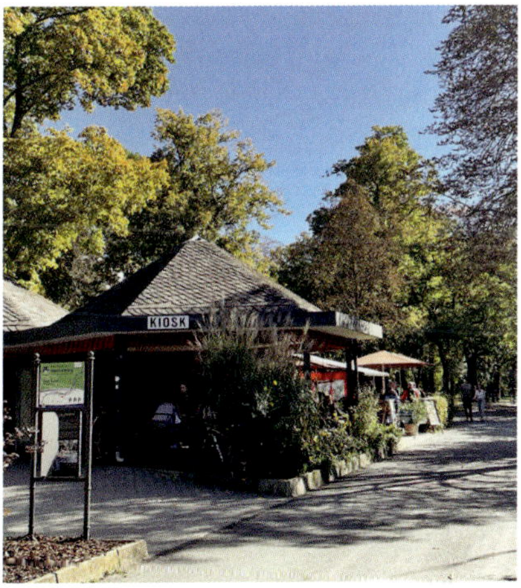

Kunigundendamm 67, 96050 Bamberg
0951/18326421
www.kiosk-kunni.de

Sehr gemütlicher Kiosk mit Sitzmöglichkeiten am Radweg, direkt am Kanal gelegen mit großem Spielplatz. Klassiker in Bio-Variante und veganer Variante, selbstgebackene Kuchen, Suppen und weitere Snacks. Bockbieranstich im Herbst.

70. Landgasthof Büttel

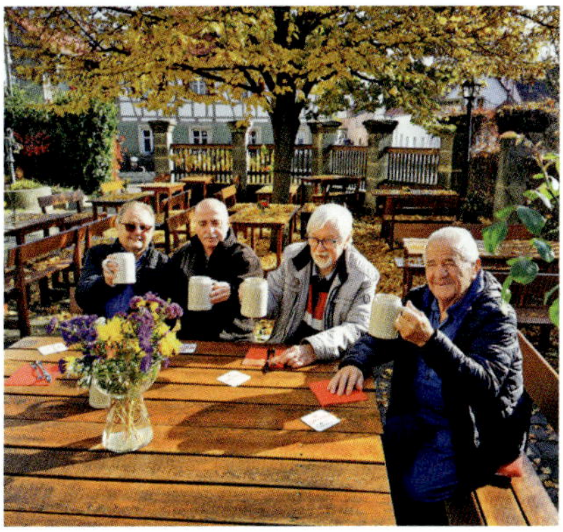

Litzendorfer Str. 3, 96129 Geisfeld
09505/80670
https://gasthof-buettel.de/

Schöner Landgasthof mit Garten und gutem Mittagstisch am Sonntag. Möglichkeit zum Kegeln.

71. Landgasthof Hümmer

Hauptstr. 47, 96120 Bischberg
0951/61143

72. Landgasthof Leicht

Mittelstr. 2, 96164 Kemmern
09544/5030
www.landgasthof-leicht.de

73. Landgasthof Lohntal

Lohntalstr. 15, 96123 Litzendorf
09505/92290
www.lohntal.de

Der Landgasthof bietet nur Übernachtungen.

74. Landgasthof Rittmayer

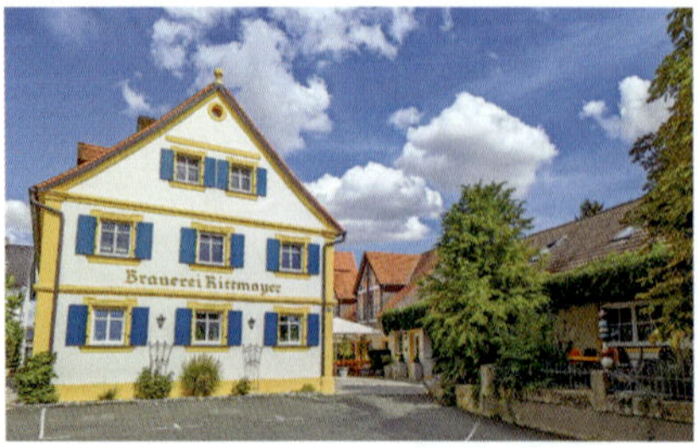

Willersdorf 108, 91352 Hallerndorf
09545/9473-0
www.rittmayer.com

75. Leicht's Keller

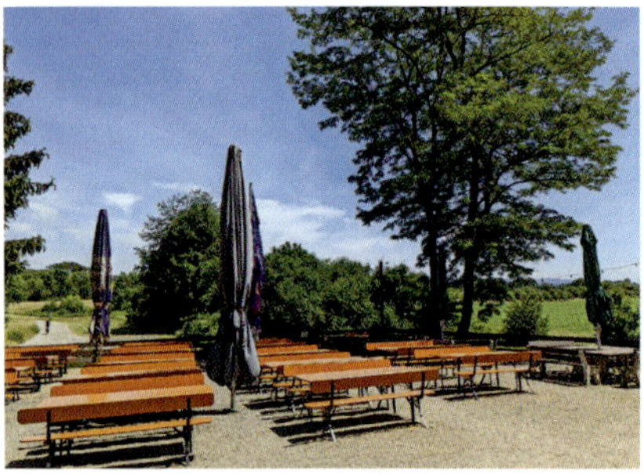

Im Kessel 1, 96164 Kemmern
01520/9895754

76. Lemon Tree

Weidendamm 150, 96047 Bamberg
0951/96439713
www.lemontree-bamberg.de
Campingplatz

Schöne Lage mit großem Garten nahe dem Main-Donau-Kanal und der ERBA-Insel.

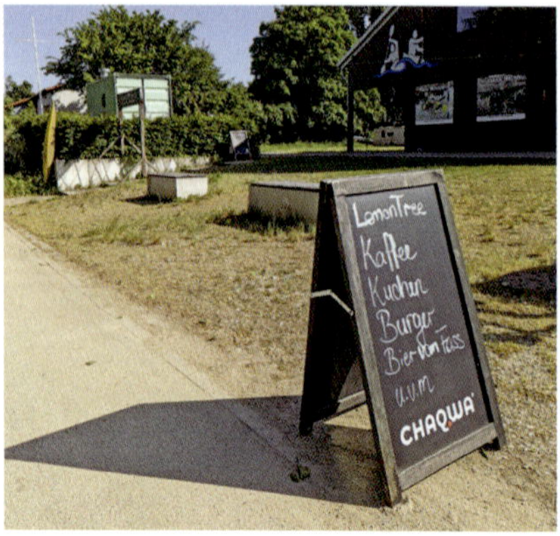

Levantinische Speisen mit großer Auswahl an vegetarischen und veganen Speisen.

77. Löwenbräu Gasthaus

Marktstr. 8, 96155 Buttenheim
09545/332
https://loewenbraeu-buttenheim.de

78. Löwenbräu Keller

Eremitage 3, 96155 Buttenheim
09545/509346
http://loewenbraeu-keller-buttenheim.de

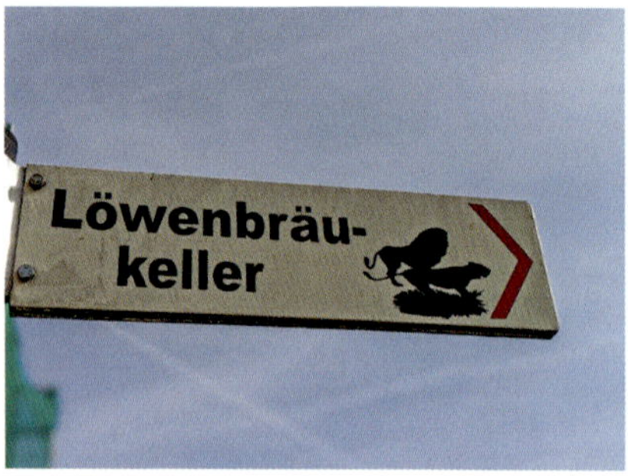

79. Naturfreundehaus
Veilbronn 17, 91332 Heiligenstadt
09198/234
https://naturfreundehaus-veilbronn.de/

Hoch über dem Leinleitertal gelegen bietet die Terrasse eine sehr schöne Aussicht.

80. Pettstadter Keller
96175 Pettstadt
0171/5491941

Kleiner Keller etwas außerhalb von Pettstadt an der Kreuzung Richtung Höfen und Bug.

81. Pizzeria Salento Reckenneusig
Waldstr. 1, 96148 Baunach
09544/987791

82. Restaurant Altenburg
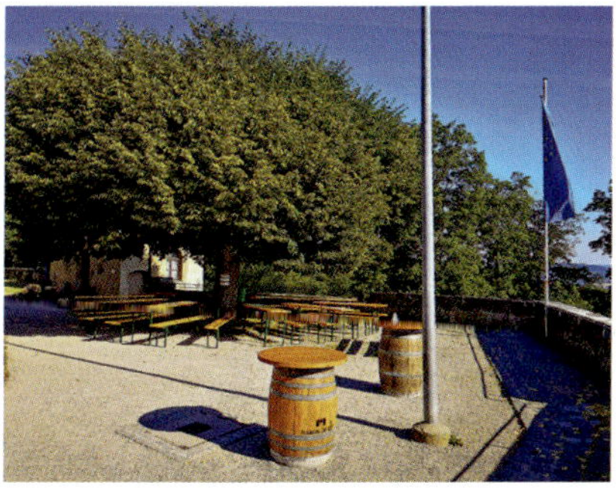

Altenburg 1, 96049 Bamberg
0951/56828
www.restaurant-altenburg.de

Bambergs höchstgelegener Biergarten mit einem 360 Grad Panorama vom Turm der Altenburg

83. Rittmayer Kreuzbergkeller
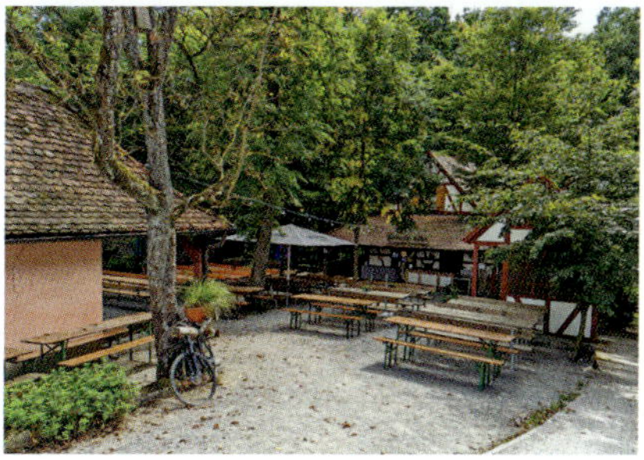

Kreuzberg 3, 91352 Hallerndorf
0151/58559325
www.rittmayerkeller.de

Ein sehr schön gelegener und bekannter Keller unterhalb der Kreuzbergkirche Hallerndorf.
Fränkische Spezialitäten, legendärer Kochkäse, Flammkuchen. Speisen mitbringen erlaubt. Livemusik zu besonderen Anlässen.

84. Roppelt's Keller
Stiebarlimbach 9, 91352 Hallerndorf
09195/7263
www.brauerei-roppelt.de

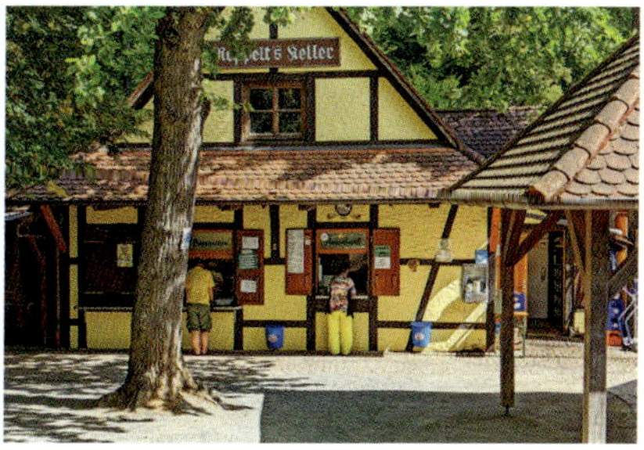

85. Roßdorfer Felsenkeller
Zum Felsenkeller 1,
96129 Roßdorf a. Forst
https://rossdorfer-felsenkeller.de

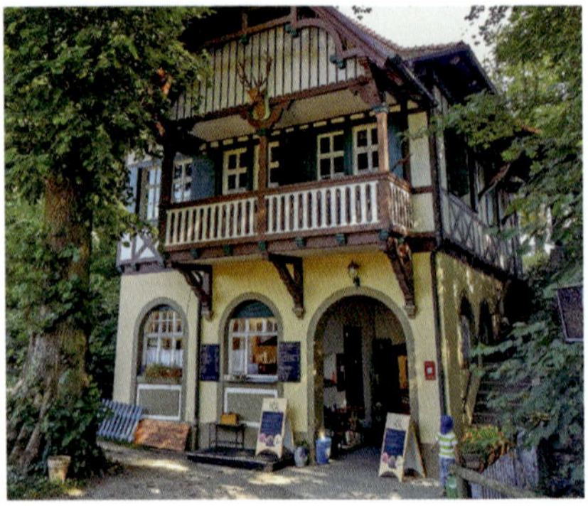

86. Schäfer – Die Weinscheune

Kirchstr. 13, 97500 Ebelsbach
09522/5016
www.schaefer-die-weinscheune.de

Regionale und hausgemachte Gerichte, eigener Weinberg & Brennerei, Fränkischer Whisky und Gin

87. Schuhmannskeller

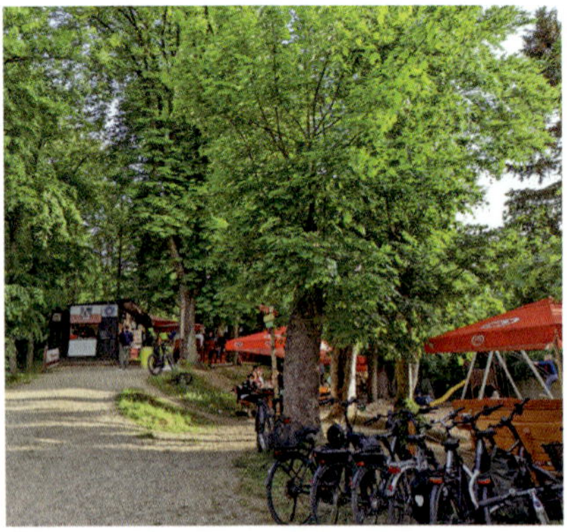

Rothofweg 1, 96120 Bischberg
0160/97807737
www.schuhmannskeller.de

Schöner Biergarten auf mehreren Ebenen mit leckerem, selbstgemachten Kochkäse

88. Schwanenkeller Scheßlitz

Windischlettener Str. 12, 96110 Scheßlitz
09542/6979938

89. Schwanenbräukeller

Kellerberg 9, 96129 Strullendorf
09543/41278

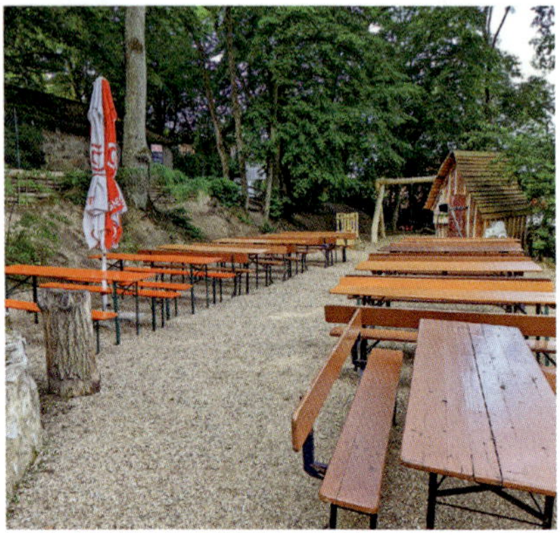

90. Senftenberger Keller

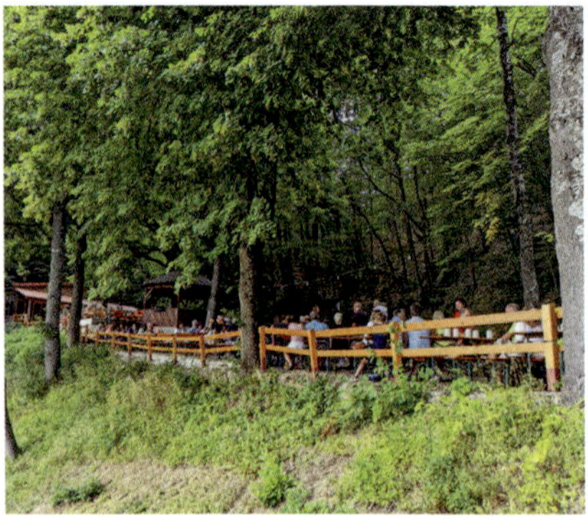

Senftenberg, 96155 Buttenheim
09545/70693
https://senftenberger-felsenkeller.de

Sehr schöner und großer Keller unter Schatten spenden Bäumen, direkt am Wanderweg gelegen.

91. Spezikeller

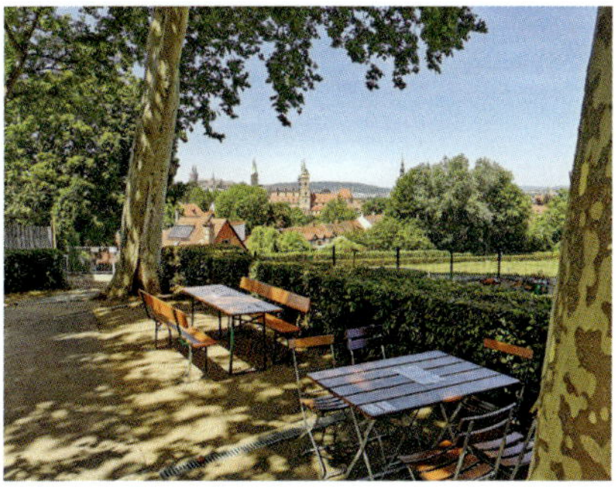

Sternwartstr. 8, 96049 Bamberg
0951/54887
www.spezial-keller.de

Der Spezikeller zählt zu den schönsten Kellern Bambergs und besticht durch seine Aussicht zum Dom.

92. St. Georgenbräu Keller

Kellterstr. 1, 96155 Buttenheim
09545/18020990
www.georgenbraeu.de/keller

Schön, unter Bäumen gelegener Keller mit Blick auf Buttenheim.

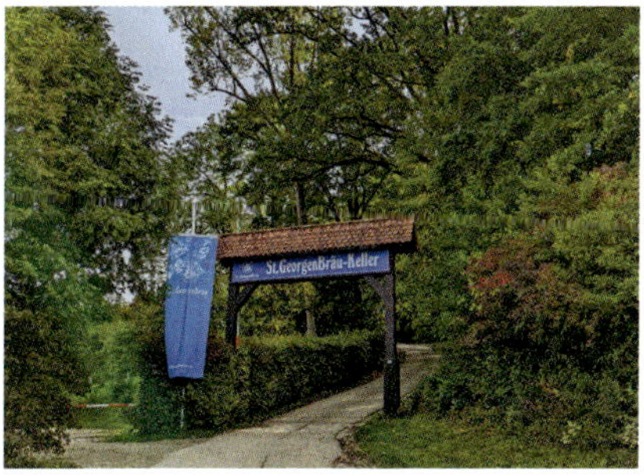

93. Störenkeller

Oberer Stephansberg 11,
96049 Bamberg
0951/18097797

94. Veracruz Ebern

Marktplatz 18, 96106 Ebern
09531/944914
www.veracruz-ebern.de

95. Vereinshain

Galgenfuhr 30, 96050 Bamberg
0951/91790917
https://vereinshain.de

Biergarten an der Schleuse im Hain, in dem immer wieder Veranstaltungen stattfinden.

96. Villa Remeis

St.-Getreu-Str. 13, 96049 Bamberg
0951/57912
www.cafe-villa-remeis.de

Die Villa Remeis wird als soziales Projekt betrieben. Unter Bäumen sitzt man sehr schön und kann die wohl schönste Aussicht auf Bamberg genießen. Sehr leckere Kuchen!

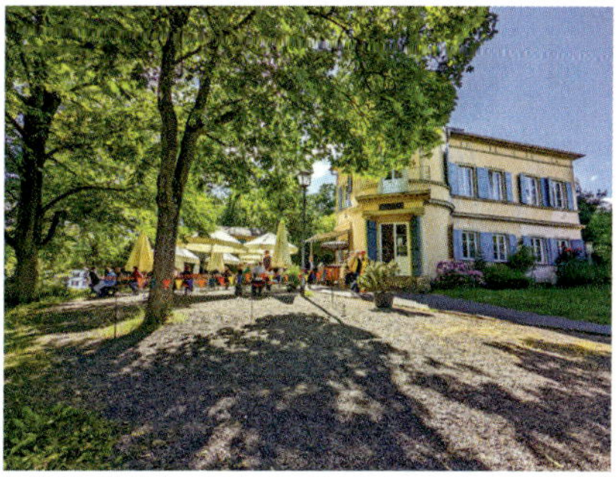

97. Wagner Keller

Am Waldhang 2, 96164 Kemmern
01522/7354097
https://wagnerkeller.de

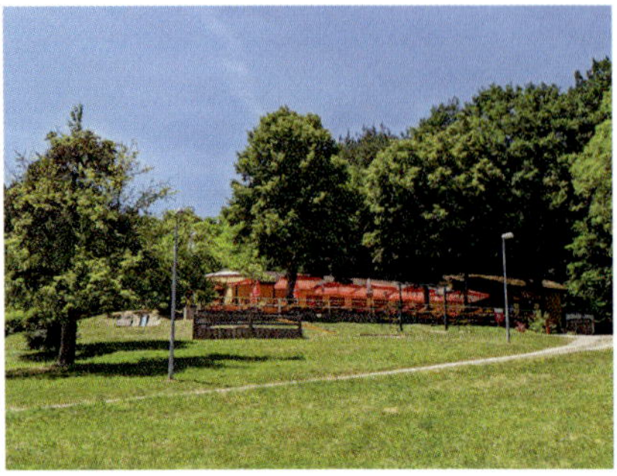

98. Waizendorfer Keller

Kellerberg, 96135 Stegaurach
0951/9921075

Der Keller liegt etwas versteckt im Wald nahe dem Sportplatz und dem Radweg durchs Aurachtal.

99. Weinstube Altes Rathaus Unterhaid

Hauptstr. 27, 96173 Oberhaid
09503/7583
https://weinstubealtesrathaus.de

100. Weinstube Fischerei

Fischerei 15, 96047 Bamberg
0951/25013
Kleine gemütliche Wirtschaft mit Innenhof und kleiner Speisenauswahl.

101. Weinstube Martinsklause

Ziegelanger 6, 97545 Zeil am Main
09524/5422
www.weingut-max-martin.de

102. Wilde Rose Keller

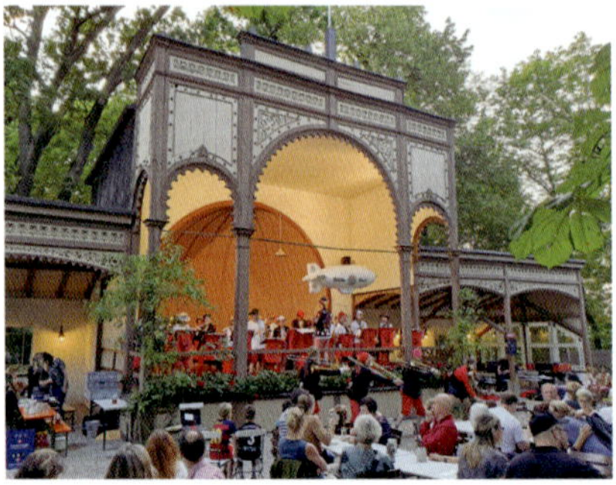

Oberer Stephansberg 49,
96049 Bamberg
0951/57691
www.wilde-rose-keller.de

Ein größerer Keller, auf dem auch Gruppen Platz finden. Bei Familien ist der Spielplatz sehr beliebt. Speisen mitbringen erlaubt, teilweise Live-Musik im Musik-Pavillon. Winterkeller von November bis Januar mit Eistockschießen.

103. Wingfelder am See

Hartlandener Str. 13, 96135 Stegaurach
0951/50905464

Schöner Biergarten am See, Karpfen aus eigener Zucht

104. Winzerhof Schick

Bergstr. 22, 97475 Zeil am Main
09524/7892
www.winzerhof-schick.de

105. Wirtshaus Glanzer´s Michel

Kirchgasse 1, 96110 Scheßlitz
09542/7744706
www.glanzersmichl.de

106. Zeiler Esszimmer

Bahnhofstr. 2, 97475 Zeil am Main
09524/2459195
www.zeiler-esszimmer.de

Nur Übernachtung, kein Restaurantbetrieb mehr.

107. Zur alten Freyung

Speiersgasse 21, 97545 Zeil am Main
09524/9554
www.zur-alten-freyung.de

108. Zur goldenen Krone

Kirchgasse 14, 96179 Rattelsdorf
09547/1860
www.zur-goldenen-krone.com

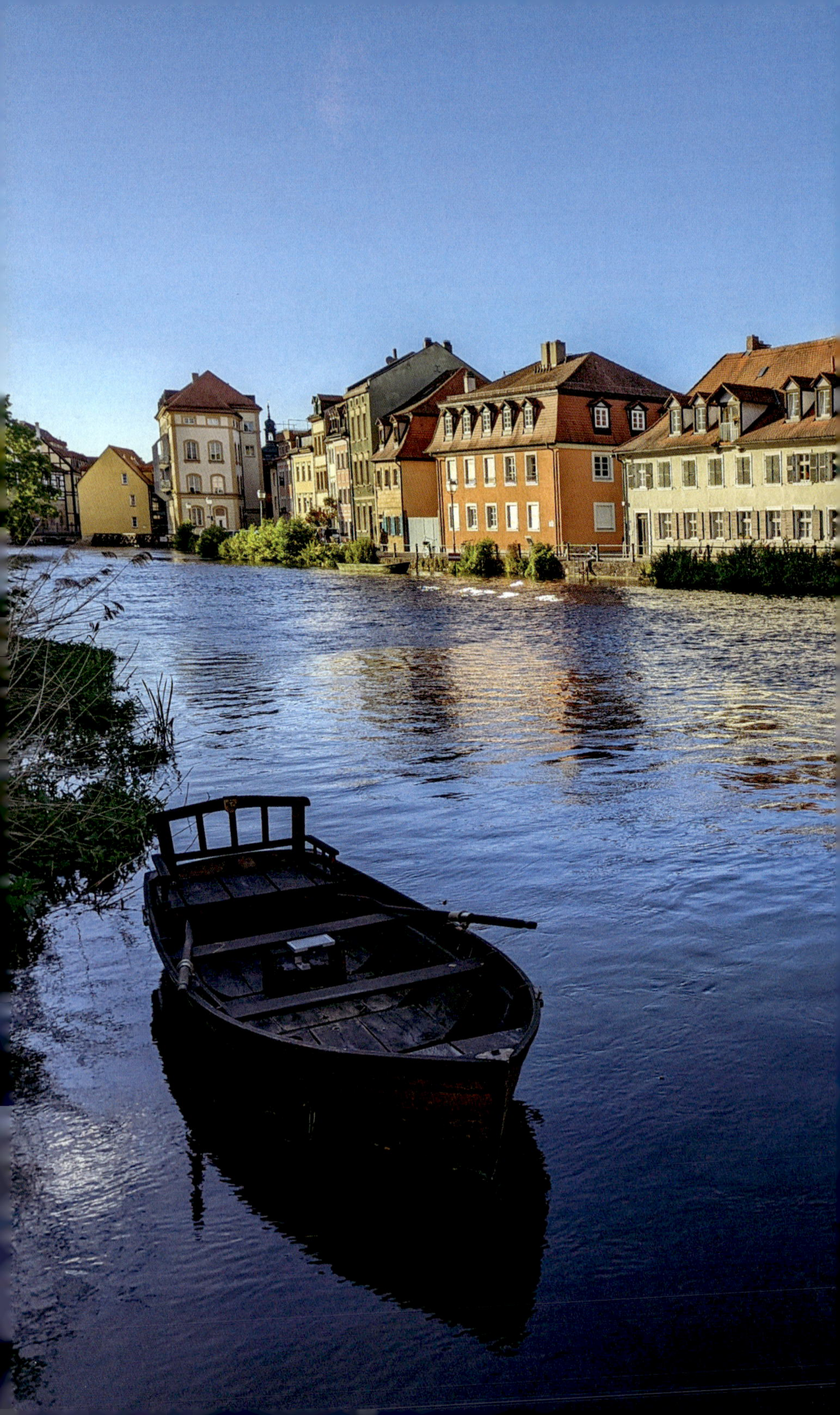